KB188457

한국 외교사 바로보기: 전통과 근대

A New Perspective on the Diplomatic History of Korea:

Tradition and Modernity

이 도서의 국립중앙도서관 출판예정도서목록(CIP)은 서지정보유통지원시스템 홈페이지
(http://seoji.nl.go.kr)와 국가자료종합목록 구축시스템(http://kolis-net.nl.go.kr)에서
이용하실 수 있습니다.
CIP제어번호: CIP2019031765(양장), CIP2019031768(무선)

한국 외교사 바로보기

A New Perspective on the Diplomatic History of Korea

전통과 근대 *Tradition and Modernity*

하영선 지음

한울
아카데미

차례

제2부 한국 외교사 바로보기

서문

    이 책은 제1부 한국 근대 국제정치론과 제2부 한국 외교사 바로보기로 구성되어 있다.

    서울대학교 외교학과에서 1990년대 초부터 한국 외교사를 가르치기 시작했다. 한국의 현대 외교를 제대로 이해하고 미래 외교를 충실하게 준비하기 위해서 가장 시급했던 것은 19세기 한국 근대 국제정치의 형성과 전개에 대한 검토였다. 10년 동안 기본 사료와 관련 연구들을 읽으면서 부딪혔던 가장 커다란 아쉬움은 당시 한국이 겪고 있던 국제정치적 어려움을 극복하기 위한 노력들이 위정척사, 동도서기, 문명개화라는 3분법에 따라서 지나치게 단순화되는 답답함이었다.

    따라서 제1부 한국 근대 국제정치론은 한말의 국난 극복론을 현재가 아닌 당대의 지평과 개념에 따라 3분법 대신 해방론(海防論), 원용부회론(援用附會論), 양절체제론(兩截體制論), 자강균세론(自强均勢論), 국권회복론(國權回復論)이라는 5분법으로서 새롭게 정리했다. 19세기 서세동점의 문명사적 변화를 겪으면서 한국은 더 이상 전통적인 화이관에 따른 위정척사론으로는 국난을 극복하기 어렵게 됐다. 일본이나 중국보다 한국에서는 전통과 근대 외교가 훨씬 복합적으로 얽혀서 전개됐다. 문명의 표준을 서양이 아닌 동양에 두고 돌파구를 마련해 보려는 중국의 해방론과 원용부회론을 한국도 일단 받아들였으나 해결의 실마리를 찾을 수 없었다. 결국 전통과 근대의 문명 표준을 동시에 품어보려는 양절 체제의 힘든 시도를 거쳐, 새롭게 등장하는 근대적 국제관에 따른 자강균세론을 본격적으로 받아들여야 했다. 그러나 뒤늦은 역사적 선택은 국권회복론의 저항에도 불구하고 국망의 비극을 막지 못했다.

5분법적 한국 근대 국제정치론은 단순히 한말 국난 극복의 대외적 노력을 오늘이 아닌 당대의 시각에서 제대로 해석하는 장점이 있을 뿐만 아니라, 근대와 탈근대가 복합적으로 얽히고 있는 21세기 한국 외교의 미래사를 건축하는 데에도 중요한 시사점을 제공하고 있다.

한국 외교사를 공부하고 가르치면서 부딪혔던 또 하나의 커다란 과제는 단순히 과거사를 되돌아보고 정리하는 것이 아니라 미래사 건축의 지평을 새롭게 여는 것이다. 현재는 과거 의존적이자 동시에 미래 의존적이다. 현재는 과거의 기반 위에 세워지지만, 동시에 미래의 건축 설계에 따라 다른 모습을 드러내게 된다.

제2부의 말과 글들은 이러한 시각에서 한국 외교사 바로보기를 시도하고 있다. 제1부에서 살펴보는 19세기의 역사는 18세기의 연장선상에 있으며 동시에 21세기의 교훈을 함축한다. 19세기의 전통과 근대 외교의 복합화는 18세기 북벌론과 북학론의 선행 논의 위에 자리 잡고 있다. 동시에 21세기 근대와 탈근대 외교의 복합화라는 방향으로 전개되는 모습을 보여주고 있다. 따라서 우선 한국 외교의 대표 고전인 연암 박지원의 『열하일기』를 정벌, 회유, 예치의 3중 복합적 천하질서라는 새로운 시각에서 해석했다. 다음으로 19세기 한국 외교사의 필독서인 『조선책략』

과 『서유견문』을 21세기적 지평에서 해석하고, 19세기 한국 외교의 중심 개념인 '문명'이 표준 경쟁, 국제정치, 국내 정치적·사회적 3중 전쟁 속에서 어떻게 자리 잡았는가를 검토했다. 그리고 마지막으로 한말 외교사의 현대적 교훈을 문명 표준 경쟁, 국제 역량 활용, 국내 역량 결집이라는 시각에서 정리했다. 이러한 시도는 21세기 한국 외교의 미래를 위해서 중요한 길 안내의 역할을 하리라고 기대한다.

이 책의 글들은 1990년대 중반부터 2010년대 중반까지 20년에 걸쳐 완성된 것이다. 따라서 1부와 2부 중에 일부 중복되는 부분이 있다. 그러나 개별 글들의 자기 완결성을 유지하기 위해서 무리하게 중복 부분을 삭제하지 않았다. 또한 20년 전에 21세기를 내다보면서 다룬 내용 중에는 전망이 적중한 것들도 있지만 일부 예상보다 현실의 변화가 더 빠르게 진행되고 있는 것들도 있다. 한국 외교사의 미래를 얼마나 정확하게 바로보고 있었는가를 구체적으로 보여주기 위해서 그 내용을 오늘에 맞게 수정하지 않고 본래의 모습을 그대로 두었다.

한국 외교사 바로보기에 관한 지난 20년의 말과 글들이 한 권의 책 모습을 갖추기까지는 서울대학교 사회과학대학 정치외교학부 박사과정 주연정 석사의 세심한 노력이 무엇보다도 중요했으며, 동시에 한울엠플러스(주) 출판사 여러분들의 도움이 컸다. 특별히 고마운 마음을 전하고 싶다.

2019년 8월 15일

晚靑　河英善

제**1**부

한국 근대 국제정치론 연구*

* 이 글은 서울대학교 2002년 한국학 장기기초연구사업 자유/단독 과제 결과물(200-20020049)이다.

머리말

19세기 중반 동아시아에 뒤늦게 역사의 태풍이 불어닥쳤다. 중국 중심의 전통 천하 질서가 구미 중심의 근대 국제질서로 탈바꿈하는 문명사적 대변환을 맞이하게 된 것이다. 주인공은 천하국가에서 국민국가로, 중심 무대는 예(禮)에서 부국강병으로, 연기 원칙은 사대자소(事大字小)에서 자강균세(自强均勢)로, 그리고 제도는 조공에서 상주 사절로 바뀌게 된다.

서세동점의 태풍 속에서 동아시아의 한국, 중국 및 일본이 살아남아서 새로운 역사의 주인공이 되기 위해서는 태풍의 방향과 속도를 제대로 읽어내고 자기 나름의 대변환을 모색해야 했다. 명실상부한 근대 국제정치론의 출발이었다. 이러한 노력을 기반으로 한, 치열한 삶의 각축 속에서 일본은 새로운 세계사 무대의 중심에 섰으며, 중국은 무대의 주변으로 밀려났으며, 한국은 무대에 설 자리를 잃어버려야 하는 비극을 맞이했다.

1840년의 아편전쟁 이후 1910년 나라가 망할 때까지 한국의 근대 국제정치론은 해방론(海防論), 원용부회론(援用附會論), 양절체제론(兩截體制論), 자강균세론(自强均勢論), 국권회복론(國權回復論)의 변화를 겪는다. 구미의 국민국가라는 주인공들은 부국강병의 무대에서 자강균세를 넘어서서 아시아를 포함하는 전 세계에서 다른 국가에 압도적 영향력을 행사하려는 제국적 경쟁을 벌였다. 새로운 근대 국제질서와의 본격적 첫 만남에서 동아시아의 중국이나 일본과 마찬가지로 한국에도 전통적인 척사론의 시각을 넘어서서 새로운 외적에 대한 정보 수집과 방어책을 고민하는 해방론이 등장하게 된다. 그러나 서양 세력의 동아시아 진출이 해방론의 차원을 넘어서게 됨에 따라, 서양 근대 국제질서의 작동 원리인 만국공법과 균세지법을 활용해 서양 세력을 다루되, 이러한 서양 국제사회의 작동 원리를 새로운 문명 표준으로서 받아들이지 않고 중국 고대의 춘추전국시대에 이미 존재했던 원용부회론이 활발하게 전개된다.

한국은 임오군란(1882)과 갑신정변(1884)을 거치면서 천하국가에서 근대국가로 변모하고 있는 중국의 감국(監國)정치를 감내하면서 다른 한편으로는 일본을 포함한 구미 열강과의 근대적 국제관계를 추진해야 하는 어려움에 직면한다. 유길준의 양절체제론은 이러한 어려움의 구체적 표현이다. 청일전쟁(1894~1895)에서 중국의 패배는 단순한 패배가 아니었다. 동아시아에서 오랜 세월 문명 표준으로서 작동해 왔던 천하질서의 퇴장을 의미하는 것이었다. 중국은 근대 국제질서를 새로운 문명 표준으로서 받아들여야 했다. 무술정변(1898)의 실패 이후 일본으로 망명한 양계초는 일본을 징검다리로 해서 폭포수같이 근대 국제정치의 기본 작동 원리를 소개하는 글들을 쏟아 놓는다. 한국도 갑신정변 이후 잃어버린 10년을 넘어서서 본격적으로 새로운 문명 무대에서 활약하기 위한 자강균세론을 활발하게 펼친다. 1896년 창간한 《독립신문》은 새로운 국제정치론의 모습을 보여주고 있다.

그러나 기대는 오래가지 못했다. 한국이나 중국에 비해서 근대 국민국가라는 새로운 문명 표준을 과감하고 재빠르게 받아들인 일본은 청일전쟁 승리 이후 겪은 삼국간섭의 수모를 와신상담 외교로 극복하고 러일전쟁(1904~1905)을 승리로 이끈다. 러일전쟁에서 일본의 승리는 한국이 희망하는 자강균세론의 좌절을 의미하는 것이었으며 동시에 일본이 주도하는 지역제국질서를 예고하는 것이었다. 일본은 새로운 지역질서 개편을 위한 명분으로써 일본 주도의 아시아연대에 기반한 동양평화론을 본격적으로 주장했다. 한국은 국권 회복을 위한 투쟁론과 준비론의 갈등 속에서 일본형 동양평화론의 허구성을 일사불란하게 들어내고 한국형 동양평화론을 본격적으로 실천에 옮기지 못하고 1910년 무대에서 일단 사라지게 된다.

해방론부터 국권회복론에 이르는 한국 근대 국제정치론은 단순한 담론의 역사가 아니다. 국망의 비극을 맞이하지 않고 국흥의 길을 찾아보려는 지적 몸부림의 역사였다. 그럼에도 불구하고 돌파구를 마련하지 못하고 주저앉는 담론의 역사를 살아 있는 모습으로 재현하기 위해서는 근대 국제정치 무대의 치열한 경쟁 및 각축 과정에서 점증했던 국가 생존의 위협과 국내 정치 무대의 치열한 권력투쟁의 복합무대에서 벌어지는 담론 전쟁을 입체적으로 조명할 필요가 있다.[1]

---

1) 하영선, 「변화하는 세계와 개념사」, "역사, 사상, 이론과 동아시아 개념도입사 특집", ≪세계정치≫ 2권(2004), 3~13쪽. 분석틀 마련에 추가로 도움이 될 만한 것은 개념사 전문저널인 *Contributions to the History of Concepts* vol.1, no.1(march, 2005); vol.1, no.2(october, 2005); vol.2, no.1(march, 2006); Michael Lackner, Iwo Amelung and Joachim Kurtz(eds.), *New Terms for New Ideas: Western Knowledge and Lexical Change in Late Imperial China*(Leiden; Boston: Brill, 2001).

해방론

    1873년 늦가을 박규수는 교자를 타고 퇴청하다가 훗날 개화사상의 산실로 널리 알려진 재동 집 근처에서 18세 어린 나이의 유길준을 2년 만에 다시 본다. 박규수는 일찍이 그의 시를 보고 나라의 쓸 만한 인재가 되리라고 기대했던 유길준을 불러 앞으로는 서양 사정을 모르면 안 된다고 격려한 다음 웨이위안(魏源)의 『해국도지(海國島志)』한 질을 건네줬다.[1] 과거를 보기 위해 전통적 유학 공부를 하던 유길준에게 웨이위안의 글은 지적 충격이었다. 유길준이 남긴 최초의 글인 『과문폐론(科文弊論)』(1877)을 보면 그 지적 충격을 쉽게 느낄 수 있다.[2] 다산의 오학론의 분위기를 강하게 풍기는 유길준의 글은 한말 지식인들의 허학을 강하게 비판하면

---

1)   김윤식이 쓴 「矩堂詩抄」序, 유길준, 俞吉濬全書編纂委員會 編, 『俞吉濬全書』(일조각, 1971), 第Ⅴ卷 時文編; 유길준, 「矩堂居士略史」, 『俞吉濬全書』, 第Ⅴ卷 詩文編; 이광린, 『유길준』(서울: 동아일보사, 1992), 제1장; 유동준, 『俞吉濬傳』(서울: 일조각, 1987), 15~26쪽.

2)   유길준, 『俞吉濬全書』, 第Ⅴ卷 時文編, 239~242쪽.

서 새로운 공부의 필요성을 강조하고 있다. 이런 인연으로 유길준은 박규수가 우의정을 사직하고 1876년 12월 세상을 떠날 때까지 박규수 사랑방을 자주 찾게 된다. 당시 사랑방에는 40대의 김윤식과 어윤중, 그리고 나중에 갑신정변의 4인방이 되는 김옥균, 홍영식, 서광범, 박영효 등이 드나들고 있었다.

여기에서 주목해야 할 것은 웨이위안의 『해국도지』다. 박규수 집안과 유길준 집안은 사이가 좋지 않았으나 박규수는 평소 장래가 촉망되어 눈여겨보았던 유길준에게 세계 대세를 보는 새로운 안목을 기르라고 『해국도지』를 건네준 것이다. 이 작은 일화는 웨이위안의 글이 박규수 자신의 세계 대세를 보는 안목을 기르는 데에도 그만큼 중요했음을 의미한다. 박규수가 웨이위안의 글을 어떻게 읽고 있었는가를 알기 위해서는 그의 가장 가까운 친구였던 윤종의(尹宗儀, 1805~1886)가 쓴 한국판 『해국도지』인 『벽위신편(闢衛新編)』부터 검토할 필요가 있다.[3] 윤종의는 『벽위신편』의 서문에서 "사교(邪敎)를 없애는 방법은 마음을 바꾸게 하는 것이 상책이고 외구(外寇)를 방어하는 요령은 적정(敵情)을 캐내는 것이 가장 급선무다(誅邪之法 革心爲上 禦寇之要 鉤情最急)"라는 한마디로 책의 내용을 요약한다. 조선이 당면한 가장 중요한 위협을 천주교의 전파와 이양선의 출몰로 보고 있는 것이다.

글의 서문은 다음과 같이 계속된다.

우리나라는 원래 사교(邪敎)를 엄히 다스려왔는데, 근래에 서양 선박이 빈번하게 출몰했기 때문에 사교에 물들은 자들을 누차 제거했으나 서양의 정세를 캐고 또 사망(邪妄)함을 변별해서 오도(吾道)를 밝혀 국세(國勢)를 튼튼히 하는 것은 아직 요원하므로, 나는 이것을 깊이 우

---

3) 윤종의, 『闢衛新編』(한국교회사연구소, 1990).

려하였다. …… 변방의 근심은 날로 커지고 오도는 점차 잠식되는데, 아직도 이런 일들을 여사(餘事)로 보아 한가한 얘깃거리로 삼는 것으로 그치고 만다. 이에 나는『벽위신편』7권을 편집하고, 홀로 한탄한다.[4]

윤종의는 혁심(革心)과 구정(鉤情)의 원칙에 따라 최초본(1848)의 목차를 이교인기(夷敎因起)(卷1)과 제가논변(諸家論辨)(卷2)의 척사론과 이국전기(異國傳記)(卷3), 연해형승(沿海形勝)(卷4), 정리전도(程里躔度)(卷5), 비어초략(備禦鈔畧)(卷6), 사비시말(査匪始末)(卷7)의 해방책과 관련된 글로 구성하고 있다. 그 이후 1850년대에『해국도지』와『영환지략(瀛環之略)(1848)』의 내용을 추가했으며 1880년대까지 보완 작업을 계속한 흔적을 보여준다. 현재 남아 있는 필사본은 최초본의 권1「이교인기」편을 삭제하고 대신 권3「연해형승」편을 상과 하의 두 권으로 나눠 7권의 모습을 갖추고 있다.[5]

현전 필사본을 토대로 1848년 최초본의 원모습을 추정한 김영모의 연구에 따라서 최초본을 간략하게 재구성하면, 「이교인기」편은 현전본에 남아 있지 않아 복원이 어렵고, 「제가논변」편은 천주교의 침투 실태와 그 교리를 비판한 중국과 한국의 글을 싣고 있는데 중국의 글은 웨이위안이 청초 이후 1820년대 전반까지의 시무경세론 2000편을 집대성한『황조경세문편(皇朝經世文編)』(1827)에서 전재하고 있다. 「이국전기」편은『명사(明史)』등을 주요 전거로 해 서양 각국과 서양에서 중국 남양(南洋)에 이르는 지역을 소개하고 있다. 「연해형승」편은 청초 진윤형이 지은『해국문견록(海國聞見錄)』의 글과 지도를 전재하고 있으며, 조선의 연해에 대한 지도 및 관련 기사를 포함하고 있다. 「정리전도」편은 각 지역의 거리

---

4) 같은 책, 7~8쪽.
5) 같은 책, 6~7쪽; 8쪽의「自序」뒤 小註; 12쪽「벽위신편 서」.

와 위도상의 위치를 기록한 것이다. 「비어초략」편은 해방책과 관련된 글을 『황조경세문편』에서 전재하고 있다. 「사비시말」편은 15세기 말 이래 이양선의 출몰을 중심으로 서양인과의 접촉 사례를 정리하고 있다. 권말의 「벽위신편총설」은 윤종의 자신의 척사론으로 1848년 3월에 쓴 것으로 명기되어 있다.[6)]

윤종의의 『벽위신편』은 책 이름이 벽위로 시작하고 있는 것에서 쉽게 알 수 있듯이 당시 척사론의 전통 위에 서 있다. 그는 「벽위신편총설」에서 유교의 사천지도(事天之道)를 제대로 밝혀서 천주교의 무천유인(誣天誘人)을 깨닫게 만드는 것이 천주교를 막는 최상의 방책임을 강조하고 있다. 그러나 동시에 책 이름이 신편으로 끝나고 있는 것에 주목할 필요가 있다. 기존의 척사론과는 달리 윤종의는 중국의 척사론과 해방론(海防論)을 광범위하게 소개하면서 국내 척사론 논의의 지평을 확대했다. 그의 이러한 노력은 1850년대에 들어서서 『해국도지』 등의 도움을 받으면서 계속된다.

윤종의의 이러한 노력과 연관해 박규수는 「벽위신편총설」을 평하는 「벽위신편평어」(1848)라는 비교적 짧은 글을 남기고 있다. 그는 윤종의의 척사론을 좋은 글이라고 평가하면서 천주교 비판에 다소 미흡한 점이 있음을 지적하고 천주교 교리의 사교(邪敎)성과 역사의 침략성을 밝히고 있다. 그리고 나서 천주교를 막기 위한 대책으로서는 소극적으로 금지하기보다는 적극적으로 서학서를 공개적으로 연구해 그 사교성을 널리 밝히는 것이 바람직하다고 보고 있다. 마지막으로 중국 경전을 해외에 번역 수출하면 언젠가는 서양인이 깨닫고 바른길로 돌아올지 모른다는 자신감을 보이고 있다.[7)]

---

6) 김명호, 「환재 박규수 연구(3): 은둔기의 박규수 下」, 《민족문학사연구》 8권 (1995), 145~151쪽.

7) 윤종의, 『闢衛新編』, 卷7, 「벽위신편총설」 끝에 제목 없이 "筠心齋曰" 이하의 小註로

박규수는 이 시기에 척사론에 관한 글과 함께 해방론에 관한 글을 남기고 있다. 세계 지리와 천문 관측의 이중 기능을 수행할 수 있는 지세의(地勢儀)를 제작하면서 지은 명(銘)과 서문인 「지세의명병서(地勢儀銘幷序)」다. 이 서문은 서양의 지원설(地圓說)이 고대 중국에서 시작했다는 주장으로 시작하고 있다. 이어서 서양 지리학의 오대주설(五大洲說)을 비판하고 있다. 다음으로 지세의를 제작하면서 『해국도지』를 주로 참고한 이유를 밝히고 있다. 중국에도 옛날부터 먼 여행을 한 사람들이 있으나, 지도가 전해지지 않았으므로 웨이위안이 바다를 지키고 적을 살피기 위해 먼 야만의 구역, 진정과 거짓, 연혁을 요즘 사람들의 직접 견문에 의거해서 만든 『해국도지』를 참고했다는 것이다. 그리고 마지막의 명에서는 「벽위신편평어」와 마찬가지로 중국의 도를 해외로 수출해 언젠가 사방 오랑캐가 머리를 조아리고 돌아와서 같은 문자를 쓰겠다면 오는 자를 받아들이겠다는 포부를 밝히고 있다.[8]

박규수의 이 시기 글을 얼른 읽어보면 척사론과 해방론이 뒤섞여 서로 모순되는 느낌을 주는 면이 있다. 따라서 학계의 기존 연구도 적지 않은 해석의 혼란을 겪고 있다. 그러나 경직화되어 있는 척사론은 19세기의 전통적인 천하질서 무대에 새롭게 등장하는 구미의 국민국가라는 주인공들의 존재 자체를 부정하는 것에 반해서 해방론은 보다 현실적으로 새로운 주인공의 존재를 일단 인정하고 그 장점과 단점을 충분히 검토해서 보다 유연한 대응 전략을 마련하려는 새로운 노력을 하고 있다. 그러나 여

수록되어 있음. 「벽위신편평어」에 대한 주요 연구는 손형부, 「「闢衛新編評語」와 「地勢儀銘幷序」에 나타난 朴珪壽의 西洋論」, ≪역사학보≫ 127집(1990); 손형부, 『박규수의 개화사상연구』(서울: 일조각, 1997); 이완재, 『박규수 연구』(서울: 집문당, 1999).

8) 김명호, 「박규수의 「地勢儀銘幷序」에 대하여」, ≪震檀學報≫ 제82호(1996).

전히 척사론이 주도하고 있는 국내외의 정치 풍토에서 새로운 해방론은 서양 주인공의 존재를 조심스럽게 인정할 수는 있으나 서양 주인공의 사고나 행동 원칙, 그리고 제도를 새로운 문명의 표준으로 받아들일 수는 없었다. 따라서 전통 질서가 여전히 문명의 표준인 것을 강조하고 있다.

한국 근대 국제정치론의 첫 모습이라고 할 수 있는 해방론은 윤종의나 박규수에서 볼 수 있듯이 중국의 웨이위안이 편집한 『해국도지』의 영향을 크게 받았다.9) 중국의 근대 서양에 관한 초기 지식은 예수회 선교사들이 1580년대부터 천학(天學)이라는 이름으로 주로 서양 지리를 소개하면서부터 형성됐다.10) 대표적인 것으로는 마테오 리치(Matteo Ricci, 1552~1610)의 『곤여만국전도(坤輿萬國全圖)』(1602)를 비롯한 세계지도와 줄스 알레니(P. Jules Aleni, 1582~1649)의 『직방외기(職方外記)』(1623) 등이었다. 그러나 청의 등장과 함께 예수회 선교사들의 노력은 실패로 돌아갔다. 대신 중국인 자신들이 서양을 소개하는 첸룬충(陳倫炯)의 『해국문견록』(1730)과 시에칭카오(謝淸高, 1765~1821)의 『해록(海錄)』 등이 중요한 작품으로 남아 있다.

청조의 국운이 쇠퇴하기 시작하는 19세기 초반, 이번에는 기독교 프로테스탄트 선교사들이 두 세기 전의 예수회 선교사들보다 훨씬 적극적으

---

9) 魏源, 『海國圖志』, 第四冊-第七冊, 「魏源全集」(岳麓書社, 2004). 이 전집은 21년에 걸친 작업을 거쳐 전 20권으로 2004년 출판되었음. 웨이위안에 관한 중국 내 연구 소개는 夏劍欽, 「魏源硏究百年回眸」(http://yueluhistory.com/review/review _show.asp?review_id=46). 웨이위안에 관한 해외 연구 소개는 Jane Kate Leonard, *Wei Yuan and China's Rediscovery of the Maritime World* (Cambridge, Mass: Council on East Asian Studies, Harvard University, 1984).

10) Chang Hsi-t'ung, "The Earliest Phase of the Introduction of Western Political Science into China," *Yenching Journal of Social Studies 5* (1950); 자연과학에 대해서는 Benjamin A. Elman, *On their Own Terms: Science in China 1550~1900* (Cambridge, Mass: Harvard University Press, 2005).

로 상대적으로 국운이 상승하고 있는 서양을 서학(西學)이라는 이름으로 본격적인 소개를 하기 시작했다. 로버트 모리슨(Robert Morrison, 1782~1834) 은 *Dictionary of the Chinese Language* (1815~1823)라는 선구적 작업을 출판했으며,[11] 선교사들은 난징(南京)조약(1842) 이전에는 말라카, 바타비아, 또는 싱가포르에서 그리고 난징조약 이후에는 상하이에서 상당한 양의 중국어로 쓴 지리, 역사, 정치경제에 관한 책과 잡지들을 배포했고 중국인들의 관심을 끌었다.

중국 근대 국제정치론의 명실상부한 출발은 제1차 아편전쟁의 결과였다. 골치 아픈 영국의 아편 문제를 해결하기 위해 1839년 광동총독으로 온 린쩌쉬(林則徐)가 제일 먼저 착수한 일은 양무(洋務) 또는 이무(夷務)에 관한 본격적 정보 수집과 번역이었다. 그중에 가장 대표적인 것이 휴 머리(Hugh Murray) 등의 *The Encyclopedia of Geography* (1837)를 번역한 『사주지(四洲志)』(1841)였다.[12] 『사주지』는 세계 5대주 30여 국가의 지리와 역사를 비교적 체계적으로 소개한 본격적 번역서였다. 린쩌쉬가 1841년 파직당하고 북쪽으로 유배 가는 도중에 친구 웨이위안을 만나 『사주지』의 원고와 그동안 수집하고 번역했던 외국 자료를 건네주면서 이 자료의 출판을 부탁했다.

웨이위안은 『사주지』(9만 자) 외에 역대 사지(史志) 및 명 이래 도지(島志)와 고금 학자들의 글, 지도, 도설 등을 모아서 1843년 음력 12월에 『해국도지』라는 이름으로 50권(57만 자)을 출판했고, 1847년에는 60권으로 늘리고 1852년에는 쉬지위(徐繼畬, 1795~1873)가 공을 들여 완성한

---

11) Robert Morrison, *A dictionary of the Chinese language* (Macao: the Honorable East India Company, 1815~1823).

12) Hugh Murray, et.al., *The encyclopedia of Geography* (Philadelphia: Care, Lea and Blanchard, 1837).

『영환지략』(1848) 등의 도움을 받아 최종적으로 100권(88만 자)을 완성했다. 이 책은 19세기 중반 중국뿐만 아니라 한국, 일본을 포함한 동아시아의 가장 대표적 세계 지리·역사·정치 및 해방에 관한 종합 지식서의 역할을 했다.[13]

웨이위안은 『해국도지』의 서문에서 이 책이 과거의 해도서(海圖書)와 다른 점으로 "과거의 책들에서는 모두 중국인들이 서양을 얘기한 것이라면, 이 책에서는 서양인이 서양을 얘기하는 것(彼皆以中土人譚西洋 此則西洋人譚西洋)"이라고 지적하고 있다. 그리고 책을 쓴 이유는 "오랑캐로 오랑캐를 공격하고 오랑캐로 오랑캐를 친화적으로 대하고 오랑캐의 장기를 배워서 오랑캐를 제압하기 위한 것(爲以夷攻夷而作 爲以夷款夷而作 爲師夷長技以制夷而作)"[14]이라고 밝히고 있다.

『해국도지』의 일차적 중요성은 중국 입장에서 보자면 책의 제목에서도 나타나고 있는 것처럼 청조 이래 오랫동안 잠재적 위협의 대상으로 신경 쓰고 관리해 왔던 북방의 육국 대신에 남방 해국의 중요성을 부각시킨 것이다. 한걸음 더 나아가서 영미권의 웨이위안에 관한 대표적 연구자인 제인 레너드(Jane Kate Leonard)의 흥미 있는 지적대로 이 책은 흔히 생각하듯이 19세기 서양의 충격에 대한 중국의 대응이라는 차원의 서양 지리서가 아니라 서양 세력의 진출에 따른 전통 해양 아시아의 변화를 분석하고 그 대안을 모색하고 있다.[15] 그리고 마지막으로 중요한 것은 방대한 양의 책 도입부에 자리 잡고 있는 아주 짧고 축약된 모습의 해방론이다. 그는 해방론의 핵심으로 「의수(議守)」, 「의전(議戰)」, 「의관(議款)」을 들

---

13) 錢國紅, 『日本と中國における「西洋」の發見』(東京: 山川出版社, 2004).

14) 魏源, 『海國圖志』, 第四冊-第七冊, 「魏源全集」, 第四冊(長沙: 岳麓書社, 2004), p.1.

15) Jane Kate Leonard, *Wei Yuan and China's Rediscovery of the Maritime World* (Cambridge, Mass: Council on East Asian Studies, Harvard University, 1984).

고 있다. 의수는 외양이나 바다보다 내수를 지켜서 오랑캐를 막는 방법과 객병(客兵)을 토착병으로, 수사(水師)를 수용(水勇)으로 대체하는 법을 다루고 있다. 의전은 오랑캐를 공격하는 방법으로 오랑캐의 적으로 오랑캐를 공격하는 법과 전함, 화기, 양병, 연병법 같은 오랑캐의 장기를 배워 오랑캐를 제압하는 법을 설명하고 있다. 의관은 각국에 호시(互市)를 허용하고 아편에 높은 세를 적용한 무역을 하는 친화적 수단으로 오랑캐를 대하는 법을 설명하고 있다.16) 웨이위안이 『해국도지』에서 보여주고 있는 이러한 해방론은 19세기 중반 한국을 포함한 동아시아 해방론의 전형적 표준이 됐다.

1856년 애로호 사건을 발단으로 일어난 제2차 아편전쟁은 무대를 새롭게 만들었다. 1860년 영불연합군이 수도인 베이징을 함락하고 함풍제(咸豊帝)는 열하로 피난을 가야 했다. 제1차 아편전쟁이 지역적 위기였다면 제2차 아편전쟁은 바야흐로 전국적 위기였다. 1860년 9월 서양의 요구에 따라 공친왕(恭親王)의 주도 아래 북경조약을 체결함에 따라 사태는 일단 수습됐다. 이러한 과정에서 한국에서도 피난 소동이 벌어질 정도로 서양 세력에 대한 상대적 위기감은 높아졌다. 그 구체적 표현으로서 정사 조휘림(正使 趙徽林), 부사 박규수(副使 朴珪壽), 서장관 신철구(書狀官 申轍求)를 대표로 하는 열하문안사(熱河問安使)가 1861년 1월에 중국으로 출발해서 그 해 6월에 귀국했다. 박규수는 귀국 전에 보낸 보고문에서 쇠퇴하는 청의 국력을 다음과 같이 객관적으로 평가하고 있다. 그에 따르면, 중국 각 성의 비적이 창궐한 지 오래되어 그 세력이 견고해지고 더욱 커지기 때문에 조정에서 제압할 수가 없고 조정에서는 인재를 잘못 써서 간신이 득세하고 참소가 자행되어 장졸은 실망하고 양식조차 지급되지 않

---

16) 魏源, 『海國圖志』, 第四册-第七册, 『魏源全集』(長沙: 岳麓書社, 2004), 卷一 卷二.

아 사기가 저하되고 민심은 흩어져서 적을 소탕하지 못했다.

동시에 "양이(洋夷)는 토지에 뜻을 두지 않고 오로지 통상과 포교에 주력하고 있다. 이들은 도성에 들어온 이래 친왕의 궁을 점유하거나 또는 민가를 사서 거실을 넓히는 등 계회하는 것이 오래 거주할 것 같다. 권속과 가재를 가지고 오는 자들이 끊이지 않고 이어지는데 아직 침입해 소란을 일으키는 폐단은 없다. 따라서 백성들이 처음에는 자못 의심하고 겁내었으나 오래되자 점차 안도하여 보통으로 생각하고 서로 매매를 하고 있다"라고 서양 세력의 성격을 규정하고 있다. 박규수가 분석하고 있는 이러한 정세관은 전형적으로 『해국도지』의 「의관」과 맥을 같이 한다. 웨이위안은 「주해편사(籌海篇四) 의관」에서 오랑캐가 상대적으로 강하되 이(利)를 탐하면 군사적인 방법보다는 조약과 통상과 같은 친화적 방법으로 대할 것을 지적하고 있다.[17]

한국은 1860년대 후반에 들어서면서 제너럴서먼(General Sherman)호 사건(1866), 병인양요(1866), 오페르트(Ernst J. Oppert)의 남연군 묘(南延君墓) 도굴 사건, 신미양요(1871) 등을 거치면서 보다 본격적으로 구미의 근대 국제질서와 부딪치게 된다. 1866년 7월 6일 평안도 용강현 앞바다에 나타난 서먼호는 무리한 방법으로 무리한 요구를 하다가 결국 7월 24일 대동강변에서 격침되고 타고 있던 20명은 모두 사망했다. 당시 평양감사가 바로 박규수였다. 사건의 실무 총책임자였던 박규수는 유명한 「의황해도관찰사답미국인조회(擬黃海道觀察使答美國人照會)」에서 사건의 경위를 명쾌하게 밝히고 있다.[18] 여기서 말하는 미국인 조회는 1866년 12월 서먼호 사건의 진상을 밝히려고 와추세트(Wachusett)호를 이끌고 항해도 장

---

17) 『稗林』九 哲宗記事, 哲宗 12年 辛酉 「熱河副使朴珪壽抵人書」; 『龍湖閒錄』三 「578, 別使先來便錄紙; 손형부, 『박규수의 개화사상연구』, 106~107쪽.

18) 박규수, 『朴珪壽全集』(서울: 아세아문화사, 1978), 431~435쪽.

연 앞바다에 왔던 슈펠트(R. W. Shufelt) 함장의 조회다. 슈펠트 함장은 답서를 받지 않고 떠나버렸으나 뒤늦게 박규수가 황해도 관찰사 명의로 모의 답서를 마련해 결국 1868년 3월에 내항한 셰난도어(Shenandoah)호에 공식적으로 전달됐다.

이 답서는 글이 작성된 경위를 간단히 설명한 후 본 내용을 이렇게 시작하고 있다.

본국의 법례에 무릇 이국 상선이 표도하면 배가 온전할 경우에는 식량을 제공하고 바람을 기다려 돌아가게 하고 배가 온전치 못해 항해할 수 없을 경우에는 소원에 따라 육로로 관리를 딸려 호송해서 베이징으로 보낸다. 이렇게 한 것이 전후로 한두 번이 아니다. 이는 하늘의 인자함을 본받아 이웃 나라 백성을 우리 백성과 동등하게 보기 때문이다(是爲體仁上天視隣國之民猶吾民). 그런데 지금 귀 조회에서 몹시 칭찬하니 도리어 부끄럽다.

이어서 답서의 본론으로 박규수는 셔먼호 사건은 한국의 입장에서 보면 정당방위였다는 것을 요령 있게 설명하고 있다.

그리고 박규수는 마지막으로 다음과 같이 답서를 끝내고 있다.

이 사건의 시말은 이상으로 다 말했다. 귀국의 풍속이 예양(禮讓)을 숭상하며 합성명방(合省名邦)임은 중국이 아는 바이다. 귀 조회에 '종전의 화호(和好)에 비추어 서로 잔해(殘害)하는 일이 없도록 하자'는 등의 말에 대해서는 원래 추호도 의심과 우려를 둘 것이 없다. 이에 삼가 답하니 반드시 양지하기 바란다. 이와 같이 조회에 답하니 회답하기 바란다.

박규수의 이런 입장은 1871년 신미양요가 끝난 직후 사건의 전말을 작성해 중국에 보낸 「미국병선자요자(美國兵船滋擾咨)」에서 다음과 같이 계속되고 있다.[19]

저들이 호의로 나오면 우리도 호의로 대하고, 저들이 예의로 나오면 우리도 예의로 대하는 것이 인정상 당연한 것이요, 국가 간의 통례이다. 화호를 명분으로 삼으면서 어찌하여 병력을 싣고 왔으며 예의로 대접할 것을 요구하면서 어찌하여 위문을 배척했는가?

박규수의 이런 답서와 자문을 어떻게 읽어야 할 것인가에 대해서는 현재까지도 적지 않은 혼란이 있다. 이 혼란의 중심에는 박규수의 수제자인 김윤식이 박규수의 문집인 『환재집』을 편찬하면서 박규수가 실질적으로 작성한 1866년의 답서를 비롯해서 1868년 셰난도어호 사건과 관련된 「청개유미국사신물치괴자(請開諭美國使臣勿致怪咨)」와 「미국병선회거청사원인석의자(美國兵船回去請使遠人釋疑咨)」, 1868년 오페르트 사건에 관한 「진양박정형자(陳洋舶情形咨)」(1), 셰난도어호 사건과 오페르트 사건을 함께 다룬 「진양박정형자」(2), 그리고 1871년 신미양요와 관련된 「미국봉함전체자(美國封函轉遞咨)」와 「미국병선자요자」의 외교문서 7종을 함께 묶어 배치한 다음에 부친 안설(安說)이 놓여 있다. 그는 안설에서 병인년부터 신미년까지 대미 문제와 관련해 박규수가 작성한 외교문서에서 문호를 닫고 화호를 물리치는 내용을 담고 있는 것은 반드시 선생의 뜻이 아니고 척화의 대세와 외교문서의 형식이라는 특수성 때문에 불가피했다고 주장하고 있다.[20]

---

19) 같은 책, 458~466쪽.
20) 같은 책, 466~469쪽.

김윤식은 구체적인 증거로서 박규수를 모실 때 선생이 길게 탄식하면서 다음과 같이 말씀하는 것을 들었다는 것이다.

지금 세계를 돌아보니 정세와 형편이 날로 변하여 동서의 여러 강국들이 대치하고 있는 것이 옛날 춘추열국 시대 같아 동맹과 정벌로 장차 분쟁을 이겨내지 못할 것이다. 우리나라가 비록 소국이지만 동양의 요지에 위치해 있어 정(鄭)나라가 진(晉)나라와 초(楚)나라 사이에 있는 것과 같다. 내치와 외교가 적절한 기회를 놓치지 않는다면 그래도 자기를 보호할 수 있다. 그렇지 못하면, 어리석고 나약하여 남보다 먼저 망하는 것이 하늘의 도리이다. 또 누구를 탓하리오? 나는 미국이 지구상의 여러 나라들 중 공평하기로 가장 이름나 있고 어려움을 없애고 분쟁을 화해시키기를 잘하며 부가 6대주에서 으뜸이고 영토 욕심이 없다고 들었다. 그들이 비록 말을 하지 않더라도 우리가 먼저 결교(結交)하고 맹약을 체결한다면 고립의 우환을 거의 면할 수 있을 것이다. 그런데 도리어 밀어내고 물리치니 이 어찌 나라를 위해 애쓰는 방도이겠는가?

김윤식은 박규수가 이와 같은 훌륭한 계책을 왜 제대로 건의하지 않았느냐는 질문에 대해서는 "이것은 쉽게 말할 수 있는 것이 아니다. 바야흐로 대중이 귀머거리 같은 상태를 벗어나지 못하고 있을 때 선생이 비록 힘을 다해 언론을 편다 한들 일에는 도움이 안 되면서 수모만 당했을 것이다"라고 답하고 있다. 따라서 "병인년(1866) 때는 국민들이 듣도 보도 못한 양인들을 처음 보고 만인의 눈들이 휘둥그레져 의심이 속에 가득 찼으니 이런 때에 만약 입을 열어 친선과 선린을 말했다가는 외구를 불러들이고 나라를 팔아먹었다는 죄를 면할 수 있었겠는가"라고 지적하면서 을해년(1875)과 병자년(1876)의 일본서계사건 때도 선생이 "시비와 안위의 형세를 누차 당사자에게 설명하면서 크게 소리치고 급히 부르짖으며 입술이 타고 혀가 닳도록 중지하지 않았다. 그런데도 그 의견을 따르지 않다가 마침내 협박을 받고서야 접수하여 간신히 도탄에 빠지는 화를 면했다"라고 설명하고 있다.

김윤식의 사후적 설명을 그대로 받아들인다면 박규수는 병인년(1866)부터 신미년(1871)년에 이르는 기간에 작성한 답서와 자문을 작성하면서 이미 대미 수교를 원하고 있었다는 것이다. 그러나 이러한 박규수 속마음 읽기에는 상당한 무리가 따른다. 박규수의 고민은 다른 데 있었다. 그의 답서와 자문은 이중성을 보여주고 있다. 다른 누구보다도 새로운 정세와 형편의 변화에 예민했던 박규수는 새롭게 다가오는 구미 열강의 위협을 극복하기 위해서는 경직화된 척사론자들처럼 상대방의 존재를 오랑캐로 부정하는 대신 일단 현실적으로 받아들였다. 그러나 박규수는 구미 중심의 근대 국제질서를 새로운 문명 표준으로 받아들여서 이에 기반한 구미 열강과의 새로운 국제관계를 주장한 것이 아니었다. 그는 해방론의 시각에서 구미 열강과 힘의 형편에 따라서 지키고, 싸우고, 또는 친하면서 궁극적으로는 우리의 문명 표준이 구미 열강을 압도할 것을 강조하고 있다. 박규수는 이런 구상을 빠르게 심화되는 국제위기와 국내의 척사 분위기 속에서 조심스럽게 현실화시켜 보려는 노력을 했다.[21]

박규수는 1872년 두 번째 연행에서 흠차대신으로 구미 제국을 다녀온 청인 숭후(崇厚)의 형 숭실(崇實)을 만나 당시 유럽 정세를 직접 들을 기회를 가졌으며, 12월에 귀국해서는 고종에게 당시 청에서 진행되고 있던 양무운동을 상당히 높게 평가하고 이에 따라서 양인이 상대적으로 이익을 잃고 물러가는 추세라는 주관적 보고를 했다.[22]

---

21) 김명호, 『초기 한미관계의 재조명: 셔먼호 사건에서 신미양요까지』(서울: 역사비평사, 2005), 제6장.

박규수는 우의정(1873.12.2~1874.9.26)으로 재직 중에 청이 일본의 침략과 법국과 미국의 가세설에 대해 경계하라는 밀자(密咨)를 받고 열린 조정회의에서 다음과 같이 주장했다.

이번의 중국 자문은 북경에서 말을 하루에 400리씩 달려 보내준 것으로, 가볍게 처리할 일이 아닌 군국(軍國)에 관계되는 일이다. 중국 또한 그들이 준동할 기미를 느꼈기 때문에 이렇게 긴급히 알려줬을 것이다. 그러므로 마땅히 비어지도(備禦之道)를 우선적인 일로 삼고 불가불 대책을 강구해야 한다. 이 일을 편안하게 소홀히 넘겨버릴 때가 아니다.

그리고 비어지도로서 용병(用兵)보다는 재곡(財穀) 저축을 제일의 급무로 삼고, 현재(賢才)를 임용하고 백성의 마음을 얻을 것을 강조하고 있다.[23]

1874년 대원군이 10년 만에 권력 무대의 중앙에서 물러나고 고종이 친정을 시작하자 한일 관계는 새로운 국면에 접어들었다. 1868년 메이지 유신 이후 한일 관계는 전통 천하질서와 근대 국제질서의 전형적 대치 양상을 연출했다. 한국 정부는 근대 국제질서의 형식과 언어로 작성된 일본의 국서를 접수할 수 없었던 것이다. 한국 국내 정치의 변화를 기회로 일본은 정체 상태에 빠져 있던 조일수호조규 체결을 본격화하기 시작했다. 결국, 일본은 1875년 9월 운요(雲揚)호의 강화도 사건과 1876년 1월 청과의 청한 종주권 협상을 발판으로 1876년 2월 10일부터 27일까지 강화도에서 회담을 거쳐 최종적으로 12개 조에 달하는 조일수호조규를 한국과 체결하게 된다. 이러한 과정에서 한국의 국내 논의의 중심에 있었던 것은 박규수였다. 그는 대원군세력의 척사론을 해방론의 시각에서 조

---

22) 『日省錄』, 高宗 9년(1872) 12월 26일.
23) 『日省錄』 및 『承政院日記』, 高宗 11년(1874) 6월 25일.

심스럽게 설득하고 최종적으로 2월 14일 일본의 조약안을 놓고 열린 어전회의에서도 우의정 김병국, 영중추부사 이유원를 비롯한 모든 대신이 조약 체결에 신중론을 폈으나 박규수는 해방론의 시각에서 조약 체결의 불가피성을 개진했다. 결국, 고종은 2월 18일 협상 대표인 신헌에게 조약 체결을 명한다.[24]

한국 근대 국제정치론은 19세기 중반의 빠르게 변화하는 국제질서 속에서 척사론의 한계를 극복해 보려는 해방론에서 그 첫 모습을 보게 된다. 당시 우리 사회의 주도적인 정치, 사회세력은 서양 세력에 대해 위정척사의 입장을 견지하려는 노력을 기울였다. 위정척사론을 대표하는 사람 중의 하나인 이항로(李恒老)는 그의 「양화(洋禍)」에서 "중국(中國)의 도(道)가 망(亡)하면 이적(夷狄)과 금수(禽獸)가 몰려온다"고 지적하고, 이를 다시 주석에서 "북로(北虜, 청)는 이적이니 오히려 말할 수 있지만, 서양(西洋)은 금수이니 가(可)히 말할 것이 못된다"고 설명하고 있다.[25] 이항로의 이와 같은 「화이지별(華夷之別)」에서 「인수지판(人獸之判)」으로 전개된 척사 사상(斥邪思想)은 그의 제자인 김평묵(金平默)의 「어양론(禦洋論)」에서 보다 본격적으로 전개되고 있다. 그는 중국과 조선은 인류이나 서양은 금수라고 주장하고 그 근거로서 중국과 조선은 인도(人道)를 가지고 있으나, 서양은 금수지도(禽獸之道)를 가지고 있기 때문이며, 인도의 내용으로서는 인(仁), 의(義), 예(禮), 지(智)의 사단지덕(四端之德)과 오품지론(五品之論) 및 예악형정지교(禮樂刑政之敎)를 들고 있다.[26]

이러한 전통은 19세기 조선조의 사고와 행동에 커다란 영향력을 행사

24) 김용구, 『세계관 충돌과 한말외교사 1866~1882』(서울: 문학과 지성사, 2001), 제3장~제4장.

25) 李恒老, 「洋禍」, 『華西先生文集華西雜言』, 卷十二, 第三五(學古房, 1986 영인).

26) 金平默, 雜著, 「禦洋論」, 『重菴先生文集』, 卷三八(宇鍾社, 1975 영인).

했으며 쉽사리 모습을 감추지 않았다. 척사론이 새롭게 등장하는 역사의 주인공의 존재 자체를 오랑캐라는 이름 아래 부인하고 있는 것에 반해서 해방론은 일단 새로운 주인공의 존재를 인정하고 상대방에 대해서 지키고, 싸우고, 또 친하면서 궁극적으로는 상대방을 제압하려는 노력을 하고 있다. 중국의 웨이위안을 비롯한 해방론자의 커다란 영향 속에 자라난 한국의 해방론은 단순히 논의로서 끝나지 않고 박규수를 중심으로 해서 제너럴셔먼호 사건부터 신미양요에 이르기까지 그리고 조일수호조규의 체결 과정에서 구체적인 정책으로서 전개된다. 그러나 한국형 해방론은 끊임없이 그리고 점점 더 크게 밀어닥쳐오는 근대 국제질서의 파도를 타고 넘어서 제압하기에는 한계에 부딪쳤다. 그 대안의 모색으로서 만국공법의 도입 활용과 같은 원용부회론이 본격적으로 자리를 잡게 된다.

참고문헌

1차 사료

김평묵. 1975. 雜著. 「禦洋論」『重菴先生文集』卷三八. 宇鍾社. 영인.
박규수. 1978. 『朴珪壽全集』. 서울: 아세아문화사.
유길준. 1971. 俞吉濬全書編纂委員會 編. 『俞吉濬全書』. 서울: 일조각.
윤종의. 1990. 『闢衛新編』. 서울: 한국교회사연구소.
이항로. 1986. 「洋禍」『華西先生文集華西雜言』卷十二, 第三五. 學古房. 영인.

『日省錄』.
『承政院日記』.

魏源. 2004. 『海國圖志』. 魏源全集編輯委員會 編. 『魏源全集』. 長沙: 岳麓書社.

기타 자료

김명호. 1995.「환재 박규수 연구(3): 은둔기의 박규수 下」.≪민족문학사연구≫ 8권.

_____. 1996.「박규수의「地勢儀銘幷序」에 대하여」.≪震檀學報≫ 제82호.

_____. 2005.『초기 한미관계의 재조명: 셔먼호 사건에서 신미양요까지』. 서울: 역사
    비평사.

김용구. 2001.『세계관 충돌과 한말외교사 1866~1882』. 서울: 문학과 지성사.

손형부. 1990.「「闢衛新編評語」와「地勢儀銘幷序」에 나타난 朴珪壽의 西洋論」.≪역사
    학보≫ 127집.

_____. 1997.『박규수의 개화사상연구』. 서울: 일조각.

유동준. 1987.『兪吉濬傳』. 서울: 일조각.

이광린. 1992.『유길준』. 서울: 동아일보사.

이완재. 1999.『박규수 연구』. 서울: 집문당.

錢國紅, 2004.『日本と中國における「西洋」の發見』. 東京: 山川出版社.

夏劍欽,「魏源研究百年回眸」.

    (http://yueluhistory.com/review/review_show.asp?review_id=46).

Elman, Benjamin A. 2005. *On their Own Terms: Science in China 1550-1900*.
    Cambridge, Mass: Harvard University Press.

Hsi-t'ung, Chang. 1950. "The Earliest Phase of the Introduction of Western
    Political Science into China." *Yenching Journal of Social Studies 5*.

Leonard, Jane Kate. 1984. *Wei Yuan and China's Rediscovery of the Maritime
    World*. Cambridge, Mass: Council on East Asian Studies, Harvard University.

Morrison, Robert. 1815~1823. *A dictionary of the Chinese language*. Macao: the
    Honorable East ndia Company.

Murray, Hugh, et.al., 1837. *The encyclopedia of Geography*. Philadelphia: Care,
    Lea and Blanchard.

03

원용부회론

김기수가 1876년 5월 제1차 수신사로 일본에 다녀온 후 고종에게 복
명하면서 서양 근대 국제질서의 기본 작동 원리의 하나인 국제법에 대해
서 다음과 같이 설명하고 있다.

소위 만국공법이라는 것은 여러 국가들이 옛날 6국의 연형지법과 같
이 동맹을 맺는 것이다. 한 나라가 어려움에 처하면 만국이 그를 구하
고 한 나라가 잘못하면 만국이 그를 공격한다. 애증에 치우침이 없고
공격에도 치우침이 없다. 이러한 서양 사람들의 법은 바야흐로 규칙을
잘 지키고 받들어 행하며 감히 잘못이 있을 수 없다.[1]

김기수의 이러한 설명은 대단히 흥미롭다. 한국의 만국공법 도입사에

---

1) "其所謂萬國公法者 諸國締盟 如六國連衡之法 而一國有難 萬國救之 一國有失 萬國攻
之 無偏愛憎 無偏攻擊 此西人之法 而方規規奉行 不敢有失" 國史編纂委員會, 『修信使記
錄』, 「日東記游」卷3, 70쪽.

대한 기존 연구를 보면,[2] '만국공법'이라는 용어가 우리 공문서에 처음 보이는 것은 조일수호조규 협상이 한창 진행되고 있던 1876년 2월 14일(음력 1월 20일)자 『고종실록』에 나와 있는 신헌의 보고문으로 추정하고 있다. 그는 1월 18일 일본 대표 구로다 기요타카(黑田淸隆)와의 회담 내용을 보고하면서 일본 대표가 한일 간에 그동안 사이가 멀어진 것은 조례(條例)가 분명치 않았기 때문이며 "따라서 약조(約條)를 의정(議定)하여 영구히 변하지 않을 장정(章程)을 삼는다면 양국은 전혀 다시 틈이 벌어질 단초가 없을 것이다. 또 이것은 모두 만국공법이 폐할 수 없는 것"이라고 발언했다고 전하고 있다.[3] 그런데 이 자리에서 『일본외교문서』에 따르자면 구로다가 새로운 조약은 "천지(天地)의 공도(公道)에 기초하여 만국 보통의 예"에 따라 작성한 것이라는 설명에 대해서 신헌은 "(우리나라는) 외국과 통상할 일도 없으며 따라서 만국 교제의 법도 모른다"라고 대답했다는 것이다.[4]

신헌의 답변과 김기수의 복명이 보여주는 만국공법에 대한 미묘한 입장의 차이는 한국의 근대 국제정치관이 조일수호조규 체결을 전후로 해서 해방론에서 조심스럽게 서양 국제질서의 작동 원리에 대한 보다 적극적 관심으로 변화를 보여준다. 그러나 그 관심은 아직까지는 받아들여야 할 새로운 문명 표준에 대한 관심이기보다는 서양을 서양의 논리를 빌려서 다뤄보려는 원용론과 동시에 서양의 근대 국제질서의 작동 원리는 이미 중국의 춘추전국시대에서 찾아볼 수 있다는 부회론적 관심이었다. 이러한 시각은 구미의 국제법이 1864년 만국공법의 이름으로 중국에 처음 번역되어 본격적으로 소개될 때부터 구체적으로 나타난다.

---

2) 김용구, 『세계관 충돌과 한말외교사 1866~1882』, 230~236쪽.

3) 『高宗實錄』 上, 516쪽.

4) 『日本外交文書』 9, 문서번호 17, 89~91쪽.

제2차 아편전쟁(1856~1860)은 드디어 중국의 전통적인 천하질서에 변화를 가져다주기 시작했다. 중국은 더 이상 서양 세력을 일방적으로 오랑캐로 취급하고 무시할 수 없었다. 구미 국가의 외교관들을 베이징에 상주시키고 이들과 대응하기 위해서 총리각국사무아문(總理各國事務衙門)을 신설했다. 전통적으로 조공 관계를 다뤄왔던 예부(禮部)와 함께 이중외교의 틀을 만든 것이다.5)

1861년 궁정 쿠데타로 실권을 장악한 공친왕과 문상(文祥) 그룹은 해방론자보다 더 적극적으로 구미 제국을 다루기 시작했다. 이를 위해서는 근대 국제질서의 기본 작동 원리로서 힘과 함께 작동하는 행동 규범으로서의 국제법에 대한 보다 심층적 이해를 필요로 했다. 한편 구미 제국은 제2차 아편전쟁의 승리로 얻은 이익을 보다 경제적으로 확보하기 위해서 중국의 사고와 행동의 기본원칙을 만국공법에 따르도록 만들고 싶었다. 우선 마틴(W.A.P. Martin)의 주도하에 1864년 번역된 『만국공법(萬國公法)』 간행을 요청하는 공친왕의 다음과 같은 상주문은 그의 주 관심이 무엇인가를 잘 보여주고 있다.6)

은밀하게 조사해 보니, 외국인은 모두 중국어 학습을 각오하고 있습니다. 그중에서도 교활한 자는 중국의 서적을 읽어보고 자료를 모아, 사건이 일어나 협의하게 돼도 중국의 전제(典制)와 율례(律例)를 원용(원문에는 援據)해서 비난하고 있습니다. 우리도 외국의 사례를 빌려서 그들을 논파하려고 각오하고 있으나, 아무리 보아도 외국 조례(條例)가 모두 서양 문자로 적혀 있어서 내용을 알 수 없습니다. 동문관

5) 佐藤愼一, 「第一章 文明と萬國公法」, 『近代中國の知識人と文明』(東京: 東京大出版會, 1996).
6) 『同治朝籌弁夷務始末』 卷27.

(총리아문 부속 통역양성학교)의 학생들이 서양 문자에 숙달되려면 아직 상당한 시일이 필요합니다. 저희들이 서양 나라들이 서로 비난하고 헐뜯는 자리에서 은밀히 형세를 살펴 『만국율례(萬國律例)』라는 책이 있는 것을 알게 되었습니다. 이 서적을 입수해서 번역하고 싶었으나 어쩌면 그들이 밀약하고 승낙하지 않을 수도 있었습니다. 마침 미국공사 벌링엄(A. Berlingame)이 와서 각 국가들이 장차 대청율례(大淸律例)를 외국어로 번역할 것이라고 말하고 또 외국에는 통행하는 율례가 있는데 최근 선교사 마틴이 한문으로 번역했으니 보어드릴 수 있다고 말했습니다. 지난해 9월 벌링엄은 마틴을 대동하고 나타나 『만국율례』네 권을 내놓았습니다. 그들의 말에 따르면 이 책은 모든 조약 체결국들이 상당히 주의를 기울이고 있는 것으로서 사건이 발생하는 경우에는 참고하여 원용(원문에는 援引)할 수 있다고 말했습니다.

한편 책이 번역될 당시의 분위기를 마틴은 그의 대표적 3부작 중의 하나인 *A Cycle of Cathay* (1897)에서 이렇게 묘사하고 있다.[7]

---

7) W. A. P. Martin, *A Cycle of Cathay or China, South and North with Personal Reminiscences* (New York: Fleming H. Revell Company, 1896). 이 책은 Martin 의 대표적 3부작 중에 자서전 형식으로 대단히 자세하게 중국 얘기를 쓰고 있다. 다른 두 작품은 *The Lore of Cathay or the Intellect of China* (University Press of the Pacific, 2004; Reprinted from the 1912 edition)과 *The Siege in Peking* (New York: Fleming H. Revell Company, 1900)이 있다. *The Lore of Cathay or the Intellect of China*에는 "International Law in Ancient China"가 포함되어 있다. 전기로는 Ralph Covell, *W. A. P. Martin: Pioneer of Progress in China* (Washington: Christian University Press, 1978); Jonathan Spence, *To Change China: Western Advisers in China* (Boston: Little, Brown, 1969), ch. 5; Peter Duus, "Science and Salvation in China: The Life and Work of W. A. P. Martin(1827~1916)," in Kwang-Ching Liu(ed.), *American Missionaries in China*

당시 주청 프랑스대사관의 외교관이었던 클렉코프스키(M. Klecskow sky)는 벌링엄에게 '중국인들에게 우리 유럽 국제법에 대한 직관 (insight)을 제공하려는 자가 누굽니까? 그자를 죽여버릴 겁니다. 목을 졸라버릴 겁니다. 그 자가 우리들에게 끝없는 골칫거리를 제공할 겁니다'. 한편 내가 번역하겠다는 얘기를 했을 때 프레드릭 브루스(Frederick Bruce) 경은 번역을 할 수 있도록 권한 안에서 모든 도움을 주겠다고 말했다. 그러면서 그가 말하기를 '번역하는 일은 좋은 일입니다. 폭력만이 서양 국가들의 유일한 법이 아니라 서양 국가들은 그들이 따르는 도리(taoli 'principles')를 가지고 있다는 것을 중국인들에게 보여주게 될 것입니다'라고 했다.

마틴은 중국 사람들 사이에서도 비슷하게 다양한 느낌들이 존재했다고 말한다. 그중의 일부는 이 번역서를 그리스인이 선물로 준 트로이의 목마처럼 수상쩍게 생각했다.[8]

이러한 배경 속에서 번역된 『만국공법』이 중국에서 뿌리를 내리는 과정에서 원용론과 부회론이 중요한 역할을 했다. 중국이 점차 빈번해지는 구미 제국과의 관계에서 구미 제국의 요구를 전통적 천하질서의 논리로서 거부하는 것보다는 상대방의 사고와 행동의 규범 논리를 원용해 상대방을 물리치는 것이 훨씬 효율적이라는 주장이 설득력을 발휘했다. 다음으로는 만국공법의 기본 원리가 단순히 서양의 전통 속에서 창출된 것이 아니라

(Cambridge, Mass: East Asian Research Center, Harvard University, 1970). 최근 나온 Lydia H. Liu, *The Clash of Empires: the Invention of China in Modern World Making*(Cambridge, Mass: Harvard University Press, 2004)의 연구가 중국 만국공법 도입 연구와 관련해 새롭다.

8) Martin, *A Cycle of Cathay or China, South and North with Personal Reminiscences* (Fleming H. Revell Company, 1896), pp.233~235.

중국 고대 춘추전국시대의 국가 사이에 존재했던 행동의 규범 원칙에서도 찾아볼 수 있다는 부회론이 긍정적으로 작용했다.[9] 이러한 원용부회론(援用附會論)은 중국뿐만 아니라 한국에서도 상당한 설득력을 발휘했다.

앞에서 지적한 것처럼 만국공법이라는 용어가 우리 문헌에 보이는 것은 조일수호조규 협상 전후이다. 그러나 『만국공법』 한국 도입사를 연구한 기존의 연구가 대체로 동의하는 것처럼 당시 연행사를 매개로 하는 동아시아 지식 질서의 전파 경로와 속도를 고려하면 1840년대 『해국도지』의 경우와 마찬가지로 출판된 직후 한국에 전해졌을 것이다. 제너럴셔먼호 사건(1866)부터 신미양요(1871)까지 박규수의 글을 보면 『만국공법』을 직접 읽었는지 확인하기는 어려우나 만국공법적 표현을 여러 군데서 원용하고 있는 것을 찾아볼 수 있다. 1868년 세난도어호의 내항과 관련해 박규수는 동진첨사에게 보낸 3월 28일자 편지에서 "해구의 방비는 각국의 동일한 법규다(海門防範 各國同規)"라는 표현을 쓰고 있다.[10] 그리고 4월 16일 세난도어호 건과 오페르트 건을 중국에 알리면서 협조를 요청하는 「보양이정형자(報洋夷情形咨)」에서 외국 병선의 무단 입항을 막는 것은 "국방을 지키는 군율상 어느 나라나 마찬가지다(關防師律 各國同然)"라고 쓰고 있다. 1871년 신미양요 직전 미국공사 로우의 편지를 동봉한 중국의 자문에 대한 회자문으로 작성한 「미국봉함전체자(美國封函傳遞咨)」에서 박규수는 "그 편지에서 '상인과 선원을 돌보아주며 결코 다른 나라가 함부로 모멸하고 학대하지 못하게 하려 한다'고 했는데 이는 실로 사해만국이 똑같은 바이다(此實 四海萬國之所同然也)"라고 밝히고 있다.[11]

그러나 만국공법을 원용부회의 시각에서 본격적으로 활용하기까지는

---

9) 佐藤愼一, 「第一章 文明と萬國公法」, 『近代中國の知識人と文明』, pp.67~76.

10) 김명호, 『초기 한미관계의 재조명: 셔먼호 사건에서 신미양요까지』, 179쪽.

11) 박규수, 『朴珪壽全集』, 453~458쪽.

상당한 시간을 필요로 했다. 조일수호조규 체결 다음 해인 1877년에 일본 공사대리 하나부사 요시모토(花房義質)가 예조판서 조영하(趙寧夏)에게 마틴이 한역(漢譯)한 『만국공법』을 증정했다. 그러나 1979년 7월 이홍장(李鴻章)은 한국의 영부사(領府事) 이유원(李裕元)에게 보낸 편지에서 이렇게 얘기하고 있다.[12]

　　지금 형편으로는 독으로 독을 공격하고 적으로 적을 제압하는 계책(以毒攻毒 以敵制敵之策)을 써서 이 기회에 서양의 여러 나라와도 차례로 조약을 맺어서 일본을 견제해야 할 것입니다. …… 작년에 터키가 러시아의 침범을 당하여 사태가 매우 위험했을 때 영국, 오스트리아와 같은 나라들이 나서서 시비하였기 때문에 러시아는 군사를 이끌고 철수하였습니다. 이전부터 터키가 고립되어 있었고 원조를 받을 데도 없었더라면 러시아 사람들이 벌써 제 욕심을 채우고 말았을 것입니다. 만약 귀국에서 먼저 영국·독일·프랑스·미국과 서로 통하면 비단 일본만을 견제하는 것이 아니라 러시아인들이 엿보는 것까지 아울러 막아낼 수 있습니다. 러시아도 반드시 뒤따라서 강화 통상할 것입니다. …… 조선의 힘만으로 일본을 제압하기는 부족하겠지만 서양과 통상을 하면서 일본을 견제하면 충분하고도 남습니다. 서양의 일반 관례로는 이유 없이 남의 나라를 멸망시키지 못합니다. 대체로 각 국가들이 서로 통상을 하면 그 사이에 공법이 자연히 실행하게 됩니다. 또 구라파의 벨기에·덴마크도 모두 아주 작은 나라지만 자체로 여러 나라들과 조약을 체결하자 함부로 침략하는 자가 없습니다.

---

12) 『高宗實錄』 高宗 16년(1879) 7월 9일; 김세민, 『한국 근대사와 만국공법』(서울: 경인문화사, 2002); 原田環, 「朝·中「兩截體制」成立前史」, 『朝鮮の開國と近代化』(廣島: 溪水社, 1997), 208쪽.

이유원은 이홍장에게 다음과 같은 답장을 보내고 있다.[13]

서양 공법에는 이미 이유 없이 남의 나라를 빼앗거나 멸망시키지 못하도록 러시아와 같은 강국으로서도 귀국에서 군대를 철수했으니 혹시 우리나라가 죄 없이 남의 침략을 당하는 경우에도 여러 나라에서 공동으로 규탄하여 나서게 되겠습니까. 한 가지 어리둥절하여 의심이 가면서 석연치 않은 점이 있습니다. …… 터키를 멸망의 위기에서 건져준 것으로 보아서는 공법이 믿을 만한데 멸망한 유구국을 일으켜 세우는 데는 공법이 그 무슨 실행하기 어려운 점이 있는 것입니까. 또한 일본 사람들이 횡포하고 교활하여 여러 나라들을 우습게보면서 방자하게 제 멋대로 행동해도 공법을 적용할 수 없는 것입니까.

이유원의 편지는 1870년대 말 원용부회로서의 만국공법에 대한 우리 조정의 분위기를 잘 보여주고 있다. 1880년에 들어서서 분위기는 점점 바뀌기 시작했다. 같은 해에 김홍집은 『조선책략』과 함께 중국 양무운동의 이론적 선두주자였던 정관응(鄭觀應, 1841~1923)의 『이언(易言)』을 함께 가져왔다. 이 책은 1883년 3월 복각판이 간행되고 한글 번역본이 나와서 널리 알려졌는데 상하 2책에서 설명하고 있는 36개 항목 중 첫 항목이 「논공법(論公法)」이었다.[14]

현재 구주각국이 군사는 날로 강성하고 기예는 날로 공교하여 남의 영토를 차지하고 힘을 믿고 욕심을 부리니 지구 구만 리를 두루 다니며 장사하지 않는 곳이 없다. 중국도 해금(海禁)을 넓게 열고 함께 입약 통

---

13) 『高宗實錄』, 高宗 16년(1879) 7월 9일; 김세민, 『한국 근대사와 만국공법』.
14) 鄭觀應, 『易言』, 28~30쪽.

상(立約通商)하니 다시 변해서 화이가 함께 속하는 천하가 됐다. ……
구주각국이 지용(智勇)으로 서로 누르며 부강으로 서로 높이니 우리 중
국도 함께 병립하여 부득불 제어하기를 급히 생각하여 변해서 권도를
써야 한다. 그러므로 공법 약장(公法約章)을 마땅히 닦아야 한다." 그
는 또 "러시아와 영국, 미국, 독일, 프랑스, 오스트리아, 일본제국이 해
상에서 싸우고 다투니 전국(戰國)칠웅과 무엇이 다른가. …… 각국이
서로 얽매여 화친하기를 편안히 여기는 자는 오로지 만국공법 일서를
받듦이라.

『만국공법』에 대한 국내 평가는 1880년대에 들어서서 척화 상소와 개
화 상소로 양분된다. 1881년 3월 홍시중(洪時中)의 상소를 보면 아래와
같이 주장하고 있다.[15]

이른바 『중서문견(中西聞見)』, 『만국공법』, 『공사(公史)』, 『지구(地
球)』, 『영환(瀛環)』, 『신보(申報)』, 『흥아회잡사시속(興亞會雜事詩續)』,
『금일초공업(今日抄工業)』, 『육학(六學)』 등의 책과 황쭌셴의 『조선책
략』 등의 여러 많은 글은 이것들을 하나하나 찾아내시어 종로 거리에
서 불태워 버리시어 지난날의 후회해야 할 잘못을 밝히시고 척사(斥邪)
의 뜻을 밝히셔야 할 것입니다.

같은 해 8월 강원도 유생 홍재학(洪在鶴)도 이렇게 상소하고 있다.[16]

이른바 『중서문견』, 『태서문견(泰西聞見)』, 『만국공법』 등 많은 이

---

15) 『高宗實錄』, 高宗 18년(1881) 4월 21일.
16) 『高宗實錄』, 高宗 18년(1881) 8월 30일.

상한 종류의 사악한 책들이 나라 안에 가득 차 있는데 이름난 선비, 큰 유학자 그리고 새로운 것을 좋아하고 기이한 것을 숭상하는 무리들은 저마다 빠져서 헤어날 줄 모르며 다시 서로 아름답다고 칭하고 이름 있고 지위 있는 사람도 바로 따르고 있습니다.

반면에 개화 상소들은 『만국공법』에 대해 척화 상소와는 전혀 대조적 평가를 내리고 있다. 1882년 8월 지석영(池錫永, 1855~1935)은 다음과 같이 상소하고 있다.[17]

우리나라는 바다 왼편에 치우쳐 있어 지금까지 일찍이 외교를 하지 않았습니다. 그리하여 견문이 넓지 못하고 시국에 어둡습니다. 나아가서 이웃 나라들과 사귀고 조약을 맺는 것이 모두 무엇을 하는 것인지 모릅니다. 외무에 조금이라도 마음을 쓰는 사람을 보기만 하면 바로 곧 사악함에 물들었다고 지목하고 침을 뱉고 욕을 합니다. …… 엎드려 생각건대 여러 나라 사람들이 지은 『만국공법』, 『조선책략(朝鮮策略)』, 『보법전기(普法戰紀)』, 『박물신편(博物新編)』, 『격물인문(格物入門)』, 『격치휘편(格致彙編)』 등의 책 및 우리나라 교리 김옥균이 편집한 『기화근록(箕和近錄)』, 전(前) 승지(承旨) 박영효가 편찬한 『지구도경(地球圖經)』, 진사 안종수(安宗洙)가 번역한 『농정신편(農政新編)』, 전(前) 현령(縣令) 김경수(金京遂)가 적은 『공보초략(公報抄略)』 등의 책은 모두 충분히 잘못 알고 있는 것을 열어 밝혀주고 시무(時務)를 환히 깨닫게 해줄 수 있는 것들입니다.

변옥(卞鋈)은 1882년 10월 상소에서 다음과 같이 주장하고 있다.[18]

---

17) 『高宗實錄』, 高宗 19년(1882) 8월 23일.

만국공법은 비록 오랑캐들에게서 나온 것이지만 어찌 행할 만한 조목이 없겠습니까. 그러나 우리나라 사람들이 그 근본을 연구해 보지도 않고 먼저 그 끝만을 배척하였던 것은 모두 양학에 물들어 버릴까 두려워했기 때문입니다. 그 마음으로는 옳다고 여기나 그 입으로는 옳다고 말하지 못합니다. …… 척사의 책으로는 『만국공법』보다 밝은 것이 없습니다. 한번 그 책을 읽으면 사교의 근저를 가릴 수 있습니다. 황쭌셴의 『조선책략』, 杞憂子(기우자)의 『이언』, 『만국공법』은 지금 천하의 책(天下之書)입니다. …… 그런데 함께 그것을 사학(邪學)이라고 말하고 배척의 논의가 엄하게 일어나고 있으니 의혹을 풀기가 어렵습니다. 이 여러 책들을 사도(四都)와 팔도(八道)에서 간행하면 그것이 그렇지 않음을 밝힐 수 있을 것입니다.

1880년 12월에는 관제를 개혁하고 대외관계기관으로 통리기무아문을 설치했다. 1881년 2월에 신사유람단을 일본에 파견했으며, 1881년 11월에 영선사를 청에 파견했다. 그리고 1882년 5월 미국과 조미수호통상조약을 체결해, 조선은 실질적으로 만국공법 체제를 수용하게 되었다. 임오군란을 겪은 직후 고종은 1882년 8월 발표한 개화 정책에 관한 교서에서 다음과 같이 말하고 있다.[19]

우리나라는 바다의 한쪽 구석에 치우쳐 있어서 일찍이 외국과 교섭을 해오지 않았다. 따라서 견문이 넓지 못하고 삼가 스스로 지키면서 500년 동안을 내려왔다. 근년 이래로 천하의 대세는 옛날과 판이하게 되었다. 구미 제국들, 즉 영국, 프랑스, 미국, 러시아 같은 나라들은 정

---

18) 『高宗實錄』, 高宗 19년(1882) 10월 7일.
19) 『高宗實錄』, 高宗 19년(1882) 8월 5일.

밀한 기계를 만들고 나라를 부강하게 만드는 일에 최선을 다하며 배와 수레로 온 세상을 두루 돌아다니고 세계의 많은 나라들과 서로 조약을 체결하고 병력으로 서로 균형을 이루고 공법으로 서로 의지하는 것이 마치 춘추열국 시대와 비슷하다. 그러므로 천하에서 홀로 존귀하다는 중화도 오히려 평등한 조약을 맺고, 척양에 엄격하던 일본도 결국 수호를 맺고 통상을 하고 있으니 어찌 까닭 없이 그렇게 하겠는가. …… 조약을 맺고 통상하는 것은 세계의 공법에 근거하고 있을 뿐이다. …… 그리고 기계를 제조하면서 조금만 서법을 본뜨면 대뜸 불순한 것에 물든 것으로 지목하는데 이것도 또한 전혀 양해하지 못한 탓이다. …… 더구나 강약의 형세가 이미 서로 두드러지게 다른데 만일 그들의 법을 본뜨지 않으면 무슨 수로 그들의 침략을 막아내며 그들이 넘겨다보는 것을 막겠는가. …… 영국과 미국 등 여러 나라들이 뒤이어 와서 조약을 맺고 통상하게 되었다. 이것은 만국 통례이다. …… 만일 그들이 우리 사람들을 업신여기거나 모욕할 때에는 응당 조약에 근거하여 처벌할 것이며 절대로 우리 백성들을 굽히게 하고 외국인을 두둔하는 일은 없을 것이다. …… 그리고 이왕 서양의 각국과 수교를 하였으니 경외(京外)에 세워놓은 척화비는 세월이 달라진 만큼 모두 뽑아버릴 것이다.[20]

---

20) "惟我東方 偏在海隅 未曾有外國交涉 故見聞不廣 謹約自守 垂五百年 挽近以來 宇內大勢 逈異前古 歐美諸國 如英如法如美如俄 創其精利之器 極其富强之業 舟車遍于地毬 條約聯于萬國 以兵力相衝 以公法相持 類似乎春秋列國之勢 故以中華之獨尊天下 而猶然平等立約 以日本之嚴於斥洋 而終亦交互通商 是豈無自而然哉……立約通商 只據公法而已……且見器械製造之稍效西法 則輒以染邪目之 此又不諒之甚也……況强弱之形旣相懸絶 苟不效彼之侮而放其覘 乎……而英美諸國 又將踵至 立約通商 此乃萬國通例……如彼有凌虐 自當按約懲辨 決不屈我民而護外人也……且旣與西國修好 則京外所立斥洋碑刻 時措有異"『高宗實錄』, 高宗 19년(1882) 8월 5일.

고종은 옛날에 비해 크게 달라진 세계 대세를 병력과 공법이라는 두 축으로 비교적 정확하게 요약한 다음 오늘의 세계 대세를 중국 고대의 춘추전국시대에 비유하고 있다. 그리고 현실적으로 상당한 힘의 격차 속에서 구미 제국을 상대하려면 『만국율례』에 따라 입약 통상할 수밖에 없다고 지적하고 있다.

원용부회의 시각에서 서양 근대 질서에 대한 관심이 높아감에 따라 근대 국제질서의 대표적인 규범체계인 만국공법에 대한 관심도 자연히 높아졌다. 1883년 10월 1일에 첫 창간호를 발행하고 1884년 갑신정변 후 폐간된 한국 최초의 근대 신문 ≪한성순보≫도 예외는 아니었다. 1년여의 짧은 발행 기간 동안에 ≪한성순보≫는 40회 이상의 만국공법 기사를 싣고 있다. 우선 두드러진 특징은 원용부회의 시각에서 만국공법을 소개하는 입장답게 국외 중립 문제와 전쟁배상금 문제와 관련한 국제법 소개가 가장 많다.[21]

다음으로는 만국공법을 초보적으로 소개하는 것으로 제6호의 「소병의(銷兵議)」에서 예를 찾을 수 있다.

> …… 옛날에는 나라가 서로 상대하는 데 오직 병력만을 믿고 사술(詐術)을 다투었는데 화란인 그로티우스(虎哥, Hugo Grotius)가 처음으로 공법을 주창하자 그것을 강술하는 자가 다투어 일어나 지금은 세계 각국이 그것을 신봉하니 약소국가가 강대국에게 병탄되지 않음은 모두 그의 덕택이라 하겠다.[22]

그리고 제34호(1884년 9월 19일)의 "공법에 관한 논설"에서는 다음과 같

---

21) 김세민, 『한국 근대사와 만국공법』.
22) 『漢城旬報』, 1883년 12월 20일.

이 공법의 필요성을 말하고 있다.

옛날에 우리 동양의 모든 나라가 저마다 한 나라만을 고수할 뿐 나라를 경륜하는 원대한 계획에 힘쓰지 않아서 내정만을 중하게 여기고 각국과의 외교에는 겨를이 없었다가 오늘날에 이르러서는 만국이 서로 통하고 업무가 날로 증가하여 허다한 관계가 내정에 비해 점차 번다해졌으므로 공법을 만들어 처리하지 않고는 수많은 업무를 해결할 수 없다. 이 때문에 구미 법률가가 한 가지 글을 만들어 온 천하에 공포 시행하면서 이름을 공법이라 하였다.[23)]

그리고 마지막으로는 근대 국제질서의 규범으로 작동하고 있는 만국공법의 한계를 근대 국제질서의 현실적 차원에서 비교적 정확하게 비판하는 글이 같이 실려 있다. 제6호 「소병의」에서는 만국공법의 소개를 넘어서 우리가 겪고 있는 국제정치 현실은 국제법적 세계이기보다는 전쟁상태에 가깝기 때문에 이를 해결하기 위한 평화론을 역설하고 있다. 제10호의 「양무수재득인론(洋務首在得人論)」에서 만국공법을 잘 아는 사람이 필요하며 공법을 배워야 한다는 것을 강조하면서 "오늘날 유럽의 형세는 마치 전국시대와 같고, 이른바 만국공법이란 거의 전국시대 종약(從約)과 같아서 유리하면 따르고 그렇지 않으면 배신하며 겉으로는 비록 따르는 체하지만 속으로는 실상 위배한다"고 지적하고 있다.[24)]

이러한 비판론은 1886년 1월에 창간되어 1888년 7월에 폐간한 ≪한성주보≫에서 보다 구체적으로 등장한다. 제6호 「논천하시국(論天下時局)」을 살펴보면 다음과 같다.

---

23) 『漢城旬報』, 1884년 9월 19일.
24) 『漢城旬報』, 1884년 1월 30일.

현재 동서양 각국이 조약을 맺어 통상을 하고 있는데 그때마다 공법에 의거하여 논의를 결정 비준하고 있다. 아, 그러나 저들 각국은 일단 자신들에게 이익이 있는 것을 보기만 하면 공법을 저버리고도 두려워하지 않고 조약을 파기하고도 부끄러워하지 않음은 물론 끝내는 큰 것이 작은 것을 억제하고 강한 것이 약한 것을 무시하는 형세를 이루게 되어 다시는 강화라는 것이 존재할 수 없게 되고 만다.[25]

제17호 「논서일조약개증안(論西日條約改證案)」에서 비난은 더욱 거세진다.

…… 비록 조약이 있다 하나 나에게 불편하다고 생각하면 강자는 이치를 왜곡하여 편리한 대로 말을 하고 비록 공법이 있다 하나 약자는 감히 예를 끌어다가 증거할 수 없다. 그러므로 조약과 공법이 다만 부강한 자들이 자기들의 잘못을 합리화하고 남을 꾸짖는 도구일 뿐이며 또 부강한 자들이 조약과 공법을 빌어 저희들에게만 편리하게 하는 방편에 불과할 뿐이다. 아, 서구인들이 동쪽으로 온 뒤 비록 조약을 체결하고 공법을 준행한다고 하였으나 그 행위를 규명해 보면 우리를 능멸하고 압박하지 않음이 없으니 이러고서도 조약을 체결하여 천하에 신의를 세우고 공법을 신봉하여 천하의 공평을 행했다고 할 수 있겠는가. …… [26]

그리고 제25호의 「논외교(論外交)」와 제31호의 「논외교택기임(論外交擇其任)」에서 조약과 공법만이 외교의 모든 것이라고 믿지 말라는 강력한 경고를 하고 있다.[27]

---

25) ≪漢城周報≫, 1886년 3월 8일.
26) ≪漢城周報≫, 1886년 5월 24일.

만국공법을 원용부회의 시각에서 활용하려는 노력은 단순히 논의 차원에 머물렀던 것은 아니다. 이러한 노력의 중심에 서 있었던 대표적 인물 중 한 사람인 김윤식은 그의 입장을 다음과 같이 밝히고 있다.

우리나라는 원래 타교(他交)도 없으며 오직 청국(淸國)을 상국(上國)으로 모시고 동쪽의 일본과 통교하였을 뿐이다. 수십 년 전부터 세상의 정형이 매일같이 변하며 구주(歐洲)는 웅장(雄長)이 되고 동양의 제국이 모두 그 공법(公法)을 따르게 되었다. 이것을 버리면 고립하고 도움이 적어지며 혼자만으로는 나라를 유지할 수 없게 되었다. 따라서 청국과 일본도 태서(泰西) 각국과 함께 이것을 수호하고 조약을 체결한 나라들이 벌써 20여 개국에 달한다.[28]

김윤식은 만국공법을 따라야 하는 것을 인정하면서도 조선의 생존을 위한 속방론을 다음과 같이 강조하고 있다.

각국에 조선이 중국의 속방임을 성명(聲明)하면 중국도 우리를 담임(擔任)하지 않을 수 없고, 각국 또한 우리를 가볍게 보지 못할 것이다. (중국은) 우리나라 유사시 힘써 도와주지 않으면 천하의 웃음거리가 될 것이며, 그리고 그 아래에 내치(內治)는 자주(自主)에 속한다는 내용까지 넣는다면 만국공법 체제 속에서 구미 제국과의 조약 체결에서도 방해되지 않을 뿐 아니라 국권을 상실할 염려도 없어지게 되니 일거양득(一擧兩得)이다.[29]

---

27) ≪漢城周報≫, 1886년 8월 23일; ≪漢城周報≫, 1886년 10월 4일.
28) 김윤식, 『縱政年表·陰晴史』 上, 高宗 18년 12월 27일.
29) 같은 책.

김윤식의 양득체제(兩得體制)는 청(淸)과의 자주적 속방 관계를 유지하면서 태서 각국과 만국공법에 따라 조약을 체결할 것을 권고하고 있다. 그는 1885년 거문도 사건 당시 교섭통상사무아문독판으로서 한성주재 청국상무총판, 미국대리공사, 일본대리공사, 독일총영사에 당시의 만국공법에 따른 조회를 보냈다. 김윤식의 이 조회는 구미 제국이 상대방 국가의 법률을 이용해 상대방을 규제하는 것을 원용해 구미 국가 자신들의 법인 만국공법으로 구미 국가의 행동을 규제해 보려는 중요한 시도였다.

거문도 사건이 일어나자 독판교섭통상사무 김윤식은 3월 7일 한성주재 영국총영사 애스턴(William G. Aston)에게 전형적인 원용론의 조회문을 보낸다.

해내의 전문으로 귀국이 거문도에 뜻이 있다는 것을 알고 있다. 그러나 이 섬은 아국의 영토로서 타국이 와서 이곳을 마음대로 점유하는 것은 만국공법상 원리에 맞지 않는다. 놀라고 의아해서 일전에 조사위원을 거문도에 보내서 사건의 허실을 조사하도록 했으나 아직 돌아오지 않아 미처 명확하게 얘기할 수 없었다. 마침 귀영사가 보내준 귀국의 주철공사의 조회를 받아 자세히 읽어보고 앞의 얘기가 맞았다는 것을 알았다. 귀국과 같이 우의가 두텁고 또한 공법에 밝은 나라가 이렇게 의외의 행동을 함으로써 기대에 크게 어긋난다는 것은 참으로 이상한 일이 아닐 수 없다. 귀국이 만약 우의를 존중하여 의도 홀연히 그 섬을 떠난다면 우리의 행복이 다 더 할 것이 없겠고 또 만국이 함께 음송하는 바 될 것이다.[30]

만국공법의 도입 활용에서 보여주는 근대 국제질서에 대한 원용부회론

---

30) 『高宗實錄』, 高宗 22년(1885) 4월 7일.

은 해방론의 노력에 비해서는 보다 적극적으로 동아시아의 무대에 화려하게 등장한 역사의 새로운 주인공들을 다뤄보려는 노력을 한다. 그러나 원용부회의 노력에도 불구하고 새로운 주인공들은 빠른 속도로 무대의 중심으로 등장하면서 전통적 주인공들을 무대의 주변으로 밀어내기 시작했다. 결국 동아시아의 전통적 주인공들은 근대 국제질서의 새로운 주인공들의 사고와 행동, 그리고 제도를 새로운 문명 표준으로서 신중히 검토하고 받아들여야 하는 어려움에 직면하게 된다. 일본은 메이지 유신 이후 전통의 짐을 상대적으로 덜 지고 있는 이점을 최대한 활용해 동아시아 3국 중 가장 빨리 구미 중심의 국민 부강 국가질서라는 새로운 문명 표준을 받아들이기 시작한다. 중국은 청일전쟁의 패배라는 쓴 잔을 마실 때까지 전통 천하질서와 근대 국제질서의 혼란 속에서 어려움을 겪게 된다.

한국은 원용부회론으로서 만국공법의 도입 과정에서도 일본보다는 중국처럼 힘든 과정을 겪어야 했다. 척사론에서 해방론의 전개가 힘들었던 것만큼 해방론에서 원용부회론의 전개도 힘들었다. 해방론은 타자로서 서양 세력의 존재를 인정하기 어려웠지만, 원용부회론은 어쩔 수 없이 구미 중심의 근대 국제정치 질서를 보다 본격적으로 검토하고 원용해야 했다. 그러면서도 서양을 새로운 문명 표준으로 인정하지는 않고, 여전히 전통 천하질서에서 문명 표준의 선구성을 찾고 있다. 1880년대 중반 이후 한계점이 이미 폭넓게 논의되고 있던 원용부회론으로서의 만국공법이 한국에서는 청일전쟁 이후 뒤늦게 최익현, 유인석, 곽종석 같은 전통 척사론자들에 의해 활발하게 논의되었다.

그러나 새로 등장한 서양 주인공들은 동양의 원용부회론에도 불구하고 빠른 속도로 무대의 중심으로 부상했다. 더 이상 원용부회론으로 서양을 다룰 수는 없게 된 것이다. 그러나 제국에 둘러싸인 소국인 한국은 서양 문명 표준의 본격적 도입 이전에 전통적 한중 관계와 새로운 근대 국제관계 사이에서 살아남아야 하는 이중 생존 전략인 양절체제를 거쳐 본격적으로 새로운 문명 표준으로서 자강균세를 모색하게 된다. 따라서 한국 근대 국제정치론은 원용부회론에서 양절체제론의 과도기를 거쳐 자강균세론으로 넘어가게 된다.

참고문헌

1차 사료

김윤식. 『縱政年表·陰晴史』上.

「日東記游」卷3. 國史編纂委員會. 『修信使記錄』.

鄭觀應. 『易言』.

『高宗實錄』.

『同治朝籌弁夷務始末』, 卷27.

『日本外交文書』9, 문서번호 17.

『漢城旬報』.

≪漢城周報≫.

기타 자료

김세민. 2002. 『한국 근대사와 만국공법』. 서울: 경인문화사.

김용구. 2001. 『세계관 충돌과 한말외교사 1866~1882』. 서울: 문학과 지성사.

原田環. 1997. 『朝鮮の開國と近代化』. 廣島: 溪水社.

佐藤愼一. 1996. 『近代中國の知識人と文明』. 東京: 東京大出版會.

Covell, Ralph. 1978. *W.A.P. Martin: Pioneer of Progress in China.* Washington: Christian University Press.

Duus, Peter. "Science and Salvation in China: The Life and Work of W.A.P. Martin(1827~1916)," in Kwang-Ching Liu(ed.). *American Missionaries in China.* Cambridge, Mass: East Asian Research Center, Harvard University, 1970.

Liu, Lydia H. 2004. *The Clash of Empires: the Invention of China in Modern World Making.* Cambridge, Mass: Harvard University Press.

Martin. 1896. W.A.P. *A Cycle of Cathay or China, South and North with Personal Reminiscences.* New York: Fleming H. Revell Company.

_____. 1900. *The Siege in Peking.* New York: Fleming H. Revell Company.

_____. 2004(Reprinted from the 1912 edition). *The Lore of Cathay or the Intellect of China.* University Press of the Pacific.

Spence, Jonathan. 1969. *To Change China: Western Advisers in China.* Boston: Little, Brown.

양절체제론

　조공 받는 국가 수공국(受貢國)이 그런즉 여러 국가에게 같은 예도를 행하고 조공하는 국가 증공국(贈貢國)에게는 독존의 모습을 마음대로 하니 이는 증공국의 체제가 수공국과 여러 다른 국가를 향하여 앞뒤로 나눠지고 수공국의 체제도 증공국과 여러 다른 국가에 대하여 역시 앞뒤로 나눠진다. 수공국과 증공국의 둘로 나눠진 체제를 하나로 보는 것은 무슨 이유인가. 형세의 강약을 고려하지 않고 권리의 유무만 따지니 강국의 망령된 존중에 대해서는 공법의 비난이 있고 약국의 수모에 대해서는 공법의 보호가 존재한지라 그러니까 이와 같이 하나가 아닌 치우친 막힘은 공법이 행해지지 않아서 약자는 스스로 보호하는 길이니 강자가 자행하는 교만한 습성을 조성하기 위해서는 공법의 한 조항도 세우지 않았음이라.[1]

---

1) "受貢國이 然則 諸國을 向ㅎ야 同等의 禮度를 행하고 贈貢國을 對ㅎ야 獨尊한 體貌를 擅ㅎ리니 此ᄂ 贈貢國의 體制가 受貢國及 諸他國을 向하야 前後의 兩截이오 受貢國의 體制도 贈貢國及 諸他國을 對하야 亦前後의 兩截이라 受貢國及 贈貢國의 兩截體制를

이 글은 유길준의 유명한 "양절체제론(兩截體制論)"을 설명하는 핵심 문장이다. 그는 그의 대표작인 『서유견문(西遊見聞)』(1887~1889 집필/1895 출판)의 제3편 「방국(邦國)의 권리(權利)」에서 천하질서에서 근대 국제질서로의 대변환을 겪고 있는 1880년대의 한국을 개인사 그리고 국가사 차원에서 뼈저리게 겪으면서 현실의 어려움을 어떻게 바라봐야 하고 또 어떻게 극복해야 할 것인가를 조심스럽게 얘기하고 있다.

유길준은 임오군란(1882)과 갑신정변(1884) 이후 한국이 겪고 있는 바깥 질서를 "양절체제"라고 불렀다. 하라다 다마키(原田環)가 이 표현에 주목한 이래 최근 연구들은 "양절체제"를 당시의 이중질서의 어려움을 얘기하고 분석하기 위해서 점차 활발하게 사용하고 있다.[2] 그러나 연구자 간에 일정한 개념상의 혼란이 있는 것도 사실이다. 따라서 원문에 충실해서 유길준이 사용했던 "양절체제"의 뜻을 다시 한번 정리할 필요가 있다.

중국처럼 조공 받는 국가와 한국처럼 조공 바치는 국가는 여러 국가(諸

一視흠은 何故오 形勢의 强弱은 不顧하고 權利의 有無를 只管ㅎㄴ니 强國의 妄尊은 公法의 譏刺가 自在ㅎ고 弱國의 受侮ㄴ 公法의 保護가 是存ㅎ지라 然ㅎ 故로 如是不一흔 偏滯ㄴ 公法의 不行으로 弱者의 自保ㅎㄴ 道니 强者의 恣行ㅎㄴ 驕習을 助成ㅎ기 爲ㅎ야ㄴ 公法의 一條도 不設흠이라" 유길준, 『俞吉濬全書』, 117쪽.

2) 原田環, 「朴珪壽の對日開國論」, ≪人文學報≫ 46(京都大學校 人文科學研究所, 1979); 原田環, 「朝鮮の近代化構想-俞吉濬と朴泳孝の獨立思想」, ≪史學研究≫ 143(廣島史學研究會, 1979); 原田環, 第七章 朝·中「兩截體制」成立前史, 『朝鮮の開國と近代化』(廣島: 溪水社, 1997); 김용구, 『세계관 충돌과 한말외교사 1866~1882』; 姜東局, 『「屬邦」の政治思想史』(東京大學校博士學位論文, 2004); 정용화, 『문명의 정치사상: 유길준과 근대 한국』(서울: 문학과지성사, 2004); 岡本隆司, 『屬國と自主のあいだ: 近代淸韓關係と東アジアの命運』(名古屋: 名古屋大學出版會, 2004); 金鳳珍, 『東アジア「開明」知識人の思惟空間: 鄭觀應 福澤諭吉 俞吉濬の比較研究』(福岡: 九州大學出版會, 2004).

國)와 새로운 관계를 맺음에 따라 전통적 조공 관계와 함께 근대적 국제 관계의 이중질서를 체험하게 된다. 그 속에서 유길준은 국가의 권리를 구미의 만국공법에 기반을 두고 설명하기 시작한다. 국가의 권리에는 국가의 모든 정치와 법령이 그 정부의 입헌을 스스로 존중하는 내용(內用) 주권과 독립과 평등의 원리로 외국과의 교섭을 보수(保守)하는 외행(外行) 주권으로 나눌 수 있으며 구체적으로는 자보(自保)권, 독립권, 산업(토지)권, 입법권, 교섭파사통상권, 강화결약권, 중립권을 들고 있다. 이러한 주권을 기반으로 한 국가의 교제에 대해서도 다음과 같이 지적하고 있다.

> 국가의 교제도 역시 공법으로 다루어 하늘과 땅의 치우치지 않은 하늘의 이치로 보니 대국도 국가이고 소국도 국가다. 국가 위에 다시 국가 없고 국가 아래 국가가 또한 없어 국가의 국가 되는 권리는 피차 같은 지위로 조금의 차이도 생기지 않는지라.[3]

원용부회론이 전통의 문명 표준을 지키고 키워나가기 위해서 만국공법을 수단으로서 활용하려 했다면 유길준의 양절론은 만국공법을 새로운 문명 표준으로서 받아들이고 있다. 해방론이나 원용부회론과는 질적으로 다른 변화가 일어난 것이다. 유길준은 일본 유학(1881.5~1883.1) 초기에 후쿠자와 유키치(福澤諭吉, 1835~1901)가 경영하는 ≪시사신보(時事新報)≫에 쓴 "신문(新聞)의 기력(氣力)을 논(論)함"에서 한국 사람으로서는 처음으로 문명이라는 개념을 다음과 같이 쓰고 있다.

---

3) "邦國의 交際도 亦公法으로 操制ᄒ야 天地의 無偏ᄒ 正理로 一視ᄒᄂ 道를 行ᄒ則大國도 一國이오 小國도 一國이라 國上에 國이 更無ᄒ고 國下에 國이 亦無ᄒ야 一國의 國되ᄂ 權利ᄂ 彼此의 同然ᄒ 地位로 分毫의 差殊가 不生ᄒ지라" 유길준, 『兪吉濬全書』 I, 「서유견문」, 105~108쪽.

대개(大概) 나라를 개화(開化)로 가게하고 문명(文明)으로 인도(引導)케 하는 활발(活潑)의 기상(氣象)과 분양(奮揚)의 마음과 유지(維持)의 힘을 으뜸으로 한다. …… 따라서 이 셋을 가진 연후(然後)에 개화하려고 하면 개화할 수 있고 문명하려고 하면 문명할 수 있다.[4]

유길준은 1881년 5월부터 1882년 12월까지 1년 반의 유학 생활을 마치고 귀국한 후 1883년에 들어서서 박영효의 부탁으로 통리교섭통상사무아문의 주사로서 ≪한성순보≫ 창간을 준비하게 된다. 유길준은 1883년의 「한성순보 창간사」에서 '문명사물(文明事物)', '개화 문명(開化文明)의 진보(進步)', '문명제국(文明諸國)', '일국문명(一國文明)', '문명흔 신역(新域)', '문명흔 경역(境域)', '문명이 미개(未開)한 국(國)' 등과 같은 용어에서 보다시피 문명 개념을 본격적으로 사용하고 있으나, 이와 함께 '기국(其國)의 문화가 미개하며', '문화진보(文化進步)', '본국문화(本國文化)가 아직 광개(廣開)치 못흐야', '지우(智愚)와 문화(文化)' 등에서 문화 개념을 동시에 사용하고 있으며, 그중에 특히 흥미 있는 것은 유길준이 쓴 "기국(其國)의 문명을 증진(增進)흐게 흐는데 불출(不出)흐느니……"의 표현 중에서 박영효로 알려져 있는 교정자가 문명을 문화로 고쳐놓은 것이다.[5]

비슷한 시기에 쓴 『세계대세론(世界大勢論)』(1883) 『경쟁론』(1883) 등에서 그는 보다 본격적으로 문명론을 전개하고 있다. 그중에서도 유길준은 『세계대세론』에서 인류를 개화의 차이(開化殊異)에 따라서 야만(野蠻), 미개, 반개, 문명으로 나누고 문명을 다음과 같이 설명하고 있다.

네 번째는 문명이니 반개 지위를 벗어나서 하나 앞으로 나아간 즉 문

---

4) 이광린, 『유길준』, 20~22쪽.
5) 유길준, 『俞吉濬全書』 IV, 정치경제편, 5~18쪽.

명이니 문명이란 것은 농공상업 등이 성대해지고 문학 기술에 독실하는 것이니 구주제국과 아메리카합중국 같은 나라를 말함이라.[6]

유길준은 이어서 오늘의 시점에서는 구주제국과 미국을 문명개화국이라고 할 수 있으나, 이들이 결단코 개화의 극이 아니며 얼마든지 변할 수 있으므로 노력할 것을 다음과 같이 강조하고 있다.

4개 등급의 차이를 나누어 알아서 자기 나라의 치욕만모를 잊지 말며 습관 풍속을 가볍고 소홀히 하지 말고 다른 국가가 문명에 진취한 것을 미루어 살펴 우리나라의 개화 진보를 견주어 살피는 사람은 진정 우국현사라 할 만하며 애군충신이니 우리 동방 동포 형제 수천만 여러분에게 원하노라.[7]

유길준의 이러한 초기 문명관의 형성에는 일본의 새로운 문명관이 주요한 영향을 미쳤다. 중국 중심 천하질서의 주변에 놓여 있었던 일본은 중국과는 달리 거칠게 다가오는 유럽 중심 국제질서에 대해 일방적으로 저항의 국제정치만을 강조하는 대신에 활용의 국제정치를 모색하기 시작하는 유연성을 보여주었다. 따라서 중국이 아편전쟁(1840~1842)의 참패를 겪는 것을 보면서, 일본에서는 양이파에 대한 개국파의 등장이 이루어

---

6) "第四는 文明이니 半開地位를 脫하고 一進흠則 文明이니 文明이라 ㅎ는 者는 農工商의 諸業이 盛大ㅎ고 文學技術에 篤實흠이니 歐洲諸國과밋 亞墨利加合衆國 갓튼 者을 云흠이라" 유길준, 『俞吉濬全書』 III, 역사편, 33쪽.

7) "右四條等級의 殊異을 分知ㅎ야 自己國朝의 耻辱慢侮을 志却ㅎ지 말며 習慣成俗을 輕忽히ㅎ지 말고 他國이 文明에 進就한 以然者을 推察ㅎ야 我國開化進步을 計較ㅎ는 者는 眞可謂憂國賢士며 愛君忠臣이니 我東方同胞兄弟 幾千萬諸公에게 願하노라"『俞吉濬全書』, 35쪽.

졌다. 이러한 변화를 대표하는 흐름으로서 사쿠마 쇼잔(佐久間象山)은 18세기 아라이 하쿠세키(新井白石)의 화혼양재(和魂洋才)를 뒤이어서 "서양 예술(西洋芸術), 동양도덕(東洋道德)"을 강조하게 된다.

서양의 civilization 개념 자체는 막부 말기(幕末)부터 메이지(明治) 초기에는 예의(禮儀)와 교제(交際)로 이해되다가 점차 번역어로서 문명과 문화가 함께 쓰이는 짧은 시기를 거쳐, 후쿠자와 유키치를 비롯해서 니시 아마네(西周), 미츠쿠리 슈헤이(箕作秋坪), 모리 아리노리(森有礼) 등에 의해 문명개화(文明開化) 또는 문명으로서 자리를 잡게 된다.[8]

메이지 개명(明治開明) 지식인의 대표 주자라고 할 수 있는 후쿠자와 유키치는 『당인왕래(唐人往來)』(1865)에 이어 1868년에 출판한 『서양사정외편(西洋事情外編)』의 "세계의 문명개화(世の文明開化)"라는 절에서 인류 역사를 만야(蠻野)에서 문명으로 진보하는 것으로 설명하고 영국과 같은 유럽 국가를 문명개화국으로 부르고 있다. 후쿠자와 유키치는 다음 해인 1869년에 출판한 『장중만국일람(掌中萬國一覽)』과 『세계국진(世界國盡)』에서는 인간들의 삶의 모습을 혼돈(混沌), 만야(蠻野), 미개(未開)/반개(半開), 개화 문명/문명개화의 네 부류로 나누어서 진보의 과정을 설명하고, 중국을 반개화(半開化)로 미국과 유럽 국가를 문명개화로 분류하고 있다.[9]

그는 1875년에 쓴 본격적 일본 문명론의 전개라고 할 수 있는 『문명론의 개략(文明論之槪略)』에서 세계의 문명을 논하면서 유럽 국가와 미국을 최상의 문명국, 터키, 중국, 일본 등의 아시아 국가를 반개화국, 아프리카 및 호주를 야만국으로 분류한 다음에 이러한 분류의 상대성을 강조하고

---

8) 西川長夫, 『國境の越え方: 比較文化論序說』(筑摩書房, 1992); 西川長夫, 『地球時代 の民族=文化理論: 脱「國民文化」のために』(新曜社, 1995); 伊東俊太郎, 『比較文明 と日本』(中央公論社, 1990); 柳父章, 『文化』(三省堂, 1995).

9) 福澤諭吉, 『福澤全集』(時事新報社, 1898), 제1~2권.

있다. 따라서 반개화 국가인 일본이 문명국이 되기 위해서는 현재의 시간과 장소를 고려한다면 1차로 서양의 문명을 목표로 삼되 우선적으로 지덕(智德)을 개발하고, 다음으로 정법(政法)을 개혁하고, 마지막으로 의식주나 기계를 추구해서 일본 독립을 획득해야 한다는 결론에 이르고 있다.[10]

그리고 후쿠자와 유키치와 함께 명륙사(明六社)의 동인이었던 니시무라 시게키(西村茂樹)는 ≪메이로쿠잡지(明六雜誌)≫ 제36호(1875년 5월)에 서어십이해 [西語十二解(1)]로 "문명개화의 풀이(文明開化の解)"를 게재해 civilization 개념에 대한 계몽적 설명을 하고 있다.[11]

이러한 과정을 거쳐 일본에서 사용되기 시작한 문명개화라는 개념은 이와쿠라 사절단(岩倉使節團)(1871년 11월~1873년 8월)의 구미 순방 이후 일본 사회에서 1870년대의 대표적 유행어로서 풍미하게 된다. 이러한 일본의 문명 개념은 1881년 6월부터 1882년 12월까지 후쿠자와 유키치가 경영하는 게이오의숙(慶應義塾)에 유학했던 유길준을 비롯한 조선의 개화 지식인을 통해 당시 조선에 본격적으로 알려지게 된다. 특히 유길준의 조선 문명론인 『서유견문』(1887~1889)은 후쿠자와 유키치의 『서양사정(西洋事情)』, 『학문의 권장(學問のすすめ)』, 『문명론의 개략』을 종합한 모습을 보여주고 있다. 그러나 가장 주목해야 할 점은 유길준은 후쿠자와 유키치와는 비교할 수 없는 국내외 정치의 어려움 속에서 목숨을 걸고 조선 문명론을 고민하고 글로 써야 했다는 것이다. 따라서 유길준의 조선 문명론은 후쿠자와 유키치의 일본 문명론에 비해 훨씬 조심스럽고 복잡한 전통과 근대의 복합화를 모색해야 했다.

중국의 영국 주재 공사였던 꿔숭타오(郭嵩燾)가 1876년 일기에서 서양에서 국가를 civilized, half-civilized, barbarian으로 분류하고 있다는 것

---

10) 같은 책, 제3권.

11) ≪明六雜誌≫, 제36호.

을 소개하면서 발음대로 '色維來意斯得', '哈 甫色維來意斯得', '巴伯比里安'이라고 쓰고 있다. 이 일기가 증명하는 것은 일본이 이미 문명, 반개, 야만 등의 번역어를 사용한 데 반해서, 중국은 아직까지 상응하는 번역어를 가지고 있지 않았다는 것이다.[12]

유길준은 근대 국제질서를 새로운 문명 표준으로 일단 받아들여 그 속에서 하루빨리 살아남는 길을 찾아야 한다고 생각했다. 그러나 문제는 그렇게 간단하지 않았다. 중국은 임오군란(1882)과 갑신정변(1884)을 겪으면서 한국에 대해서 사대자소의 전통적 영향력을 넘어서서 전통과 근대의 복합 영향력을 행사하기 시작했다. 이러한 이중적 어려움을 겪고 있는 약소국 한국이 살기 위해서 그는 『중립론(中立論)』(1885)에서 한국이 유럽의 벨기에나 불가리아처럼 중립국이 되어야 한다고 주장했다. 불가리아를 중립화한 조약은 유럽의 강대국이 러시아의 남하를 막으려고 한 계책에서 나온 것이고, 벨기에를 중립화한 조약은 유럽의 강대국이 상호 간의 자국 보호를 위한 방책인데 한국은 양국의 방책이 모두 해당된다는 것이다.

한국은 러시아나 일본의 잠재적 위협을 당장에는 중국의 도움으로 대응해 나가고 있으나 예측하기 어려운 미래의 위협에 대비하기 위해서는 중립국이 되는 것이 좋을 것 같다는 지적을 하고 있다.

아마도 우리나라가 아시아의 중립국이 되는 것이 좋을 듯하다. 대저 한 나라가 자강(自强)하지 못하고 여러 나라와의 조약에 의지해 간신히 자국을 보존하고자 하는 계책도 매우 구차한 것이니 어찌 즐겨할 바이겠는가. 그러나 국가는 자국의 형세를 아는 것이 가장 중요하니 억지로

---

12) 郭嵩燾, 『倫敦與巴黎日記』(岳麓書社出版, 長汀, 1984), 491쪽; 郭嵩燾, 『郭嵩燾日記』 第三卷(湖南人民出版社, 1982), 439쪽.

큰 소리를 치면 끝내 이로운 일이 없는 것이다.

그러면서 동시에 다음과 같이 말하고 있다.[13]

오직 중립 한 가지만이 진실로 우리나라를 지키는 방책이지만 이를 우리가 먼저 제창할 수 없으니 중국이 이를 맡아서 처리해 주도록 청하는 것이 좋을 듯하다. …… 이는 러시아인의 흉심을 좋은 외교관계 속에서 드러나지 않게 제거하여 살벌한 분위기가 바뀌어서 담소하게 될 것이며 중국은 번거롭게 군대를 동원하지 않고 동쪽의 우려를 영원히 끊을 수 있고 우리나라는 믿음직한 장성(長城)을 얻는 것과 같아서 만세의 이득을 얻게 되는 것이다. 그 모든 방략은 중국에 달려 있을 뿐이고 우리가 친신(親信)할 바도 중국만 한 나라가 없으니 우리 정부가 간절하게 청하기를 바랄 뿐이다.

유길준의 이런 중립론은 비슷한 시기인 1886년 7월 김옥균이 청의 북양대신 이홍장에게 보낸 서한에서도 찾아볼 수 있다.

각하는 대청국 황제폐하를 추존(推尊)하여 천하의 맹주로 삼아 구미 각 대국에게 공론으로 알리고 더불어 조선을 중립국으로 삼아 만전무위(萬全無危)의 땅으로 만들어야 할 것입니다. 각하는 노련한 수단으로 선린우목(善隣友睦)의 의리를 다하고 보거(輔車)의 맹(盟)을 굳게 맺어 동아의 정략을 펴면 이것은 단지 조선의 행복일 뿐만 아니라 또한 귀국의 득책일 것입니다.[14]

---

13) 유길준, 『俞吉濬全書』 IV, 정치경제편, 319~328쪽.
14) "閣下何不推尊大淸國皇帝陛下 爲天下之盟主 布公論於歐米各大國 與之連續 立朝爲中

그러나 현실은 기대와는 달랐다. 위안스카이의 영향력은 점점 커져 갔다. 1886년 8월에는 결국 사실이 아닌 것으로 밝혀진 한러 밀약설로 청은 고종 폐위 계획까지 실제로 검토했다. 이러한 청의 감국정치에서 벗어나기 위해 고종은 러시아와 미국에게 도움의 손길을 요청했으나 의미 있는 성과를 거두기 어려웠다. 이러한 어려운 현실에 직면해 유길준은 『서유견문(西遊見聞)』의 제3편 「방국의 권리」에서 만국공법에 따라 구미 제국과 근대 국제관계를 형성해 나가기를 바라고 있다. 그러나 동시에 중요한 것은 한청 관계의 정상화였다. 현실의 국제정치에서 국가의 대소와 강약 때문에 형세가 적대하기 어려울 경우에 강대국이 공도(公道)를 돌아보지 않고 그 힘을 자의로 행사하는 경우가 발생하더라도, 약소국은 강대국의 속국이 되는 것이 아니라, 약소국과 강대국의 관계는 주권과 독립권이 그대로 유지되는 수공국과 증공국의 관계가 된다고 강조하고 있다.

그리고 이러한 수공국과 증공국의 관계에 대해 상세한 분석을 시도하고 있다. 유길준은 다음과 같이 강조했다.

권리는 천연한 정리이며 형세는 인위한 강력이라 약소국이 원래 강대국을 향하여 자행할 강력이 없고 단지 스스로 있는 권리를 보수하기에 한가하지 않은즉 강대국이 자기의 유족한 형세를 마음대로 사용해서 약소국의 적당한 정리를 침탈함은 불의한 폭거이며 무도한 악습이니 공법이 불허하는 것이다.[15]

立之國 作萬全無危之地"김옥균, 「與李鴻章書」, 韓國學文獻研究所 編, 『金玉均全集』 (서울: 아세아문화사, 1979), 152쪽.

15) "權利는 天然ᄒ 正理며 形勢는 人爲ᄒ 剛力이라 弱小國이 元來 强大國을 向ᄒ야 恣橫ᄒᄂ 剛力이 無ᄒ고 但 其自有ᄒ 權利를 保守ᄒ기에 不暇ᄒ 則 强大國이 自己의

또한 증공국과 속국(屬國)을 다음과 같이 명확하게 구분하고 있다.

대개 속방은 복사(服事)하는 나라의 정령(政令)제도를 한결같이 준수하여 내외의 제반 사무에 자주하는 권리가 전무하고 증공국은 강대국의 침벌을 면하기 위해 대적하지 못할 형세를 스스로 생각해 비록 본심에 맞지 않아도 약장(約章)을 준수하여 공물을 보내고 향유한 권리의 한도에 따라 독립주권을 얻음이라.[16)]

따라서 유길준은 당시의 한청 관계에서 조선을 증공국으로 볼 것인가 아니면 속국으로 볼 것인가의 논쟁 속에서, 한청 관계를 속국 관계 대신에 증공국과 수공국의 관계로서 설정하고 다음과 같이 설명하고 있다.[17)]

나라는 처지와 형세를 스스로 아는 것이 중요하니 약국이 불행한 사정으로 강국에 증공하는 관계가 한번 있으면 양국 간의 교섭하는 예도와 법례를 정하여 강국이 수공하는 권리를 보유하고 공법의 승인으로 그 기초를 확립하여 타방의 개입과 간섭을 불용하는지라.

裕足ᄒᆞᆫ 形勢를 擅用ᄒᆞ야 弱小國의 適當ᄒᆞᆫ 正理를 侵奪ᄒᆞᆷ은 不義ᄒᆞᆫ 暴擧며 無道ᄒᆞᆫ 惡習이니 公法의 不許ᄒᆞᄂᆞᆫ 者라" 유길준, 『兪吉濬全書』 I, 「서유견문」, 111쪽.
16) "大槩 屬邦은 其服事ᄒᆞᄂᆞᆫ 國의 政令制度를 一遵ᄒᆞ야 內外諸般事務에 自主ᄒᆞᄂᆞᆫ 權利가 全無ᄒᆞ고 贈貢國은 强大國의 侵伐을 免ᄒᆞ기 爲ᄒᆞ야 其不敵ᄒᆞᆫ 形勢를 自思ᄒᆞ고 雖本心에 不合ᄒᆞ야도 約章을 遵守ᄒᆞ야 貢物을 贈遺ᄒᆞ고 其享有ᄒᆞᆫ 權利의 分度로 獨立主權을 獲存ᄒᆞᆷ이라" 같은 책, 112쪽.
17) "夫國은 其處地와 形勢를 自知ᄒᆞᆷ이 貴ᄒᆞ니 弱國이 不幸한 事情으로 强國에 贈貢ᄒᆞᄂᆞᆫ 關係가 一有ᄒᆞᆫ 則 兩國間의 交涉ᄒᆞᄂᆞᆫ 禮度와 法例를 遂定ᄒᆞ야 强國이 受貢ᄒᆞᄂᆞᆫ 權利를 保有ᄒᆞ고 公法의 承認으로 其基礎를 確立ᄒᆞ야 他邦의 揷理와 干涉을 不容ᄒᆞᄂᆞᆫ지라" 같은 책, 114쪽.

중국이 한국을 근대적 의미의 속국으로 다루려는 것을 비판하고 한중
관계는 제대로 된 증공국과 수공국의 관계를 유지해야 한다고 주장하는
유길준은 속국론의 부당함을 만국공법의 논리로서 반박하고 있다. 특히
당시 고종의 외교고문이었던 오웬 데니(Owen N. Denny)가 한국의 주권
에 대한 청국의 횡포에 대해 파울 게오르크 폰 묄렌도르프(Paul Georg
von Moellendorff)와 대립해서 쓴 『청한론(China and Korea)』(1888)의 도
움을 크게 받고 있다.[18]

데니는 『청한론』에서 한중 관계가 속방 관계가 아니라 조공 관계일 뿐
이라는 것을 국제법적으로 설득력 있게 주장하고 있다. 그는 논지의 중
요한 출발 근거로서 휘튼의 다음 문장을 인용하고 있다.

어떤 특정 국가가 경우에 따라서 다른 국가의 명령에 복종했다고 해
서 그 주권이 손상되는 것은 아니며 심지어는 그 국가의 의회에 대하여
관례적인 영향력을 행사할지라도 그 주권이 손상되는 것은 아니다. 다
만 이러한 복종이나 영향력이 명확한 조공의 형태를 취하고 있고 그 조
약에 따라서 약소국가의 주권이 법적으로 다른 국가에 의하여 영향을
얻을 경우에는 그 국가의 주권이 손상된다.

동시에 존 오스틴(John Austin)의 다음 구절도 인용하고 있다.

비록 강대국이 영원히 우월하다고 할지라도 이러한 명령이나 복종

---

18) O. N. Denny, *China and Korea*(Seoul, 1888/ Shanghai: Kelly and Walsh, 1888);
    Robert R. Swartout, *Mandarins, Gunboats, and Power Politics: Owen Nickerson
    Denny and the International Rivalries in Korea* (Honolulu: University Press of
    Hawaii, 1980).

에도 불구하고 약소국이나 그 국민들은 독립된 정치사회이며 그 국가에서 강대국은 주권의 일부를 이루지 않는다. 또한 비록 약소국이 영원히 열세일지라도 약소국의 입장에서는 명령이나 그에 대한 복종의 관습도 없으며 약소국이 자신의 독립을 방어하고 유지할 수 없더라도 약소국은 실제나 관행이나 강대국에서 독립된 것이다.[19]

데니는 구체적으로 1876년 이래 한국이 외국과 체결한 조약을 검토하고 있다. 조일수호조규(1876)나 조미수호통상조약(1882)은 당연히 한국의 독립에 기반하고 있으며 속국론을 주장하는 사람들이 자주 언급하는 조청수륙무역장정(1882)이나 조미조약과 관련해 중국의 요구로 한국이 미국에게 보낸 조회문도 자세히 읽어보면 속국이 아니라 조공 국가 이상의 내용을 찾기는 어렵다는 것이다. 그는 조일조약의 조선은 자주국이라는 제1조를 다시 한번 강조하고 있다. 다음으로 한국과 중국의 역사적 관계를 검토하면서 한국은 중국과 조공 조약을 체결한 적이 있지만 속국 조약을 체결한 적은 없기 때문에 양국은 서로 종주국이나 속국을 증명할 만한 근거가 없다는 것이다.[20]

그리고 한중 관계를 속국으로 보기에는 한국이 정치, 군사, 문화, 외교적으로 너무 자주적이라는 것이다. 그 구체적 예로서 중국이 한국에게 요구했던 외교적 종속인 영약삼단(另約三端)이 어떻게 지켜지지 않았는가를 보여주고 있다. 그 대신 데니는 강하게 주장하기를 "속국 문제가 억지로 표면에 나타난 것은 한국의 왕과 그 고문들에게서가 아니라 청의 참칭과 억압에 의한 것이었으며 그러한 처사는 주로 위안스카이의 행동을 통해서 이루어졌다"고 주장했다.[21] 그 대표적 예의 하나로서 1886년 7월의

---

19) O. N. Denny, *China and Korea*, p.6.
20) 같은 책, pp.9~20.

고종 폐위 계획을 자세히 설명하고 있다. 유길준이 『서유견문』에서 약소국과 강대국 관계에 빗대어 대단히 추상적으로 중국의 무례한 외교활동을 비판한 것에 비해서 데니는 같은 내용에 대해서 대단히 직설적으로 그리고 구체적으로 비난을 퍼붓고 있다. 반면에 그는 고종에 대해서는 높은 평가를 하고 있다.

양절체제는 단순히 담론의 차원에 머물렀던 것은 아니고 보다 구체적인 정책 차원의 시도가 이루어졌다. 중국의 무리한 감국정치에서 벗어나기 위해 다양한 모색을 시도하던 고종은 미국의 도움을 얻기 위한 정책의 하나로서 1887년 8월 18일 박정양(朴定陽, 1841~1904)을 초대 미국주재전권공사로 임명했다. 예상대로 중국의 반대는 강력했다. 우여곡절 끝에 영약삼단을 지킨다는 조건으로 박정양은 1888년 1월 10일 워싱턴 D.C에 부임했다. 영약삼단의 핵심 내용은 다음과 같다. 첫째, 조선공사는 임지에 부임하는 대로 현지 청국공사를 방문해 청국공사와 함께 주재국의 외무성을 방문해야 하고, 둘째, 의식, 연회에서는 청국공사의 뒤를 따라야 하며, 셋째, 중요 외교 안건은 미리 청국공사와 의논할 것을 요구했다. 박정양은 무리한 영약삼단의 요구를 따르지 않고 워싱턴에서 1년여의 외교활동을 마치고 1889년 7월 귀국했다.

박정양이 영약삼단을 지키지 않은 것을 따지는 청의 자문에 대해서 유길준은 박정양의 증언 형식으로 설득력 있는 「답청사조회(答淸使照會)」(1889)를 다음과 같이 작성해서 회답하고 있다.

어느 나라에 명을 받들어 공사로 가는 자는 마땅히 그 나라의 외부(外部)에 가야 하며 만약 이보다 앞서 딴 나라의 공사관에 간다면 이는

---

21) 같은 책, p.31.

그 나라를 경시하는 것이 된다 하였습니다. 또 어느 나라 사절이든 제3국의 사절과 함께 외부에 가서 국서의 부본을 전하는 공례는 없으며 만약 자신이 예법대로 하지 않고 제3자를 정해서 중개하게 해도 역시 그 나라를 멸시하는 게 된다고 하였습니다. 교제하는 데에는 예절과 공경을 중히 여기니 천하에 자주 자립하는 나라가 남의 경멸을 받을 수는 없으며 만약 그런 일이 있다면 치욕으로 여겨서 필히 공례를 위반하는 것이라 하여 국서를 접수하지 않을 것이라고들 하였습니다. 그러므로 만약 중국의 대신과 동행했다가 함께 사절당한다면 조선만의 욕이 아니라 중국에도 또한 수치일 것입니다. 이는 일거에 두 나라가 다른 나라의 업신여김을 자초하여 함께 천하의 웃음거리가 되는 것입니다.[22]

이어서 그는 「재답청사조회(再答淸使照會)」(1889)에서 영약삼단의 나머지 문제에 대해서도 마찬가지 논리로서 중국을 설득하고 있다.

유길준은 『중립론』과 『서유견문』에서 국제질서의 기본 원리인 국가 중심의 부국강병 경쟁을 수용해서 일차적으로는 자강을 강조하고 있다. 그러나 자강의 현실적 제약과 한중 관계의 어려움 속에서 균세와 만국 공법의 도움으로 청(淸)과 속방 관계가 아닌 제대로 된 증공국과 수공국의 관계를 유지하면서 다른 국가와 근대 국제관계 건설을 시도하게 된다. 이러한 시각에서 보면 유길준이 양절체제에 대해서 비판적이었는가의 논쟁은 커다란 의미를 가지기 어렵다. 유길준의 꿈은 당연히 자강균세를 통한 문명개화였다. 그러나 현실은 어려웠다. 무엇보다도 중국의 속국종속의 굴레를 벗어나는 것이 가장 커다란 숙제였다. 유길준은 이러한 한중 관계의 어려움 속에서 꿈을 실현하기 위해서는 원해서가 아니

---

22) 유길준, 『俞吉濬全書』 IV, 정치경제편, 329~331쪽.

라 어쩔 수 없이 양절체제론으로 돌파를 시도할 수밖에 없었다. 이러한 시도 중에 유길준이 공개적으로 비판한 것은 양절체제의 한 축을 이루는 한중 관계에서 나타나는 중국의 무리한 속국종속 정책이었다. 현실을 고려할 때 이중 국제질서의 모습을 띠고 있는 양절체제 자체를 거부할 수는 없지만, 최소한 한중 특수 관계가 잘못된 속국 관계가 아니라 중공국의 자주성을 명실상부하게 인정하는 제대로 된 조공국 관계에 머물러야 한다는 것이다.

임오군란부터 청일전쟁에 이르는 기간 동안 한국 국제정치론의 중심 고민이었던 양절체제의 의미를 제대로 이해하기 위해서는 한국의 국제정치적 위상에 대한 역사적 안목이 필요하다. 한국은 오랜 세월 동안 중국 중심의 천하질서에서 예(禮)를 기반으로 하는 사대자소(事大字小)의 원칙에 따라 조공자주(朝貢自主)의 위치를 점해왔다. 그 구체적 예로서 조선조 건국 초기인 태조 원년 11월 27일 조림(趙琳)이 가져온 명(明) 예부의 자문에 적혀 있는 "고려는 본래부터 타국이니 중국이 통치할 것도 아니요 백성을 교화하는 것도 그들의 성교(聲敎)도 자유라"는 표현을 들 수 있다. 이러한 중국의 입장은 19세기 중반 근대적 대조선 적극 정책이 등장할 때까지 계속되었다. 1866년 한불 간의 분규와 관련해 주청불국임시대리공사 앙리 드 벨노네(Henri de Bellonet)가 한청의 특수 관계에 대해서 청국정부에 질문, 항의했을 때나 1871년 주청미국특명전권공사 로(Low)가 미 아시아함대사령관 로저스(Rodgers)와 함께 한국으로 출발하기 전에 미리 청의 공친왕을 통해 한국정부에 그 사유를 통고하도록 의뢰했을 때 모두 청의 공식입장은 "조선은 중국의 속방이지만 모든 정교 금령은 조선이 주지하도록 한다(朝鮮雖係屬國 一切政敎禁令 皆由該國主持)"는 것이었다. 총리아문은 한청 관계를 구미 열강에게 공식 설명할 때 이 표현을 주로 사용해왔다.

한국과 일본은 1876년의 조일수호조규 제1조에서 "조선은 자주국으로서 일본과 평등한 권리를 보유한다(朝鮮國自主之邦保有与日本國平等之權)"에 합의했다. 그러나 주목해야 할 것은 중국, 일본, 그리고 한국이 '자주'의 뜻을 각기 다르게 해석하고 있다는 것이다. 중국은 속국자주(屬國自主)라는 의미로서 자주를 받아들였는데 이 시기에 중국은 천하질서적 의미의 속국자주 개념에서 근대 국제질서적 의미의 속국종속(屬國從屬) 개념으로 옮겨가는 과도기에 있었다. 한편 일본은 '자주'의 뜻을 근대 국제질서의 자주독립(自主獨立)으로 해석하고 있었다. 이런 혼란 속에서 한국은 대단히 어려운 형편에 놓여 있었다. 임오군란(1882) 이후 청일전쟁(1894)까지 중국은 위안스카이의 감국정치에서 보는 것처럼 한국에 속국종속의 정치를 강력하게 추진했다. 한국은 중국의 이런 무리한 요구를 그대로 받아들일 수는 없었으며 동시 현실적으로 균세독립을 추진할 수도 없었다. 이러한 이중적 어려움의 현실적 돌파책으로서 유길준은 조공독립(朝貢獨立)의 양절체제론을 모색한 것이다. 본격적인 문명 표준 전쟁을 치르게 되는 동양 3국 중 제국에 둘러싸인 소국인 한국만이 겪어야 하는 국제전의 아픔이었다.

1890년대 중반 중국이 청일전쟁에서 일본에게 패배함에 따라 오랜 세월의 천하질서는 마침내 막을 내렸다. 한국의 국제적 지위를 둘러싼 조공국과 속국의 논쟁은 무의미해졌다. 동아시아 역사의 주인공들은 근대 무대에서 살아남기 위해서 보다 본격적으로 새로운 문명 표준을 추진했다. 한국도 예외는 아니었다. 뒤늦게라도 우선 조공독립을 넘어서서 명실상부한 자주독립의 길을 찾아 나서야 했다. 한국 근대 국제정치론도 이중 생존 전략으로서 양절체제론의 막을 내리고 본격적인 자강균세론의 막을 올리게 된 것이다.

참고문헌

1차 사료

김옥균. 1979. 韓國學文獻研究所 編. 『金玉均全集』. 서울: 아세아문화사.

유길준. 1971. 俞吉濬全書編纂委員會 編. 『俞吉濬全書』. 서울: 일조각.

≪明六雜誌≫.

福澤諭吉. 1898. 『福澤全集』. 時事新報社.

기타 자료

김용구. 2001. 『세계관 충돌과 한말외교사 1866~1882』. 서울: 문학과 지성사.

이광린. 1992. 『유길준』. 서울: 동아일보사.

정용화. 2004. 『문명의 정치사상: 유길준과 근대 한국』. 서울: 문학과지성사.

姜東局. 2004. 『「屬邦」の政治思想史』. 東京大學校博士學位論文.

岡本隆司. 2004. 『屬國と自主のあいだ: 近代淸韓關係と東アジアの命運』. 名古屋: 名古屋大學出版會.

郭嵩燾. 1982. 『郭嵩燾日記』. 湖南人民出版社.

_____. 1984. 『倫敦與巴黎日記』. 岳麓書社出版, 長汀.

金鳳珍. 2004. 『東アジア「開明」知識人の思惟空間: 鄭觀應 福澤諭吉 俞吉濬の比較研究』. 福岡: 九州大學出版會.

柳父章. 1995. 『文化』. 三省堂.

西川長夫. 1992. 『國境の越え方: 比較文化論序說』. 筑摩書房.

_____. 1995. 『地球時代の民族=文化理論: 脫「國民文化」のために』. 新曜社.

原田環. 1979. 「朴珪壽の對日開國論」. ≪人文學報≫ 46. 京都大學校 人文科學研究所.

_____. 1979. 「朝鮮の近代化構想-俞吉濬と朴泳孝の獨立思想」. ≪史學研究≫ 143. 廣島史學研究會.

_____. 1997. 『朝鮮の開國と近代化』. 廣島: 溪水社.

伊東俊太郎. 1990. 『比較文明と日本』. 中央公論社.

Denny, O. N. 1888. *China and Korea*. Seoul, 1888/ Shanghai: Kelly and Walsh.

Swartout, Robert R. 1980. *Mandarins, Gunboats, and Power Politics: Owen Nickerson Denny and the International Rivalries in Korea*. Honolulu: University Press of Hawaii.

자강균세론

1880년 7월 15일 제2차 수신사로 일본 도쿄를 방문해서 히가시혼
간지(東本願寺) 아사쿠사 분원에 머물고 있는 김홍집을 주일 청국 외교
관인 참찬관 황쭌셴(黃遵憲, 1848~1905)이 방문했다. 청국 공사 허위장
(何如璋)과의 만남을 주선하기 위해서였다. 황쭌셴은 인사말을 나눈 후
필담으로 다음과 같이 얘기했다.[1]

…… 지금 세계 대세는 실로 4000년 동안 있지 않았던 바요. 요순우
탕이 헤아리지 못하였던 바입니다. 옛사람의 약방문을 가지고 오늘의
질병을 치료한다는 것은 옳다고 볼 수 없습니다. 각하의 총명으로 문견
을 날로 넓히어 장차 국시를 주재하신다면 반드시 아세아를 위하여 복

---

1) "方今 宇內大勢 實爲四千年來之所未有 堯舜禹湯之所未料 執古人之方 以醫今日之疾
未見其可 以閣下聰明 聞見日拓 將來主持國是 必能爲亞細亞造福也" 송병기 편역, 『개
방과 예속: 대미 수교 관련 수신사 기록(1880)초』(서울: 단국대학교출판부, 2000),
원문 122쪽, 번역문 18쪽.

을 지을 수 있습니다.

김홍집은 이렇게 필담을 받고 있다.

…… 세계 대세는 고견 그대로입니다. 우리나라는 한 모퉁이에 치우쳐 있어 예부터 외국과 더불어 교섭하지 않았는데 지금은 선박들이 잇달아 와서 응접하기가 여의치 않습니다. 그리고 나라는 적고 힘은 약하여 저들로 하여금 두려움을 알아서 물러가도록 하기는 쉽지 않으니 심히 걱정스럽습니다. 그러므로 믿는 바는 중국 조정이 비호하는 힘뿐입니다.[2]

황쭌셴은 바로 필담을 이렇게 이어갔다.

…… 조정의 귀국에 대한 은의가 매우 단단한 것은 천하만국에 없는 바입니다. 그러나 이 은의를 만세에 끝없이 보존할 바를 생각한다면 오늘의 급무는 힘써 자강을 도모하는 데 있을 뿐입니다.[3]

김홍집은 여전히 조금은 답답하게 이렇게 답하고 있다.

자강 두 글자는 지극하고 극진합니다. 어찌 감히 경복하지 않겠습니까?[4]

---

2) "…… 宇內大勢 高論誠然 敝國僻在一隅 從古不與外國毗連 今 則海舶送來 應接憂憂 而國少力弱 未易使彼知畏而退 甚切憂悶 所持者 惟中朝庇護之之力" 같은 책, 원문 122쪽, 번역문 18~19쪽.

3) "朝廷之於貴國 恩義深固 爲天下萬國之所無 然思所以保此恩蒙 使萬世無彊者 今日之 急務 在力圖自强而已" 같은 책, 원문 122쪽, 번역문 19쪽.

7월 16일에 이어 18일 다시 김홍집을 만난 청국공사 허위장은 이런 충고를 하고 있다.

근일 서양 각국에는 균세의 법이 있어서 만약 한 나라가 강국과 인접하여 후환이 두려우면 다른 나라들과 연합하여 견제책을 마련하고 있습니다. 이것 또한 이전부터 내려온 부득이하게 응접하는 한 방법입니다.

그러자 김홍집은 조금 궁색하게 답변하고 있다.

균세 두 자는 근래 비로소 공법에서 보았습니다. 그러나 우리나라는 옛 규범을 품위 있게 지키고 외국을 홍수나 맹수같이 여깁니다. 근래 이교도를 심히 준엄하게 물리친 것도 이 때문입니다. 큰 가르침이 이와 같으니 마땅히 돌아가 조정에 보고하겠습니다.[5]

황쭌셴은 여섯 번에 걸친 필담에서 미처 다하지 못한 중국 측 얘기를 『조선책략(朝鮮策略)』이라는 제목으로 적어서 김홍집에게 전달했다. 그는 조선이 당면한 오늘의 급무로 러시아를 막는 것보다 더 급한 것이 없다면서 중국과 친하고(親中國) 일본과 맺고(結日本) 미국과 이음(聯美國)으로써 자강을 도모하라고 권하고 있다. 그리고 그 이유를 중국적 시각에서 자세하게 설명하고 한국이 추구해야 할 균세와 자강의 구체적 정책대안을 열거하고 있다. 글을 끝내면서 세계가 모두 한국이 위험하다고 하

---

4) "自强二字 至矣盡矣 敢不敬服" 같은 책, 원문 122쪽, 번역문 19쪽.
5) "璋曰 近日西洋各國 有均勢之法 若一國與强國隣 懼有後患 則聯各國以圖章制 此亦自前不得已應接之 宏曰 均勢二字 近始從公法中見之 然本國稟守舊規 視外國如洪水猛獸 自來斥異教甚峻故也 大教如此 弟當歸告朝廷" 같은 책, 원문 128쪽, 번역문 25쪽.

는데 도리어 절박한 재앙을 알지 못하는 한국을 집에 불이 나 타고 있는 줄 모르고 즐겁게 노는 제비나 참새(燕雀處堂)와 다를 바 없다면서 다시 한번 정책 제안을 요약하고 있다. 친중국, 결일본, 연미국을 힘써 행하는 것이 상책이며 주저해 결단을 내리지 못한 채 참으면서 시간을 기다리다 친중국이 옛 제도를 지키는 데 불과하고, 결일본이 새 조약을 시행하는 데 불과하고, 연미국이 표류한 배나 건져주고, 관문 두드리는 글이나 받아 다만 격변이 일어나지 않고 싸움의 발단이 생기지 않기만 바라는데 불과하면 하책이라는 것이다. 그리고 다만 내가 속을 것을 근심해 스스로 그 깃을 잘라버리고 소수의 병력으로 관문을 봉해 깊이 닫고 굳게 거절하며, 오랑캐라 배척하고 더불어 섞이기를 달가워하지 않다가 사변이 일어난 뒤에야 비로소 비굴하게 온전하기를 바라고 다급해 어찌할 바를 모른 것을 무책이라는 것이다. 한마디로 요약하면 척사론적 대응은 무책이요, 해방론적 대응은 하책이고 자강균세론적 대응은 상책이라는 것이다.[6]

김홍집이 귀국해 복명하는 자리에서 청국 외교관이 러시아의 위협과 관련해서 자강의 필요성을 얘기했다고 하자 고종은 이렇게 물었다.

자강은 곧 부강을 말하는 것인가?

김홍집은 이렇게 답하고 있다.

부강이 자강이 될 뿐 아니라 우리의 정교를 닦고 우리의 백성과 나라를 지키어 분쟁이 발단하지 않도록 하는 것이 자강의 제일 앞서서 해야 할 일입니다.[7]

---

6) 같은 책, 원문 147~164쪽, 번역문 47~68쪽.

7) 「自强是富强之謂乎」, "上曰, 自强是富强之謂乎? 弘集曰, 非但富强爲自强, 修我政教,

그러자 고종은 러시아를 막는 데 청이 도와줄 것 같으냐고 물은 뒤 그들의 말을 액면 그대로 받아들여 믿을 수 없으므로 우리도 부강지술(富强之術)을 시행해야 한다고 지적하고 있다.

서양의 근대 국제질서를 새로운 문명 표준으로 어쩔 수 없이 받아들여야 하는 새로운 변화의 길을 동아시아에서 가장 먼저 걷고 있는 것은 일본이었다. 그 좋은 예는 일본의 대표적 문명개화론자인 후쿠자와 유키치의 국제정치론의 변화였다. 그는 『서양사정(西洋事情)』(1868)이나 『당인왕래(唐人往來)』(1865) 등에서 일본은 부국강병의 실력을 구비하면서 만국공법을 신뢰하고 따를 것을 주장했다.[8] 그러나 후쿠자와 유키치는 다음 단계로서, 만국공법의 허구성을 다음과 같이 지적하고 있다.

지금 금수 세계에서 최후에 호소해야 할 길은 필사적인 수력(獸力)이 있을 뿐이다. 말하기를 길이 두 가지 있는데, 죽이는 것과 죽음을 당하는 것이다. 일신처세(一身處世)의 길은 이와 같다. 그렇다면 만국 교제(萬國交際)의 길도 또한 이것과 다르지 않다. 화친조약(和親條約)이라고 하고 만국공법(萬國公法)이라고 하여 심히 아름다운 것 같지만 오직 외면(外面)의 의식 명목(儀式名目)에 불과하며 교제의 실은 권위를 다투고 이익을 탐하는 데 불과하다. 세계고금의 사실을 보라. 빈약무지(貧弱無智)의 소국(小國)이 조약과 공법(公法)에 잘 의뢰하여 독립의 체면을 다한 예가 없는 것은 모든 사람이 아는 바이다. 오직 소국뿐 아니라 대국 사이에서도 바로 대립하여 서로가 그 틈을 엿보며 탈 수 있는 틈이 있으면 그것을 간과하는 나라는 없다.

그는 대단히 현실주의적인 눈으로 새롭게 변화하는 국제정치를 바라

保我民國, 使外衅旡從以生, 此實自强之第一先務也" 같은 책, 원문 186쪽, 번역문 95쪽.
8) 福澤諭吉, 『福澤全集』, 第一卷, 第二卷.

보면서 이렇게 주장하고 있다.

이것을 엿보고 이것을 말하며 아직 말하지 않은 것은 병력강약의 한 점이 있을 뿐이며 별로 의뢰해야 할 방편이 없다. 백 권(百卷)의 만국공법은 수 문(數門)의 대포(大砲)에 미치지 못한다. 몇 권의 화친조약은 한 상자의 탄약(彈藥)에 미치지 못한다. 대포, 탄약은 있을 수 있는 도리를 주장하는 준비가 아니라 없는 도리를 만드는 기계이다.[9]

일본은 1868년의 메이지유신 이후 빠른 속도로 근대 국제질서를 받아들이고 본격적인 근대 국제정치론이 자리 잡기 시작한 것에 비해서 한국은 대단히 어려운 길을 걸어야 했다. 1880년 8월 김홍집이 『조선책략』과 『이언(易言)』을 가지고 귀국하자 조야에서 크게 논쟁이 벌어졌다. 당시의 비판적 분위기는 1882년 2월 이만손(李晚孫)을 대표로 해서 올린 「영남만인소(嶺南萬人疏)」에 잘 드러나 있다. 한국의 위정척사 전통을 간단히 밝힌 후 고종 즉위 10년 후부터 벌어지고 있는 현실을 개탄한 후 이렇게 격분하고 있다.

아, 자고 이래로 임금에게서 옷을 얻어 입고 임금에게서 얻어먹으며 유자의 관을 쓰고 유자의 옷을 입고서 사신의 임무를 맡아 오랑캐 지역을 방문하여 나라를 욕되게 하는 글을 받들어가지고 와서 조정에 전파하고 성인과 속인을 속이는 말을 간직하여 가지고 와서 중외에 퍼뜨리는 자는 과연 어떠한 자에 해당되며 다스림에 마땅히 얼마나 엄하게 해야 하겠습니까.[10]

---

9) 福澤諭吉, 『福澤全集』, 第四卷.
10) 『承政院日記』, 高宗 18년(1881) 2월 26일.

이어서 『조선책략』이 권하고 있는 러시아를 막기 위한 친청 결일 연미의 균세와 부강을 위한 자강의 책략을 척사론적 시각에서 조목조목 반박하고 있다. 러시아가 그렇게 위협적인지 의문이며 일본은 믿기 어려우며 미국은 우리가 잘 모르며, 또한 서학과 서교에 의문을 표시하고 위정척사로 돌아갈 것을 강조하고 있다.[11]

이 상소에 대해서 고종은 이렇게 답하고 있다.

상소를 보고 잘 알았다. 사교를 물리치고 정도를 지키는 것(辟邪衛正)은 어찌 그대들의 말을 기다리겠는가. 다른 나라 사람이 사사로이 모의한 글에 대해서는 애당초 족히 깊이 연구할 것도 못 되거늘 그대들이 또 잘못 보고서 들추어낸 것이다. 이것을 구실삼아 또 번거롭게 상소를 올린다면 이는 조정을 비방하는 것이니 어찌 선비로 대우하여 엄중히 처벌하지 않을 수 있겠는가. 그대들은 그리 알고 물러가도록 하라.[12]

그러나 고종 자신은 조정의 논의 과정에서 이 책에 대해 상당한 관심을 보이고 있다.[13]

1883년 10월 창간한 ≪한성순보≫ 제5호는 중국 상하이의 호보(滬報)와 기타 근신들을 종합한 "오스트리아, 프러시아, 이태리가 동맹하다(奧普意三國同盟)"라는 기사에서 삼국동맹을 균세법의 시각에서 다음과 같이 자세하게 설명하고 있다.

지금 유럽에 건국한 나라가 열다섯으로 대소와 강약의 차이는 있으

---

11) 같은 책.

12) 같은 책.

13) 「大臣政府堂上入侍(次對)筵說」, 『承政院日記』, 고종 17년(1880) 9월 8일.

나 그다지 큰 차이는 없으므로 혹 두 나라가 전쟁하면 모든 나라가 흔히 약소한 나라를 도와서 한 나라만 우뚝 강대해지지 못하도록 하니 이는 바로 만국공법에서 말하는 균세법이다. 그러나 오스트리아 등 세 나라는 모두 유럽에서 큰 나라로 상호 맹약을 체결하고 계엄을 게을리하지 않으니 그 소견과 사려가 매우 높고 멀다 하겠다. 일찍이 천하의 대세를 관찰해 보건대 합한 지 오래되면 반드시 나뉘고 나뉜 지 오래되면 반드시 합한다. 옛날 주(周)나라가 쇠퇴할 때에 제후들이 방자하여 약자의 고기를 강자가 먹었고 춘추시대에서 전국시대에 와서는 강대한 나라가 일곱이나 되어서 사상(泗上)에 위치한 모든 약소 군장들은 그들의 명령을 따르기에 지쳤으며 진(秦)나라는 관중(關中)에 앉아서 제후들의 영토를 잠식하고 성지(城址)를 공략하느라고 싸움이 쉴 새 없었다. 이에 종횡가(縱橫家)를 주창하는 인사들이 각국을 유세하여 혹자는 종에 혹자는 횡에 호응하였는데 …… 이제는 전국시대도 이미 멀어져버렸으므로 하늘이 다시 온 지구를 합쳐서 또 하나의 큰 전국으로 만들려하고 있다. …… 지금 유럽의 전국들은 여섯으로 러시아, 영국, 프랑스, 프러시아, 오스트리아, 이태리이고 …… 지금 사람들의 지혜가 참으로 옛사람을 앞서고 그 뛰어난 소견과 깊은 사려가 연(嘸), 조(趙), 한(韓), 위(魏) 등을 능가한다.[14]

1883년 11월 21일의 ≪한성순보≫는 일본 역사가 기노시타 사네히로(木下眞弘)가 쓴 글인 「전쟁을 없애는 의론(銷兵議)」이 중국의 ≪순환일보(循環日報)≫에 실린 것을 다시 전재하고 있다. 이 글 자체는 세계 대의원(大議員)을 설치하고 세계 공군(共軍)을 창설하자는 이상주의적 평화론이지만 근대 국제질서의 약육강식적 성격에 대한 다음과 같은 비판은

---

14) 『漢城旬報』, 1883년 12월 9일.

신랄하다.

> ······ 아 병란의 참혹함이란 이런 것이며 그 패망을 초래함 역시 이런
> 것이다. 몽매한 야만인이라면 괴이쩍게 여길 것도 못 되지만 개명한 나
> 라라 일컫고 문헌의 정치를 한다는 나라들은 의당 서로 친목하며 이런
> 참혹한 화를 초래하지 말아야 할 것인데도 더욱 병술을 교묘히 하고 무
> 기를 날카롭게 하여 원근에 흉포한 짓을 자행하는 것은 과연 무슨 까닭
> 인지 모르겠다. ······ 저 강성하다는 나라를 가지고 보더라도 모두 만족
> 을 모르고 갑이 군함을 만들면 을은 대포를 만들고 저쪽이 육지를 잠식
> 하면 이쪽은 해도를 병탄하여 서로 상대 나라보다 우월하기를 힘써 백
> 성들을 도륙하고 화기(和氣)를 해친다. 비록 우주 가운데 큰 나라를 차
> 지한 자라도 인애(仁愛)하는 마음을 뒤로하고 전쟁의 이익만을 일삼아
> 서 욕심이 거기에 따라 더욱 자라고 분노하는 마음을 항상 품어 약육강
> 식이 항상 그치지 않는다.15)

갑신정변의 실패 후 위안스카이가 주도하는 감국정치가 진행됨에 따
라 국내에서 현실적으로 자강균세론(自强均勢論)의 본격적 활성화는 어려
웠다. 갑신정변을 미국에서 맞이한 유길준은 1년 3개월의 미국 유학 생
활을 마치고 1985년 11월 귀국한다. 포도대장 한규설의 집에 유폐된 유
길준은 이 시기에 『중립론』(1885)을 썼다.16) 그는 이 글에서 우선 중립
의 근대국제법적 의미와 역사적 사례를 설명한 다음 한국이 놓여 있는 국
제 정세를 자기 나름으로 분석하고 있다.

---

15) 같은 책, 1883년 11월 21일.
16) 유길준, 『俞吉濬全書』 IV, 정치경제편, 319~328쪽.

러시아가 우리에게 눈독을 들인 지가 오래이건만 아직도 감히 동하지 못하는 것은 비록 세력균형의 법칙에 막힌 것이라 하지만 실상은 중국을 두려워해서 그런 것이다. 일본도 역시 우리나라에 뜻이 없는 것이 아니나 스스로를 돌아보아 그 세력이 부족하고 힘이 미치지 못하니 자국을 보존함에도 편안한 겨를이 없겠거늘 어찌 감히 중국에 대항하겠는가. 그러므로 우리나라가 유지될 수 있는 것은 중국이 돌봐주기 때문이라 하고, 혹은 말하기를 '어찌 중국은 또 우리나라를 병탄하려 하지 않을 줄 아는가'라고 하지만 그것은 그렇지 않다. 진실로 중국이 그럴 생각이 있었다면 무엇이 괴로워서 여러 나라와 조약 체결하기를 권고하고서 오늘에 이르러 그런 생각을 갖겠는가. 혹은 말하기를 '합중국은 우리와 매우 친하니 가히 의지하여 후원이 될 수 있지 않겠는가'라고 하나, 그것은 안 될 말이다. 합중국은 멀리 큰 바다 밖에 있어서 우리와 별로 심중(深重)한 관계가 없으며 또 '먼로 선언' 이후로는 유럽이나 아시아의 일에 간섭하지 못하게 되어 있으므로 만일 우리에게 급한 사정이 있어도 말로는 도와줄 수 있지만 감히 무력을 사용하여 구원할 수는 없는 것이다. 전부터 말하기를 '천 마디의 말이 탄환 하나만 못하다'라고 하였으니 합중국은 통상하는 나라로 친할 수는 있어도 급할 때에 구원해 주는 친구로 여길 수는 없다.

유길준은 비교적 현실적으로 주변국을 평가한 다음 현재 중국의 도움으로 한반도의 국제 정세가 잠시 소강상태이나 우리나라가 자강하지 못한 탓으로 잠시 철병하게 하더라도 "눈앞의 군대만을 물러나게 한 것이요 각국의 가슴속의 칼날은 없어진 것이 아니어서 압록, 두만 두 강 사이에는 날마다 은은하게 만국의 그림자인 마필이 달리고 뛰기를 그칠 때가 없을 것"이라고 예상하고 있다.

이와 비슷한 시기에 ≪한성주보≫ 제6호(1886년 3월 8일)는 「논천하시국(論天下時局)」이라는 제목의 사의(私議)를 싣고 있다.

…… 오주(五洲)의 대륙과 만국의 인민들이 거개가 유럽의 각국에 신복당하고 있는 셈이다. 유독 스스로 지키고 있는 나라는 우리나라와 중국 일본뿐이다. 이 세 나라가 앞으로 어떻게 해야 독립 자강하여 영원히 걱정 없을 것을 보장할 수 있겠는가. 현재 동서양 각국이 서로 강화하여 조약을 맺어 통상하고 있는데 그 때마다 공법에 의거하여 논의를 결정 비준하고 있다. 아, 그러나 저들 각국은 일단 자기들에게 이익이 있을 것을 보기만 하면 공법을 저버리고도 두려워하지 않고 조약을 파기하고도 부끄러워하지 않음은 물론 끝내는 큰 것이 작은 것을 억제하고 강한 것이 약한 것을 무시하는 형세를 이루게 되어 다시는 강화라는 것이 존재할 수 없게 되고 만다. 이는 서글픈 일이 아닐 수 없다. …… 아, 1년 사이에 천하사의 변천이 이와 같았는데 더구나 우리 아시아주에서는 실제로 두 개의 대국(안남과 버마)을 잃었으니 말해 뭐 하겠는가. 동양 각국의 위정자들은 의당 신중히 살펴서 사전에 방지하는 대책을 세워야 한다. 사변이 닥쳐오는 것에 대해서는 지인(智人)이나 달사(達士)라도 미리 예측할 수는 없다. 그러나 국세(國勢)의 강약은 병졸의 다과(多寡)에 있는 것은 아니고 국계(國計)의 빈부는 판도의 대소와 관계가 있는 것은 아니다. 오로지 임금과 백성이 한마음으로 힘을 다하여 부강하기 위한 계획을 세워 밀고나가는 한편 위태하기 전에 안전을 도모하고 혼란해지기 전에 다스림을 도모해야 한다. 그리하여 안으로는 괴리 분열되는 걱정이 없고 밖으로는 양국(兩國)이 결탁하는 후원을 얻게 되면 비록 백만의 유럽인이 있더라도 그 틈을 엿볼 수가 없게 될 것이다. 이것이 바로 천하의 시국에 대응하는 방법인 것이다.[17]

갑신정변에 실패하고 일본에 망명해 1년 반쯤 지난 1886년 6월 지운영(池運英) 사건으로 일본 정부에 의해 오가사와라섬(小笠原島)으로 추방된 김옥균은 추방 직전에 쓴 「지운영 사건에 대한 공개장」이라는 제목의 자강균세론을 1886년 7월 9일 ≪동경일일신문(東京日日新聞)≫에 싣고 있다. 그는 거문도 사건을 겪고 난 한국의 현실을 다음과 같이 날카롭게 비판하고 있다.

오늘에 천하의 형세가 날로 변하고 날로 바뀌어 순시라도 안심할 수 없사오니 전라도 삼도 즉 거문도는 이미 영국에 빼앗긴 바 되었으니 폐하는 이를 어떻다 하시렵니까. 조정의 제신은 과연 어떤 계책이 있습니까. 오늘의 한국에서 영국의 이름을 아는 자가 과연 몇 사람이나 됩니까. 설령 조정의 제신이라도 영국이 어디에 있느냐 물으면 망연하여 대답할 수 없는 자가 얼마든지 있사오니 이를 비유하면 혹물(惑物)이 와서 나의 지체를 물어도 그 고통을 느끼지 못할 뿐 아니라 하물(何物)이 나를 깨무는지도 모르는 것과 같은 바 그 국가의 존망을 논함이 치인(癡人)이 꿈을 이야기하는 것과 같음은 족히 괴상한 일이라 할 것이 없나이다. …… 만약 여기 한 나라가 있는데 내가 이를 취해도 털끝만큼도 저항할 자가 없다면 폐하는 과연 이를 어떻게 하고자 하십니까. 오늘의 한국이 즉 이와 같습니다.

김옥균은 고종에게 한 질문에 대해 스스로 이렇게 대답하고 있다.

이제 한국을 위하여 꾀하건대 청국과 일본 두 나라는 각기 자가 유지에 여력이 없는 모양이온데 어느 겨를에 남의 나라를 도울 수 있겠습니

---

17) ≪漢城周報≫ 제6호, 1886년 3월 8일.

까. 전에 청국의 안남, 유구를 딴 나라가 점령해도 청국이 감히 말 한마디 저항을 시도하지 못했습니다. 그런데도 우리나라로 하여금 베개를 높이 베고 편히 눕게 해주겠다고 하는 것은 실로 가소로운 일입니다. 또 일본은 전년래(前年來)로 어떤 생각에선지 한때 열심히 우리나라의 국사에 간섭하더니 한 번 면한 뒤로는 홀연 이를 버려 돌아오지 않을 모양이오니 또한 족히 받아들일 수 없습니다. 그러하온즉 장차 어떻게 해야 옳겠습니까. 오직 밖으로는 널리 구미 각국과 신의(信義)로써 친교하고 안으로는 정략을 개혁하여 우매한 백성을 가르치되 문명의 도로써 하고 상업을 일으켜 재정을 정리하고 또 병을 양성하는 것도 어려운 일이 아니오니 과연 능히 이같이 하면 영국은 거문도를 돌려줄 것이요 그 밖의 외국도 또한 침략할 생각을 끊기에 이를 것입니다.[18]

김옥균과 마찬가지로 갑신정변(1884) 실패 이후 일본으로 망명해 기약 없는 조선의 개화를 꿈꾸면서 어려운 생활을 보내고 있던 박영효는 1888년 상소문의 형식을 빌려서 조선의 개혁 방안을 상세하게 제안하고 있다. 그는 이 상소문을 시작하면서 당시의 국제 상황을 다음과 같이 묘사하고 있다.

지금 세계의 모든 나라는 옛날 전국시대(戰國時代)의 열국들과 같습니다. 한결같이 병세(兵勢)를 으뜸으로 삼아, 강한 나라는 약한 나라를 병합하고, 큰 나라는 작은 나라를 삼키고 있습니다. 또한 항상 군비(軍備)를 강구하는 한편, 아울러 문예(文藝)를 진흥하여, 서로 경쟁하고 채찍질하며 앞을 다투지 않음이 없습니다. 각국이 자국(自國)의 뜻을 공고히 하여 세계에 위력을 흔들어보고자 하고 있으며, 다른 나라의 빈틈을 이용하여 그 나라를 빼앗으려 하고 있습니다. …… 비록 만국공법,

---

18) ≪東京日日新聞≫, 1886년 7월 9일.

균세, 공의(公儀)가 있기는 하나, 나라가 자립자존(自立自存)의 힘이 없으면 반드시 영토의 삭탈과 분할을 초래하여 나라를 유지할 수 없게 됩니다. 공법 공의는 본래 믿을 것이 못 됩니다. 유럽의 문명 강대국도 역시 패망을 맛보았는데, 하물며 아시아의 미개 약소국이야 말할 나위가 있겠습니까? 대체로 유럽인들은 입으로는 법의(法義)를 일컫지만 마음은 짐승을 품고 있습니다.[19]

유길준이 자강(自强)의 목표가 단기적으로 쉽사리 달성되기 어렵기 때문에, 균세와 만국공법의 도움을 얻어서 양절체제를 시도해 보려는 것과 비교해, 박영효는 만국공법이나 균세가 있더라도 국가가 자립자존의 힘이 없다면 나라를 유지할 수 없으므로 만국공법을 믿을 것이 못 된다고 단정하고 있다. 그리고 그는 고종에게 100개가 넘는 개혁 항목을 세계 형세, 법률과 기율, 경제, 건강, 군비, 교육, 정치, 자유의 조항으로 묶어서 상소문을 올리고 있다.

청일전쟁에서 중국의 패배는 한국 근대 국제정치론의 새로운 물꼬를 열게 된다. 양절체제론은 더 이상 설 자리를 잃게 되고, 현실에 뿌리를 내리지 못하고 논의 차원에 머물렀던 자강균세론은 국내외의 현실과 직접 부딪치고 긴장감을 유지하면서 본격적으로 활발해지기 시작하고 또 현실적인 실천 가능성을 꿈꾸게 되었다. 그중에서도 청일전쟁 이후의 변화에 가장 민감했던 《독립신문》의 자강균세론을 간단하게 정리해 보기로 한다.

1896년 4월부터 1899년 12월까지 《독립신문》의 근대 국제정치론을 미시적으로 개별 국가관으로 나눠보는 대신에 통틀어서 전체적으로 재구성해 본다면 역시 독립, 문명개화, 인민교육의 3대 과제로 요약할 수 있

---

19) 「朴泳孝上疏文」(1888), 역사학회 편, 『한국사자료선집: 최근세편』(서울: 일조각, 1997), 52쪽.

다. 청일전쟁 이후 갑오, 광무개혁 과정에서 한국이 당면한 최대의 문제가 무엇이었던가를 생각하면 ≪독립신문≫의 경우에는 신문의 제목에서 쉽게 해답을 찾을 수 있다. ≪독립신문≫의 많은 기사 중에 이런 독립의 문제의식을 가장 기억에 남게 다루고 있는 것은 1898년 1월 18일, 20일, 22일 3회에 걸쳐 유지각한 친구의 말을 게재한다고 하면서 싣고 있는 비교적 긴 글이다.[20) 이 글은 첫머리에 대한 사람의 성품에는 네 가지 큰 병이 있다고 하면서 첫째, 의지해 힘입으려는 마음이고, 둘째, 가벼이 하고 능멸하는 마음이고, 셋째, 의심하고 염려하는 마음이고, 넷째, 신과 의가 없는 것이라는 것이다. 그 첫 번째 병을 다시 이렇게 풀어서 설명하고 있다. 300년 동안 청국 바람이 셀 때에는 청국에 기울어졌고 갑오년 이후에는 일본 바람이 세지니 일본으로 기울어졌고 건양 이후에는 러시아 바람이 세지니 러시아로 기울어져서 청국 바람에 기울어진 시절에는 서양 학문을 취하자 하는 이가 있으면 학당이라 지적하고 일본 바람에 기울어진 시절에는 청국 제도를 쓰려 하는 사람이 있으면 청국당이라 지적하고 러시아 바람에 기울어진 시절에 일본 법도를 쓰려는 이가 있으면 일본당이라 지적해 심한 자는 몸이 죽고 집이 망했다는 것이다.

이 글은 한국 사람의 가장 큰 병인 남에게 의지하고 힘입으려는 병을 고칠 처방전을 이렇게 적고 있다.

슬프다 대흔 사름들은 남의게 의지 흐고 힘입으랴는 ᄆᆞ음을 끈을진져 청국에 의지 말나 죵이나 ᄉᆞ환에 지느지 못 흐리로다 일본에 의지 말나 래죵에는 ᄂᆞ장을 일으리라 로국에 의지 말나 필경에는 몸동이 ᄭᅩ지 생김을 밧으리라 영국과 미국에 의지 말나 청국과 일국과 로국에 원슈를 매지리라 이 모든 나라에 의지 흐고 힘 입으랴고는 아니 흘지언뎡

20) ≪독립신문≫, 1898년 1월 18~20일.

친밀치 아니치는 못 ᄒ리라 대ᄒᆫ 사람들의 성질은 의뢰치 아니 ᄒ즉 거절ᄒ야 나라일이 밥도 쥭도 아니 되리로다. …… 대한에 입 잇는 사름들이 믄득 일으되 우리나라도 독립 ᄒ엿다 독립 ᄒ엿다 ᄒ나 말노믄 독립이요 실샹이 그럿지 아니 ᄒ면 엇지 독립이라 칭ᄒ리요 대한 나라 힘이 다른 나라의 힘을 의지 ᄒ려 말고 힘입으려 하지 믈고 다른 나라와 동등 디위와 동등 행세와 동등 권리와 동등 법률이 잇슨 연후에야 가히 ᄌ주 독립국이라 칭 홀것이라. …… 대한국은 대한 ᄉ람의 대한으로 된 걸노 쥭기를 결단ᄒ고 ᄆᆷ으로 직히며 각국과 샤귀는대는 팔방 미인의 정태와 풍신 죠한 쟝부의 두렷ᄒᆫ 처스로 행ᄒ야 편벽 되히 샤귀지 말고 동편 서편에 연합ᄒ야 화친 ᄒ고 서로 대어하는 세를 얼근 즉 이는 보호 즁립에 갓가온지라 즁립으로 독립에 이르기는 졍치가에 용이ᄒᆫ 슈단이로다.

한마디로 요약하자면 어느 한 나라에 의존하기보다는 팔방미인 외교가 오히려 좋은 처방전이라는 것이다.

≪독립신문≫은 독립의 필요성과 시급성을 반복해서 강조하고 있다. 다만 조심스러운 것은 ≪독립신문≫이 보여주는 균세 외교에 대한 낙관론이었다. 한국 근대 국제정치론의 최대 과제에 대한 고민의 심도는 현실의 어려움을 극복할 수 있는 수준을 보여주고 있지 못하다. 1897년 5월 25일의 논설을 보면 이렇게 적혀 있다.[21] 조선은 세계만국이 오늘날 독립국으로 승인해 줘서 조선 사람이 어떤 나라에게 조선을 차지하라고 빌지만 않으면 차지할 나라가 없을 것이다. 그러므로 조선은 육해군을 많이 길러서 외국이 침범하는 것을 막을 것도 없고 다만 국가에 육해군이 조금 있어 동학이나 의병 같은 토비나 간정시킬 만하면 넉넉하다. 만일

---

21) ≪독립신문≫, 1897년 5월 25일.

어떤 나라가 조선을 침범코자 해도 조선 정부가 세상 행세만 잘 했으면 조선을 다시 남의 속국이 되게 가만둘 리가 없는지라 그런즉 조선이 외국과 싸움 할 염려가 없는데 만일 조선이 싸움이 되도록 일을 하면 그때는 화를 면치 못할 것이라고 경고하면서 특히 러시아와 일본 관계에서 섣부르게 잘못 편들 위험성을 지적하고 있다. 따라서 그 해결책은 다양한 외국당 대신에 제대로 된 조선당을 해야 한다는 것이다.

≪독립신문≫은 이러한 독립을 기반으로 한국의 최종 목표를 문명국 건설에 두고 있다. ≪독립신문≫의 문명관을 잘 보여주는 예로서 1899년 2월 23일의 「나라 등슈」라는 글을 보면 세계를 4분류하고 있다. 영국, 미국, 불란서, 독일, 오스트리아 등의 문명국, 일본, 이탈리아, 러시아, 덴마크, 네덜란드 등의 개화국, 한국, 중국, 태국, 페르시아, 미얀마, 터키, 이집트 등의 반개화국과 야만국으로 나누고 있다. ≪독립신문≫은 각 국가들이 국가 등수를 높이기 위해 교육, 군사, 경제, 언론 분야에서 치열한 경쟁을 벌이고 있는데 한국은 국가 등수 올리는 일은 신경 쓰지 않고 개인의 벼슬 등수 올리는 일에만 전념하고 있다고 개탄하고 있다.[22] 『독립신문』의 3국협력론도 아시아연대론의 인종 전쟁적 측면보다는 문명국 건설을 위한 협조를 더 강조하고 있다.[23]

국내 정치 주도 세력의 부패와 무능을 신랄하게 공격하는 ≪독립신문≫은 이런 국내 정치 현실에서 문명개화국을 건설하려면 인민교육에서 출발할 수밖에 없다고 다음과 같이 주장하고 있다.

지금 조선에서 무슨 문명개화하는 일을 해보려는 사람은 꼭 농사하는 사람이 바위 위에서 곡식을 이루려고 하는 사람과 같은 사람이니 도

---

22) ≪독립신문≫, 1899년 2월 23일.

23) ≪독립신문≫, 1898년 4월 7일.

리어 어리석은 사람이라 그러면 지금 조선에서는 무엇을 해야 이 폐단이 없어질는지 우리 생각에는 다만 하나밖에는 약이 없으니 그 약은 무엇인고 하니 인민을 교육시켜 그 인민이 옳고 그르고 이하고 해롭고 길고 짧은 것을 말하여 들리거든 알아들을 만한 학문이 있도록 만들어주는 것이 약이니 그런즉 제일 먼저 할 일은 경향 각처에 학교를 배설하여 젊은 남녀를 교육시켜 주는 것이 곧 땅에 거름을 부었다가 몇 달 후에 곡식을 심는 것과 같은지라.[24]

한국 근대 국제정치론은 청일전쟁의 결과로 한반도에서 청의 종주권이 실질적으로 소멸하게 됨에 따라 ≪독립신문≫에서 보듯이 세계문명국 건설을 위한 자강균세론을 본격적으로 시작하게 된다. 그러나 문제는 그렇게 간단한 것이 아니었다. 청일전쟁 이후 삼국간섭과 함께 본격적으로 동아시아가 일본을 포함한 구미 제국의 약육강식의 전형적인 현장이 되어가는 가운데 자강을 위한 균세론은 풀기 어려운 숙제였다. 동시에 부강 국가 건설의 자강론도 구체적인 실천론의 단계에 접어듦에 따라 적지 않은 시행착오를 겪을 수밖에 없었다.

자강균세론이 아직도 충분히 성숙하지 못한 채 한국은 갑오개혁 (1894.7~1896.2)을 통해서 보다 본격적인 근대 부강 국가 건설에 착수하게 된다. 그러나 개혁의 추진 과정에서 정치 세력이 갑오개혁파, 갑신정변파, 정동파(친미파), 대원군파, 궁정파 등으로 나뉘어 싸움으로써 개혁 프로그램의 추진에 차질을 초래했다.[25] 동시에 자강을 위해 외세를 활용하기보다는 외세에게 활용당해서 자강의 노력이 난관에 봉착했다.

---

24) ≪독립신문≫, 1897년 4월 20일.
25) 유영익, 『甲午更張研究』(서울: 일조각, 1990).

한국은 20세기에 들어서서야 뒤늦게 국론 통합의 가능성을 보이기 시작했다. 청일전쟁의 결과로 한반도에서 청의 종주권이 실질적으로 소멸하게 됨에 따라, 국내의 많은 전통 유학 지식인이 양무론을 넘어서서 변법론의 불가피성을 강하게 주장하는 청조 말 대표적 개혁 지식인인 량치차오(梁啓超)의 국난극복론인 『음빙실문집(飮冰室文集)』(1903)을 통해서 사회진화론에 기반한 국제질서관을 본격적으로 받아들이게 된다.[26] 그

---

26) 량치차오 연구는 중국의 개혁·개방 이후 활발해지고 있다. 丁文江·趙豊田 編, 『梁啓超年譜長論』(上海人民出版社, 1983)으로 출판되었으며, 이어서 李華興·吳嘉勛 編, 『梁啓超選集』(上海人民出版社, 1984); 李國俊 編, 『梁啓超著述繫年』(上海復旦大學出版社, 1986); 林志鈞 編, 『飮氷室合集』全12冊, 「文集」 1~45卷, 「選集」 1~104卷 (1936년 출판, 北京人民出版社, 1989, 影印出刊) 등의 중요 연구 자료가 출판되었다. 중국의 중요 연구로는 孟祥才, 『梁啓超傳』(救國·學術篇)(北京出版社, 1980; 臺灣風雲時代出版公司影印, 1990); 鍾珍維·萬發雲, 『梁啓超思想硏究』(海南)(人民出版社, 1986); 宋仁主 編, 『梁啓超政治法律思想硏究』(新華書店北京發行所, 1990); 李喜所·元靑, 『梁啓超傳』(北京人民出版社, 1993); 耿元志·崔志海, 『梁啓超』(广朱人民出版社, 1994); 吳延嘉·沈大德, 『梁啓超評傳』(百花洲文芝出版社, 1996); 陈鵬鳴, 『梁啓超: 學朮思想評傳』(北京圖書館出版社, 1999) 등을 들 수 있다. 중국 이외의 중요 연구로는 Joseph R. *Levenson, Liang Ch'i-ch'ao and the Mind of Modern China*, 1st and 2nd ed.(Cambridge, Mass: Harvard University Press, 1953, 1959); Hao Zhang, *Liang Ch'i-ch'ao and Intellectual Transition in China, 1890~1907* (Cambridge, Mass: Harvard University Press, 1971); Philip C. Huan, *Liang Ch'i-ch'ao and Modern Chinese Liberalism* (Seattle: University of Washington Press, 1972); Xiaobing Tang, *Global Space and the National Discourse of Modernity: The Historical Thinking of Liang Qichao* (Stanford: Stanford University Press, 1996); Joshua A. Fogel(ed.), *The Role of Japan in Liang Qichao's Introduction of Modern Western Civilization to China* (Berkeley: Institute of East Asian Studies, University of California, 2004); 張明園, 『梁啓超与淸李華命』(中央研究院近代史研究所, 1964); 張明園, 『梁啓超与民國政治』(食貨出版社, 1978); 狹間直樹 編, 『梁啓超: 西洋近代思想受容と明治日本』(東京: みすず書房, 1999) 등을 들 수 있다.

는 1896년의 글에서 중국 최초로 문명(文明) 개념을 도입한 후 1899년부터 1905년까지 ≪청의보(淸議報)≫, ≪신민총보(新民叢報)≫에 단속적으로 연재했던 「자유서(自由書)」에서 본격적으로 사용하고 있다. 그는 「자유서」의 1절 "문야삼계지별(文野三界之別)"에서 세계의 인류가 야만, 반개, 문명의 3단계로 나누어져 순서를 밟아 상승하는 것이 세계 인민 공인 진화의 공리라고 밝히고 있다.27) 그리고 3개월 후에 쓰인 「민국십대기원론[民國十大元氣論, 일명(一名) 문명지정신(文明之精神)]」에서 중국의 문명화를 위해서는 '형질(形質)의 문명' 대신에 '정신(精神)의 문명'이 필요하다는 것을 강조하고 있다.28)

일본 문명론의 도움을 받은 량치차오의 중국 문명론은 1900년대 초 단행본, 신문, 잡지 등을 통해 조선의 개신 유학자에게 커다란 영향을 미치게 된다. 그중에도 『청국무술정변기(淸國戊戌政變記)』, 『월남망국사(越南亡國史)』, 『이태리건국삼걸전(伊太利建國三傑傳)』, 『중국혼(中國魂)』, 『음빙실자유서(飮氷室自由書)』, 『십오소호걸(十五小豪傑)』 등은 우리말로 번역되어 널리 알려졌다.29)

따라서 19세기 중반 조선의 위정척사적 문명관과 문명개화적 문명관의 갈등은 20세기 초 일본을 전파 경로로 하는 개화 지식인의 문명 개념과 중국을 전파 경로로 하는 개신 유학자의 문명 개념의 접근이라는 새로운 모습으로 전개되었다. 이제까지 금수로 취급했던 구미 제국을 드디어 국민 경쟁의 세기에 앞서가는 국가로 보고 이를 하루빨리 따라잡아야 할 대상으로 삼기 시작한 것이다. 서세동점 이래 처음으로 개신 유학론자들

---

27) 吳延嘉·沈大德, 『梁啓超評傳』(百花洲文芸出版社, 1996), 卷2.

28) 같은 책, 卷3.

29) 葉乾坤, 「梁啓超와 舊韓末文學」, 고려대학교 박사학위 논문(1979), 제3장 구한말에 소개된 양계초의 논저, 117~147쪽.

과 문명개화론자들은 사회진화론에 기반을 둔 근대 국제정치관을 공유하기 시작하는 중요한 변화를 보여주고 있다. 이러한 국제정치론의 변화는 애국계몽기(1905~1910)의 신문이나 잡지를 통해서 구체적으로 나타나게 된다.

그러나 ≪독립신문≫의 기대와는 달리 1904년 러일전쟁 발발로 한반도는 자강균세를 추진할 수 있는 국제적 기반을 완전히 상실하게 된다. 따라서 한국의 근대 국제정치론의 가장 시급한 과제는 국권회복론으로 바뀔 수밖에 없었다. 동시에 청일전쟁 이후 한국 근대 국제정치론의 다양한 목소리가 들려준 20세기 한국형 문명국가 건설을 위한 수렴의 노력과 정치 공간에서 시도되고 있던 개혁과 실천적 결합의 꿈은 무산됐다.

참 고 문 헌

1차 사료

송병기 편역. 2000. 『개방과 예속: 대미 수교 관련 수신사 기록(1880)초』. 서울: 단국대학교출판부.

≪독립신문≫.

≪東京日日新聞≫.

≪漢城旬報≫.

福澤諭吉. 1898. 『福澤全集』. 時事新報社.

李國俊 編. 1986. 『梁啓超著述繫年』. 上海復旦大學出版社.

李華興·吳嘉勛 編. 1984. 『梁啓超選集』. 上海人民出版社.

林志鈞 編. 『飮氷室合集』全12册, 「文集」 1-45卷, 「選集」 1-104卷. 1936. 北京人民出版社, 1989, 影印出刊.

丁文江·趙豊田 編. 1983. 『梁啓超年譜長論』. 上海人民出版社.

『承政院日記』.

≪漢城周報≫.

기타 자료

유영익. 1990. 『甲午更張研究』. 서울: 일조각.

장명원(張明園). 1964. 『梁啓超与淸李華命』. 中央研究院近代史研究所.

_____. 1978. 『梁啓超与民國政治』. 食貨出版社.

「朴泳孝上疏文」(1888) 역사학회 편. 1997. 『한국사자료선집: 최근세편』. 서울: 일조각.

葉乾坤. 1979. 「梁啓超와 舊韓末文學」. 고려대학교 박사학위 논문.

耿元志·崔志海. 1994. 『梁啓超』. 广朱人民出版社.

孟祥才. 1990. 『梁啓超傳』(救國·學術篇). 北京出版社, 1980; 臺灣風雲時代出版公司影印.

宋仁主 編. 1990. 『梁啓超政治法律思想研究』. 新華書店北京發行所.

陈鵬鳴. 1999. 『梁啓超: 學朮思想評傳』. 北京圖書館出版社.

吳延嘉·沈大德. 1996. 『梁啓超評傳』. 百花洲文芸出版社.

李喜所·元靑. 1993. 『梁啓超傳』. 北京人民出版社.

鍾珍維·萬發雲. 1986. 『梁啓超思想研究』(海南). 人民出版社.

狹間直樹 編. 1999. 『梁啓超: 西洋近代思想受容と明治日本』. 東京: みすず書房.

Fogel, Joshua A.(ed.). 2004. *The Role of Japan in Liang Qichao's Introduction of Modern Western Civilization to China*. Berkeley: Institute of East Asian Studies, University of California.

Huan, Philip C. 1972. *Liang Ch'i-ch'ao and Modern Chinese Liberalism*. Seattle: University of Washington Press.

Levenson, Joseph R. 1959. *Liang Ch'i-ch'ao and the Mind of Modern China*. 1st and 2nd ed.. Cambridge, Mass: Harvard University Press, 1953.

Tang, Xiaobing. 1996. *Global Space and the National Discourse of Modernity: The Historical Thinking of Liang Qichao*. Stanford: Stanford University Press.

Zhang, Hao. 1971. *Liang Ch'i-ch'ao and Intellectual Transition in China, 1890-1907*. Cambridge, Mass: Harvard University Press.

신채호는 1909년 8월 ≪대한매일신보≫에 "동양주의에 대한 평론(東洋
主義에 對한 批評)"이라는 제목의 사설에서 동양주의에 대해 강한 비판을
하고 있다. 우선 동양주의를 "동양제국이 일치단결하여 서양 세력이 동
으로 번져오는 것을 막는다(東洋諸國이 一致團結하여 西力의 東漸하는 것을
禦)"라는 뜻으로 정의한 다음 이 주의를 주장하는 자를 나라를 그르치는
자(誤國者), 외국에 아첨하는 자(媚外者), 혼돈 무식한 자(混沌無識者)로 분
류하고 있다.

나라를 그르치는 자는 현재는 동서 황백 양종의 경쟁 시대이므로 동양
이 흥하면 서양이 망하고 서양이 흥하면 동양이 망해 그 세력이 양립할
수 없으니 다음과 같이 변명하면서 제일 먼저 동양주의를 주장했다.

오늘날 동양에서 난 자, 나라는 나라끼리 서로 합하며 사람은 사람끼
리 서로 연결하여 서양에 항거할 날이니 그런즉 우리가 나라를 서양인
에게 팔았으면 이것은 죄라 하려니와 이제 그렇지 아니하여 판자도 동

양인이요 산자도 동양인이니 비유컨대 초국 사람이 잃은 것을 초국 사
람이 얻었으니 우리가 무슨 죄를 지었느냐.

다음으로 외국에 아첨하는 자는 국세(國勢)가 이미 이 지경에 이르러
나라의 모든 이권이 외국인의 수중에 들어가버려서 이를 얻기 위해서는
외국인에게 아첨할 수밖에 없는데 직접적으로 외국을 모시고 존경하라고
하면 도로무공(徒勞無功)할 수 있으니 동양주의(東洋主義)라는 마설(魔說)
로서 일본의 괴롭힘을 마춰시키고 있다는 것이다. 그리고 혼돈 무식자는
원래 독립 주견이 없고 단지 남들 따라 하는 자들이라 이렇게 비판하고
있다.[1]

　　정부당과 일진호 및 유세단의 유인과 일인의 농락에 놀아나서 동양
　　주의라는 말을 듣고 정신없이 입으로 옮기고 있다.

신채호는 동양주의의 문제를 한마디로 시대착오라고 평가하고 있다.
20세기는 치열한 열국 경쟁 시대인데 국가주의를 추구하지 않고 동양주
의를 잘못 꿈꾸는 것은 미래 다른 별나라 세계의 경제를 걱정하는 것이라
고 지적하고 있다. 따라서 국가가 주인이 되고 동양이 손님이 되어야지
동양이 주인이 되고 국가가 손님이 되면 나라는 망한다고 다음과 같이 단
언하고 있다.

---

1) "今日 東洋에 生한 者는 國과 國이 相合하며 人과 人이 相結하여 西洋을 抗할 日이니,
　　然則 吾輩가 國을 賣하여서 西洋人에 與하였으면 是罪어니와 今에 不然하여 賣한
　　者도 東洋人이요, 買한 者도 東洋人이니, 譬컨대 楚弓을 楚得함이라. 吾輩가 何罪리
　　오", "政府黨과 一進會 及 遊說團의 誘弄과 日人의 籠絡中에서 東洋主義說을 習聞함에
　　信口로 傳" ≪대한매일신보≫, 1909년 8월 8~10일.

희라, 만약 일동이 단결하여 내 집의 화를 구하려 하면 이를 구함이 가하거니와 이제는 그렇지 아니하여 일동의 단결 여부가 내 집의 흥망과 조금도 관계가 없거늘 공연히 독한 적의 뒤를 따라서 이 일을 함께 논의하면 어찌 어리석은 종이 아니리오. 이런 일로 미루어보면 한국 사람들이 이 열국의 경쟁하는 시대를 당하여 국가주의를 주장하지 아니하고 동양주의에 정신이 혼몽하면 오늘 이 시대의 인물로 장래 다른 행성의 세계와 경쟁할 것을 근심하는 자와 다름이 없고 또 비참한 지경에 있어서 속박하는 것을 벗어버릴 생각은 안 하고 동양주의를 주장하는 것이 어찌 폴란드 사람이 서양주의를 말하는 것과 다르리오. 하물며 국가는 주인이요 동양은 객이거늘 이제 동양주의 제창자를 보건대 동양은 주인이 되고 국가가 객이 되어 나라의 흥망은 하늘 밖에 부치고 오직 동양을 보존하고져 하니 오호라 어찌 그리 심히 우매하뇨. 그런즉 한국이 영영 망하며 한국 민족이 영영 멸종하여도 다만 이 나라 땅이 황인종에게만 돌아가면 이것이 좋다 할까. 오호라 불가하니라 어떤 자는 또 말하기를 저 동양주의를 창론하는 자도 진실로 동양을 위함이 아니라 단지 이 주의를 이용하여 국가를 구하고자 함이라 하나 우리는 보건대 한국인이 동양주의를 이용하여 국가를 구하는 자는 없고 외국 사람이 동양주의를 이용하여 국혼을 찬탈하는 자 있으니 경계하며 삼갈지어다.2)

2) "噫라, 一洞이 團結하여 我家의 禍를 救할진대 此를 구함이 可하거니와, 今에 不然하여 一洞의 團結與否가 我家 興亡에 無關하거늘, 徒然히 毒敵의 後를 隨하여 此를 共議하면 어찌 奴癖가 아니리오. 此로 推하면 韓國人이 此 列國競爭時代에 國家主義를 提唱치 않고, 東洋主義를 迷夢하면 是는 今日時代의 人物로 未來 他星世界의 競爭을 憂하는 者와 無異며, 又此 悲境中에서 羈絆脫却의 道는 不思하고 東洋主義를 伏하면 是는 波蘭人이 西洋主義를 說함과 無異니라. 況 國家는 主요 東洋은 客이어늘 今日 東洋主義 提唱者를 觀하건대, 東洋이 主되고 國家가 客되어, 國의 興亡은 天外에 付하고 惟 東洋을 是保하려 하니, 嗚呼라, 何其 愚迷함이 此에 至하느뇨. 然則 韓國이 永亡하며 韓族이 永滅하여도, 但 此國土가 黃種에게만 歸하면 此를 樂觀이라 함이

신채호가 열국 경쟁 시대에 국가주의를 추구하지 않고 동양주의를 꿈꾸는 다른 별에 사는 사람들이라고 뼈아프게 비난하는 사람들의 꿈의 논리를 보다 자세히 들여다보기 위해서는 당시 가장 대표적 민중계몽단체였던 대한자강회의 국권회복론(國權回復論)부터 검토해 볼 필요가 있다. 대한자강회는 헌정연구회를 계승해 윤치호를 회장으로 하고 장지연, 윤효정, 심의성, 임진수, 김상범 등 발기인 5명을 포함한 10명의 평의원, 최재학, 정운복 등 10명을 간사원으로 하는 지도부를 구성해, 서울에 본부를 두고 전국에 27개소의 지부를 두었다. 대한자강회의 기본 논리를 제대로 이해하기 위해서는 이 모임의 한국인 핵심 인물보다도 우선 고문 오가키 다케오(大垣丈夫)의 비교적 솔직한 자강회 취지에 대한 연설부터 들어볼 필요가 있다.

국가정치를 외교와 내정의 둘로 구분할지라. …… 지금 외교는 일본이 담임하게 되어 한국이 고심 경영할 것이 없은즉 금후는 오로지 내정의 개량진보에만 전력을 들여 불가불 부강의 열매를 성취함을 힘쓸지라. …… 동양의 대세를 관찰하고 한국 자래의 행동을 고려하여 일본의 자위 위에 한국 외교권을 일본에 위임함이 필요하다 하여 양국 황제정부 간에 협약이 성립한 후는 어느 논자와 같이 이를 파기하여 국권을 회복하고저 함이 그 뜻이, 즉 애국의 충정에서 나온 것이로되 또는 혹 한국을 멸망케 하는 소이인즉 불가불 반성함을 청구할지니 옛날에 효자가 있어 그 아버지의 얼굴에 독충이 옴을 보고 옆에 있는 나무 몽둥

可할까. 嗚呼라, 不可하니라. 或者는 又云하되, 彼 東洋主義를 唱하는 者도 眞實 東洋을 爲함이 아니라 但只 此主義를 利用하여 國家를 救코자 함이라 하나, 吾儕는 觀컨대, 韓人이 東洋主義를 利用하여 國家를 求하는 者는 無하고 外人이 東洋主義를 利用하여 國魂을 簒奪하는 者 有하나니, 戒하며 愼할지어다" ≪대한매일신보≫, 1909년 8월 8~10일.

이로 그 독충을 때렸더니 벌레는 즉사하였으나 그 아버지도 역시 이마
가 깨져 선혈이 흥건히 흘러내려서 필경 죽었다는 얘기가 있으니 효자
의 마음은 원래 악할 수 있는 사람이 없으되 그 방법을 잘못 택했기 때
문에 의외로 불효의 결과를 봄이 아니냐.3)

오가키 타케오는 위와 같은 논리로 비분강개 국권회복운동을 비판하
며 자강회의 취지를 밝히고 있다. 그리고 그는 한걸음 더 나아가서 다음
과 같이 밝혔다.4)

---

3) "國家政治를 外交와 內政의 二者로 구분홀지라 …… 今에 外交는 日本의 擔任호ㅂ되
야 韓國이 苦心經營홀것이 無호則 今後는 專히 內政의 改良進步에만 全力을 注호야
不可不 富强의 實을 成就홈을 務홀지라 …… 東洋의 大勢를 察호고 韓國 自來의
行動을 慮하여 日本의 自衛上에 韓國外交權을 日本에 委任홈이 必要호다호여 兩國
皇帝政府間에 協約이 成立호 後는 某 論者와 如히 此를 破棄호야 國權을 恢復코져
홈이 其 志가 즉 愛國의 衷情으로 出홈이로드ㅣ 又或 韓國을 滅亡케 호는 所以인
則 不可不 反省홈을 請求홀지니 昔時에 孝子가 有호야 其 父의 顏面에 毒蟲이 來홈을
見호고 在傍호 撞木으로서 該 毒蟲을 打호얏더니 蟲은 卽死호얏스나 其父도 亦頭額이
破傷호야 鮮血이 淋漓호야 畢竟 死去호얏다는 說이 有호니 孝子의 心志는 元來
可惡홀者ㅣ 無호되 其 方法을 不擇흔 故로 意外 不孝의 結果를 見홈이 안이뇨" ≪대한
자강회월보≫ 1호, 1906년 7월.
4) "韓國에서 文明을 吸收호야 富强의 實만 成就호면 新協約을 解除홈을 得홀 뿐만
아니라 完全흔 獨立國으로 世界列國에 倂伍홈을 得홈이 明瞭흔 事實인 則 此 事理에
依호야 國權의 恢復과 獨立의 基礎를 成홀지니 此 本會의 最先務로 方針을 決定흔
所以라 然則 富强의 實을 擧호야 獨立의 基礎를 作홈은 如何흔 方法을 要호나뇨홀진
드ㅣ 教育을 振作호야 人智의 開明을 謀호고 殖産興業에 致意호야 國富의 增進을
謀홈이 必要호나니 夫 教育産業의 發達이 實로 國家富强의 基本됨은 本會의 趣旨
뿐만 不啻라 全國의 識者及 諸會에서도 亦 首唱호ㅂㅣ나 玆에 本會의 特色으로
他會에서 아즉 標榜치 안이흔 一事를 解得홈을 希望호노니 則 韓國魂이 是라 內로
韓國魂을 培養호고 外로 文明의 學術을 吸收홈이 本會의 特色" ≪대한자강회월보≫
1호, 1906년 7월.

한국에서 문명을 흡수하여 부강의 실만 성취하면 신협약을 해제할 수 있을 뿐만 아니라 완전한 독립국으로 세계 열국에 함께 설 것이 명료한 사실이니 이 사리에 의거하여 국권의 회복과 독립의 기초를 이룰 것이니 이 본회의는 가장 우선 할 일로 방침을 결정한 이유라 그런즉 부강의 열매를 거두어 독립의 기초를 만드는 데 어떤 방법을 필요로 하냐고 하면 교육을 진작하여 인지의 개명을 도모하고 식산흥업에 뜻을 두어 국부의 증진을 도모함이 필요하니 교육산업의 발달이 실로 국가부강의 기본됨은 본회의의 취지뿐만 아니라 전국의 식자 및 여러 회에서도 역시 먼저 소리친 바이나 이에 본회의 특색으로 다른 회에서 아직 표방치 않은 한 가지 일을 밝힐 것을 희망하니 즉 한국혼이 이것이라 안으로 한국혼을 배양하고 밖으로 문명의 학술을 흡수함이 본회의 특색……

동양주의의 논리를 잘 대변하고 있는 연설을 하나만 더 들어보기로 하자. 대한자강회가 일제 통감부에 강제해산된 뒤 대한자강회의 고문 오가키 후미오(大垣文夫)는 이토 히로부미(伊藤博文)의 내락을 얻어 윤효정(尹孝定), 장지연(張志淵) 등 이전의 대한자강회 간부들과 천도교의 대표로서 권동진(權東鎭), 오세창(吳世昌) 등을 추가시켜 10명으로 대한협회를 조직했다. 회원은 약 5000명이었으며, 평양·대구·진주 등 37개 지회가 있었다. 이 협회의 회장 김가진(金嘉鎭)은 1908년 9월 1일 ≪경성일보≫ 창립 2주년 기념식 지면에 게재된 축사 논문 「아국유식자(我國有識者)의 일본국(日本國)에 대(對)한 감념(感念)」에서 한국민 다수의 배일 사상을 지식의 정도와 경우의 여하에 따라서 셋으로 나누고 있다. 첫째, 일본의 상인 역부들이 한국인에게 방약무인한 행동을 함으로써 한국인이 일본인 전체에 대해 증오심을 가지게 된 경우, 둘째, 일본의 한반도 경제활동이 빠르게 커짐에 따라 한국의 미래를 비관하고 일본인 전체를 질시하는 경우, 셋째, 한일조약은 당초 상호 대등했으나 일본은 자신의 강대를 스스로 믿고 각종 구실을 만들어 강압적으로 5조약과 7조약을 체결해 한국을 병탄하려 하니 어떻게 하루아침에 일본의 신복(臣僕)됨을 감수할 수 있느냐는 경우로 나누고 있다.

이러한 일반 국민의 배일 사상에 대해서 한국 사회의 유식자는 "세계 대세(世界大勢)를 감(鑑)ㅎ고 동양 이해(東洋利害)를 찰(察)ㅎ야 한일(韓日)의 관계(關係)를 강구(講究)ㅎ야"한다고 지적하고 구체적으로 첫째, 일부 저질 일본인들의 행위는 배척해야 하나 한 개인의 행위로써 일본 국가 전체를 배척해서는 안 되며, 둘째, 일본의 경제활동이 커지는 것은 본격적인 경쟁 시대의 현실로 받아들여서 질시의 대상으로 삼기보다는 일본인뿐만 아니라 누구와도 경쟁해서 승리하도록 노력해야 하며, 셋째, "병탄을 두려워하는 것 같음은 기우에 속함인 듯하다. 우리 한인이 아무리 어리석더라도 사실이 진실로 나라의 운명에 관한 것이면 영원한 반항을 계속하여 누를 일본에 미쳐 막대한 경비를 들게 만들면 일본 정치가는 결코 이러한 어리석은 정책을 택하지 않을 것은 우리나라 유식자들이 명료하게 알고 있으며 더구나 병탄은 일본이 세계에 반포한 여러 번의 선언에 반함"[5]을 알고 조용하게 보통 국민의 동요를 막아야 한다는 것이다.

한편 재한 일본 관료들이 한국인의 습관과 나라 사정을 고려해서 개혁

---

5) "倂呑을 恐怖ㅎ는 者와 如흠은 杞憂에 屬흠인 듯 ㅎ지라 我 韓人이 如何히 愚昧ㅎ더린도 事實이 진실노 宗寺에 關 흔즉 永遠흔 反抗을 繼續ㅎ야 累를 日本에 及ㅎ야 多大흔 經費를 要ㅎ거 되면 日本政治家는 決코 此等 愚策을 取치 아니흠은 我國 有識者의 瞭知ㅎ는바이온 況 倂呑은 日本이 世界에 頒布흔 數次 宣言에 反흠" ≪경성일보≫, 1908년 9월 1일.

06 국권회복론 101

을 추진해야 하며, 섣부르게 친일과 반일을 나누지 말며, 성실 공평으로
서 한국민의 신뢰를 얻기를 희망했다. 그리고 연설을 이렇게 마무리하고
있다.

오호라 우리나라의 유식자는 상기의 지위에 서서 조용하고 평온하게 보
통 국민의 오해를 풀기에 진력하나 일본 관헌도 관료를 경계하여 상기 방침
으로써 지도 계발의 효과를 빨리하여 한일 관계를 영원히 원활하게 하여 동
양의 평화를 유지하고 피차의 행복을 증대케 하는 일을 간절히 원함.[6]

러일전쟁에서 일본의 승리는 한국 근대 국제정치론의 결정적 위기였
다. 일본은 유럽의 대국 러시아와 싸워 이김으로써 비로소 구미 중심의
국제정치 무대의 명실상부한 새로운 주인공으로서 화려하게 등장했다.
한반도를 중심으로 하는 동아시아 지역 국제정치 무대도 새로운 변화를
겪을 수밖에 없었다. 러시아와 일본의 팽팽했던 세력균형이 무너진 것이
다. 결국 한반도는 일본의 독자적 영향권 속에 편입됐다. 한국은 사실상
국제정치 무대에서 물러나게 된 것이다. 한국 국제정치론은 논의와 분석
의 중심이 되어야 할 한국이라는 주인공을 잃어버린 것이다. 논의의 초
점은 불가피하게 국권 회복의 국제정치론에 맞춰졌다. 이 논의의 중심에
있었던 것이 동양평화론이었다.

신채호의 국가주의와 대한자강회의 동양주의의 국제정치론은 모두 당
시 동아시아 국제정치론을 지배하고 있던 사회진화론에서 출발하고 있

---

6) "嗚呼라 我國의 有識者ᄂ 上記의 地位에 立ᄒ야 靜穩히 普通國民의 誤解를 解釋ᄒ기
     盡力ᄒ나 然ᄒ나 日本官憲에서도 官僚를 警戒ᄒ야 上記 方針으로써 指導啓發의 效를
     速히 ᄒ야 韓日의 關係를 永遠히 圓滑케 ᄒ야 東洋의 平和를 維持ᄒ고 彼此의 幸福을
     增大케 ᄒᄂ 事를 切望홈" 같은 글.

다. 국가주의론과 동양주의론은 구미 중심의 20세기 초 국제정치를 생존 경쟁과 약육강식의 눈으로 바라보고 있었다. 국가주의론보다 동양주의론이 20세기 초 현실 국제정치를 더 신랄하게 비판하고 있었다. 대표적 예로서 일본 유학생으로서 당시 국제정치에 관해 많은 글을 발표했던 동양주의론자 최석하의 1907년 헤이그 평화회의에 대한 그의 소감 "평화회담(平和會談)에 대한 여(余)의 감념(感念)"을 읽어보자.

화란 헤이그에서 제2평화회의를 개최한다 하니 오인이 평심으로 생각 건대 현재 세계는 사기꾼의 활동 시대다. 어쩐 일인가. 국제공법이 발달할수록 불인불의한 침략 행위는 각국 간에 나날이 증가하고 평화주의가 넓게 퍼지고 전파하도록 잔인폭오한 약육강식 정략은 나날이 심해지니 안타깝다. 누가 이 세계에 인도가 있다고 말하리오. 이에 따라 보건대 이번 평화회의도 역시 두세 강국의 정략에서 나온 것이라 단언할 수 있다. 재삼 생각할지어다. 우리는 우주 간에 발생한 자니 어찌 사회 원리와 천하 풍조를 벗어날 수 있으리오. 생존경쟁은 사회 원리가 아니며 민족제국주의는 천하 풍조가 아닌가. 자기 일개인이 이 주의를 포기하나 천하 대세가 불허함에 어찌하오. 그런즉 우리는 이 원리 원칙을 이용하는 자는 이 이 시대에서 능히 생존을 보존할 자요 이용하지 못하고 한갓 시세를 매도하는 자는 인위도태를 면하지 못할 자라. 고로 나는 침략자를 증오의 눈으로 보는 것보다 다시 한번 더 침략당하는 약한 벌레를 침 뱉고 꾸짖어 말하기를 너도 동일한 인류요 그도 동일한 인류이거늘 어떤 이유로 그의 종이 되어 그의 다리 밑에서 한평생을 마치냐고 하노라.[7]

---

7) "荷蘭海牙府에서 第二平和會議를 開ᄒ다 ᄒ니 吾人이 平心思之컨딕 現今 世界는 詐欺師의 活動時代로다. 何者오. 國際公法이 發達ᄒ도록 不仁不義ᄒ 侵略行爲는 各 國間에 日益增加ᄒ고 平和主義가 廣布傳播ᄒ도록 殘忍暴惡ᄒ 强食弱肉政略은 日益

열국 경쟁과 약육강식의 무참한 희생물이 된 한국이 국권을 회복해 다시 무대에 서는 길을 찾는 과정에서 국가주의와 동양주의는 전혀 상반된 길을 걸을 수밖에 없었다. 동양주의론은 일본의 동양평화론을 방패 삼아 우선 교육과 산업을 통해 새로운 문명 표준의 획득을 위해 노력하면 다시 무대에 설 수 있으리라는 소박한 낙관론을 전개했다. 반면에 국가주의론은 구미의 약육강식적 제국주의의 위험에서 벗어나기 위해서 뒤늦게 치열한 제국주의 경쟁에 뛰어든 일본의 도움을 기대한다는 것은 자살행위라는 비관론이었다. 역사적 현실의 결과는 동양주의론의 패배였다.

이러한 동양주의론적 전통은 아시아연대론의 모습으로 이미 1880년에 첫 모습을 드러낸다.[8] 제2차 수신사로 일본을 다녀온 김홍집은 고종에게 올린 공식 보고서인 "수신사김홍집문견사건(별단)"에서 이렇게 흥아회(興亞會)를 소개하고 있다.

　일본인들은 근래 또 한 결사를 사설하여 이름을 흥아회라고 하는데

甚焉ᄒ니 嗟홉다. 뉘가 此 世界에 人道가 有ᄒ다 謂ᄒ리오. 由是觀之컨딕 今番 平和會議도 亦是 二三强國의 政略 中으로 出홈이라 斷言ᄒ리로다. 然이ᄂ 再三思之홀지어다. 吾人은 宇宙間에 發生ᄒ 者ㅣ라 엇지 社會原理와 天下風潮를 脫出홀 슈 有ᄒ리오. 生存競爭은 社會原理가 아니며 民族帝國主義ᄂ 天下風潮가 아닌가. 自己 一個人이 此 原理에 抵抗ᄒᄂ 社會가 不許홈에 奈何며 自己 一個人이 此 主義를 抛棄ᄒᄂ 天下大勢가 不許홈에 奈何오. 然ᄒ즉 吾人은 此 原理原則을 利用ᄒᄂ 者ᄂ 此 時代에서 能히 生存을 保全홀 者ㅣ오 利用ᄒ지 못ᄒ고 한갓 時勢를 罵詈ᄒᄂ 者ᄂ 人爲陶汰를 免ᄒ지 못홀 者라. 故로 余ᄂ 侵略ᄒᄂ 者를 憎視ᄒᄂ 것보덤 更一層被侵ᄒᄂ 弱蟲을 唾罵ᄒ야 曰 汝도 同一흔 人類오 彼도 同一흔 人類어늘 何故로 彼의 奴僕臣妾이 되야 彼의 脚下에서 一世를 終ᄒᄂ뇨 ᄒ노라" 최석하, "平和會義에 대한 余의 感念", ≪태극학보≫ 제9호(1907년 4월).

8)　이광린, 「開化期 韓國人의 아시아連帶論」, 『開化派와 開化思想硏究』(서울: 일조각, 1989).

청공사 및 중국 인사들이 많이 참여하고 있습니다. 그 뜻은 청과 일본 및 우리나라 세 나라가 마음과 힘을 같이 하여 구라파의 수모를 받지 않고자 함이라고 합니다.[9]

그러나 당시 유구 문제 등으로 일본의 강경한 아시아 외교를 눈앞에 보고 있는 청공사 허위장은 홍아회의 공식적 소개와는 달리 이러한 연대론에 대해 조심스러운 반응을 보일 수밖에 없었다. 그 간접적 예로서 홍콩의 대표적 신문인 ≪순환일보(循環日報)≫의 사장 왕타오(王韜)가 친구인 참사관 황쭌셴의 영향을 받아 홍아회의 적극 지지 입장을 철회하고 배를 띄울 수도 있지만 전복시킬 수도 있는 물에 비유하면서 홍아회가 일본의 공격적 아시아 외교의 첨병이 될 수도 있음을 지적하고 있다.[10] 이에 비해서 1880년대 초반 일본을 방문했던 한국의 개화 인사들은 적극적으로 홍아회의 모임에 참석했다.

홍아회의 모임에 여러 번 참석했던 김옥균은 갑신정변의 실패 이후 일본에 망명해 삼화주의(三和主義)에 대한 관심을 키워 나간다. 그러나 당시의 청일 관계 속에서 이 꿈의 현실화는 불가능했다. 그는 청일전쟁 직전인 1894년 봄 이홍장을 면담하러 상해를 방문했다가 역설적으로 동화양행(東和洋行)이라는 이름의 여관에서 홍종우에게 살해된다. 그는 삼화주의론을 피로 쓴 것이다. 청일전쟁과 이에 뒤이은 러시아, 프랑스, 독일의 삼국간섭 이후 한국의 아시아연대론은 새로운 모습을 보인다. 그 대표

---

9) "日人 近又私開一社 名興亞會 淸公使及中國人士 多與焉 其意 欲興淸日本及我三國 同心同力 無爲歐羅巴所侮云", 「修信使金弘集聞見事件(別單)」, 『同文彙考』 4, 4182~ 4183쪽.

10) 張偉雄, 『文人外交官の明治日本: 中國初代駐日公使館の異文化體驗』(柏書房, 1999), 117~124쪽.

적 작품이 안경수(安駉壽, 1853~1900)의 "일청한삼국동맹론(日淸韓三國同盟論)"이다. 이 글은 1898년 고종 폐위를 주모하다가 실패하고 일본에 망명해 있던 안경수가 1900년 귀국해 처형당한 직후 일본의 국수주의 잡지인 ≪일본인(日本人)≫에 연재로 실렸다. 그는 일본으로 달아난 신하의 우국지정을 양해해 달라는 말로 글을 시작한 다음 삼국간섭 이후 동아시아의 청국과 한국에서 점차 치열해지는 구미 열국의 각축을 일본 사람들의 논의에 힘입어 요약하고 있다. 이러한 어려움을 극복하기 위해서 동아시아 3국은 국력의 불균형과 국가 형세의 상이에도 불구하고 지정학적으로 순치보거(脣齒輔車)의 관계에 있으므로 일본을 맏형으로 하고 청국을 둘째 형으로 하고 한국을 막내로 하는 3국동맹을 맺고 일본의 원조하에 한국과 청국의 부국강병을 모색해야 한다는 것이다.[11]

한국의 아시아연대론은 러일전쟁을 맞이하면서 국권회복론 논쟁으로 본격화된다. 죽은 나라 살리기의 어려운 숙제가 주어졌다. 한국 근대 국제정치론은 국가주의와 동양주의의 논쟁 속에서 해답의 실마리를 찾지 못한 채 명실상부한 국망의 비극을 맞이한다.[12] 동양주의는 20세기 초 구미 중심의 제국주의 무대를 비교적 현실적으로 파악한 대신 일본제국주의를 지나치게 낙관적으로 평가하는 순진함을 벗어나지 못했다.

한편 국가주의는 구미와 일본제국주의와 정면 대결하려는 저항 민족주의의 모습으로 성장한다. 이러한 분위기를 잘 요약하고 있는 ≪대한매일신보≫의 논설을 잠깐 읽어보자. 오늘날 한국 사람이 세계주의나 인종

---

11) 안경수, "日淸韓三國同盟論", ≪日本人≫ 116~123號(1900년 6월 5일~1900년 9월 20일); 송경원, 「韓末 安駉壽의 政治活動과 對外認識」, ≪한국사상사학≫ vol.8(1997).
12) 김도형, 『大韓帝國期의 政治思想研究』(서울: 지식산업사, 1994); Andre Schmid, *Korea Between Empires 1895~1919* (New York: Columbia University Press, 2002); Gi-Wook Shin, *Ethnic Nationalism in Korea* (Stanford: Stanford University Press, 2006).

주의를 주장하는 것은 어리석은 사람의 꿈속 같은 말이라고 강하게 비판하고 그 이유를 다음과 같이 설명하고 있다.

구미 열강 사람의 뇌수에 맺히고 수중에 잡힌 것은 모두 국가주의뿐이라. 국가주의가 강하면 강국이 되고 국가주의가 약하면 약국이 되며 국가주의가 망하면 망국이 되나니 오늘날 천하는 이같이 할 뿐이어서 늘 가석하다. 지금 한국에는 홀연 동양주의가 국가주의를 죽여 없이 하는도다. 다만 이제 천하 사람들이 모두 세계주의를 주장할지라도 한국인은 국가주의를 주장함이 가하며 온 천하 사람이 모두 인종주의를 주장할지라도 한국인은 국가주의를 주장함이 가하니 어찌 그러하냐 하면 저희나라는 이미 강하고 인민이 이미 부유한 나라 사람이라 국가주의를 주장하지 아니해도 오히려 가하다 하려니와 이제 한국은 홍수가 국토를 삼키고 악한 마귀가 국민을 먹어서 전국 삼천리가 풍랑에 뜬 깨진 배가 됐는데 이때를 당하여 국가주의를 잊으면 이는 사람들이 서로 몰아서 죽는 땅으로 들어감이라. 그러므로 온 천하 사람들이 국가주의를 잊어도 한국인은 가히 잊지 못할 것이거늘 이제 그렇지 아니하고 온 천하 사람이 모두 국가주의를 다투어 주장하는데 한국 사람이 홀로 국가주의를 잊으니 이도 또한 한 가지 큰 괴이한 일이 아닌가. 대체 동양주의는 어떤 사람이 창론하는 것인지 알지는 못하거니와 근래 수 년 이래로 더욱 전국에 퍼져서 허다한 큰 단체들이 개개 동양주의를 가지고 다투어 일어나는데. …… 저희들이 이 삼국 혹 양국을 이같이 일국으로 보아서 은혜와 원수를 다 잊어버리며 영화와 욕됨을 불계하고 일개 무장공가의 나라를 만들고자 하니 이 동양주의가 오래 성하면 한국의 생명이 영영 끊어지리로다. 한국의 생명이 영영 끊어지리로다. …… 일인의 동양이라함은 국가를 확장하여 동양을 합병할 뜻을 포함함이거니와

한인의 동양이라함은 동양을 주장하여 국가를 소멸코자 함이니라.[13]

　동양주의에 대한 ≪대한매일신보≫의 이러한 비판은 당시의 국제정치
현실을 제대로 읽고 있었다. 그럼에도 불구하고 국가주의가 동양주의와
의 대결에서 일방적인 승리를 거둘 수 없었던 것은 일본 동양주의의 허구
를 들어내는 데에는 일단 성공하고 있으나 당시 한국 국제정치론이 동시
에 풀어야 할 숙제인 생존경쟁의 방안 마련에서 동양주의를 충분히 압도
하지 못했던 것이다. 20세기의 괴물로 등장한 제국세력의 제물이 되지
않기 위한 필사의 저항 논리는 저항 민족주의를 뛰어넘어서 보다 설득력
있는 전진 민족주의를 마련하지 못했다.[14]

　이러한 어려움 속에서 국권회복론은 3중적 어려움을 동시에 극복해야
하는 어려움에 직면해 있었다. 우선 무엇보다도 점차 본격화하는 일본
지역제국주의의 그물망에서 벗어나야 하는 어려움이었다. 다음으로는
20세기 국제정치 질서의 무대에 설 수 있는 국민 부강 국가라는 새로운
문명 표준을 획득해야 하는 어려움이었다. 마지막으로는 이러한 어려움
을 국내 정치사회세력이 일치단결해서 극복해야 하는 어려움이었다. 한
국 근대 국제정치론은 이 어려운 숙제를 풀어보려는 마지막 몸부림인 안
중근의 『동양평화론』과 ≪대한매일신보≫의 10회 연재논설 "우내대세
(宇內大勢)와 한국(韓國)" 등과 함께 일단 막을 내리게 된다.

　안중근은 자신의 법정 증언처럼 진정한 동양 평화를 위해서 이토 히로
부미를 권총으로 사살했다. 그리고 그는 1910년 2월 만주의 여순감옥에
서 순사하기 직전에 쓰다 남긴 『동양평화론』에서 진정한 동양 평화를 이
렇게 설명하고 있다.

---

13) ≪대한매일신보≫, 1908년 12월 17일.
14) 이용희, 『한국민족주의』(서울: 집문당, 1977).

지금 서양 세력이 동양으로 뻗쳐오는 환난을 동양 사람이 일치단결해서 극력 방어함이 최상책이라는 것은 비록 어린아이일지라도 익히 아는 일이다. 그런데도 무슨 이유로 일본은 이러한 순리의 형세를 돌아보지 않고 같은 인종인 이웃 나라를 치고 우의를 끊어 스스로 방휼의 형세를 만들어 어부를 기다리는 듯하는가. 한, 청 양국인의 소망은 크게 깨져버리고 말았다.[15]

마지막으로 ≪대한매일신보≫는 1909년 7월 1일부터 15일까지 연재한 논설 "우내대세(宇內大勢)와 한국(韓國)"의 대미를 이렇게 마무리하고 있다.

한국의 장래 문제는 우리 2000만 민족의 생존 멸망에 관한 대문제니 오늘 선후 방침을 세움이 급한 일 중 제일 급한 일이라 이를 내치외교로 나누어 연구함이 가하니 내치를 논하자면 교육과 실업을 발달케 하여 실력을 양성할 것이오 외교를 논하자면 전국 인민이 세계적 지식을 양성하여 세계 대세의 변천 여하를 뚫어 보되 특히 일본 러시아 청 삼국의 외교·정치·경제의 변천은 직접적으로 우리 한국 독립 문제에 커다란 관계가 있으니 이를 연구할 필요가 있음은 말할 필요가 없느니라 우리 대한 독립의 시기는 일본 러시아 청의 삼국이 균형 지세를 만들어 동양에 우뚝 서는 날에 있느니라.[16]

---

15) "現今西勢東漸之禍患 東洋人種 一致團結 極力防衛 可爲第一上策 雖尺童 曉知者也 而何故日本如此 順勢之勢不顧 同種隣邦剝割 友誼頓絕 自作蚌鷸之勢 若待漁人耶 韓淸 兩國人所望 大絕且斷矣" 안중근, 『안중근 의사 자서전』(파주: 범우사, 2000).
16) "韓國의 將來問題ᄂᆞᆫ 我二千萬民族의 生滅存亡에 關ᄒᆞᄂᆞᆫ 大問題니 今日에 先後方針을 立ᄒᆞᆷ이 急務中 第一急務라 是를 內治外交兩方面으로 硏究ᄒᆞᆷ이 可ᄒᆞ니 內治로 論ᄒᆞ면 敎育과 實業을 發達케 ᄒᆞ야 實力을 養成ᄒᆞᆯ 것이오 外交로 論ᄒᆞ면 全國人民이 世界的

이러한 시론은 문제 해결의 복잡성을 인식하고 풀어보려는 고민의 흔적을 보여주고 있다. 그러나 당시의 3중적 어려움을 풀기에는 명백한 한계가 있었다. 결국 20세기 국제정치 무대에서 35년의 세월을 물러나 있어야 했다. 한국 식민지 국제정치론의 안타까운 노력에도 불구하고 현실의 국권 회복은 무대 주인공들의 세계적 규모의 전쟁 결과 일본의 패전에 따라 어느 날 느닷없이 찾아왔다. 그러나 제2차 세계대전 이후의 세계무대의 주인공들이 다시 한번 미국과 소련을 중심의 양극화된 냉전체제로 헤쳐 모여 하는 현실의 혼란 속에서 국내적으로 국권 회복을 위한 국내 정치사회세력의 일사불란한 결집에 실패한 한국은 남북으로 갈라진 반쪽 주인공으로 무대에 서는 불구의 국제정치 시대를 맞이한다. 따라서 한국 국제정치론은 전후 국제 냉전체제, 남북분단체제, 그리고 남과 북의 국내 체제의 새로운 3중적 어려움을 풀어야 하는 한국 냉전국제정치론의 시대로 넘어가게 된다.

참고문헌

1차 사료
≪경성일보≫.
≪대한매일신보≫.

智識을 養成ᄒ야 宇內大勢의 變遷如何를 通審ᄒ되 特히 日露淸 三國의 外交上 政治上 經濟上 變遷은 直接으로 我韓獨立問題에 大關係가 有하니 是를 硏究ᄒ 必要가 有홈은 多言을 不待ᄒ리로다 我韓獨立의 時機ᄂ 日露淸 三國이 均衡之勢를 作ᄒ야 東洋에 屹然鼎峙ᄒᄂ 日에 在ᄒ니라" ≪대한매일신보≫, 1909년 7월 1일, 7월 15일.

≪대한자강회월보≫.

≪태극학보≫.

안경수, "日淸韓三國同盟論." ≪日本人≫ 116~123號.

『同文彙考』.

기타 자료

김도형. 1994. 『大韓帝國期의 政治思想研究』. 서울: 지식산업사.

송경원. 1997. 「韓末 安駉壽의 政治活動과 對外認識」 ≪한국사상사학≫, Vol.8.

안중근. 2000. 『안중근 의사 자서전』. 파주: 범우사.

이광린. 1989. 『開化派와 開化思想研究』. 서울: 일조각.

이용희. 1977. 『한국민족주의』. 서울: 집문당.

張偉雄. 1999. 『文人外交官の明治日本: 中國初代駐日公使館の異文化體驗』. 柏書房.

Schmid, Andre. 2002. *Korea Between Empires 1895-1919*. New York: Columbia
    University Press.

Shin, Gi-Wook. 2006. *Ethnic Nationalism in Korea*. Stanford: Stanford University
    Press.

맺는말

  한국 근대 국제정치론은 결국 국권 회복의 열쇠를 찾지 못한 채 국망의 비극을 맞이해야 했다. 숙제는 한국 식민지 국제정치론으로 넘어갔다. 준비론, 외교론, 무장투쟁론의 힘겨운 노력에도 불구하고 칠흑 같은 어두움 속에서 광복의 불빛은 쉽사리 찾아지지 않았다. 한국의 국제정치 무대 재등장은 일본이 제2차 세계대전에서 패망함에 따라 기적같이 찾아왔다. 그러나 한반도가 전후 세계냉전질서의 주전장이 됨에 따라 한국 현대국제정치론은 남북으로 나눠져서 전형적인 냉전국제정치론의 모습으로 전개됐다. 21세기를 앞두고 소련의 해체에 따른 지구적 탈냉전과 한국의 민주화는 남북한 냉전 분단체제의 견고성에도 불구하고 한국 현대국제정치론은 탈냉전국제정치론의 실험을 본격화했다. 그러나 21세기 세계질서의 변화는 한국 현대국제정치론의 힘겨운 변화를 훨씬 앞서가고 있다. 21세기 세계질서의 주인공, 무대, 연기는 거의 19세기 한국이 겪은 문명사적 변환을 보여주고 있다. 국민 부강 국가가 그물망 지식 국가로 탈바꿈하기 시작하고 있다. 그러면서도 국민 부강 국가의 생존경쟁은 여전히 치열하다. 동시에 국내 정치사회의 민주화도 역동적으로 진행되고 있다. 그리고 한반도 냉전 분단체제의 못 푼 숙제는 여전히 남아 있다. 21세기 한국 국제정치학은 새로운 복합적 숙제를 풀어야 한다.

21세기 한국 국제정치학의 숙제하기는 한국 근대 국제정치론의 좌절에 대한 철저한 자기반성부터 시작해야 한다. 19세기 한국 국제정치론이 당면했던 숙제의 3중적 난이도는 전 세계 모든 국가 중 가장 까다로웠다. 우선 구미 중심의 국민 부강 국가의 새로운 표준이 등장한 문명사적 변환의 어려움이다. 천하 예의 국가 전통의 중심에 있었던 한국과 중국은 다른 어떤 국가보다도 변환의 어려움을 쉽게 벗어나기 어려웠다. 척사론에서 해방론으로, 해방론에서 원용부회론으로, 결국 원용부회론에서 자강균세론으로의 행보는 새로운 문명 표준을 따라잡고 앞서가기에는 충분하지 못했던 것이다. 어제의 짐이 무거울수록 더 날카롭게 내일을 내다보는 비전으로 오늘의 어려움을 헤쳐나가야 하는 아쉬움을 남겼다.

다음으로 제국에 둘러싸인 소국의 어려움이다. 문명 변환의 어려움은 문명 자체를 주인공으로 닥쳐온 것이 아니다. 보다 구체적으로 국민국가의 생존경쟁으로 진행됐으며 마침내는 '국민'제국의 약육강식으로 우리에게 다가왔다. 그 속에서 전통적 문명소국이었던 한국은 다른 제국과는 달리 제국 사이에서 살아남기라는 어려운 숙제를 풀어야 했다. 양절체제론이나 국권회복론은 제국이 전혀 이해할 수 없는 눈물겨운 몸부림이었다. 이런 노력에도 불구하고 탈출구를 찾는 데 실패했다.

마지막으로 국내 정치사회 갈등의 어려움이었다. 해방론에서 국권회복론의 한국 근대 국제정치론은 한가한 말싸움이나 글 싸움은 아니었다. 국제정치론의 싸움은 문명전이었고 국제정치전이었고 궁극적으로는 목숨이 눈앞에 걸린 국내 정치사회전이었다. 척사론의 대세 속에서 해방론의 전개나 원용부회론을 넘어서서 본격적인 자강균세론의 전개는 붓이 아닌 칼로 써야 할지 모르는 긴장과 각오가 필요했다. 결과적으로 현실을 앞서가는 담론은 주춤거릴 수밖에 없었다.

한말의 근대 국제정치론은 동서의 문명 표준 전쟁, 제국주의적 각축, 그리고 국내 정치적·사회적 갈등의 3중적 어려움 앞에서 전사했다. 그러나 그 죽음이 일방적으로 매도돼서는 안 된다. 그들은 전 세계에서 가장 어려운 문제를 풀어보려는 진지한 노력도 하고, 해답을 실천해 보려는 시도도 했다. 그러나 결과는 미완성의 실패였다. 척사와 개화와 같은 소박하고 무리한 이분법으로 그들의 생각과 행동을 칼질하기보다는 섬세한 눈과 애정 어린 마음으로 그들의 좌절한 죽음을 조심스럽게 살릴 필요가 있다. 그 부활의 토양 위에서 21세기 한국 국제정치학은 새로운 문명 표준 경쟁, 아시아태평양 신질서 건축의 주도권 각축, 남북한 분단의 비극, 국내 정치적·사회적 갈등이라는 21세기의 4중적 어려움을 제대로 풀어야 19세기 역사의 비극을 반복하지 않을 것이다.[1]

---

1) 김용구·하영선, 『한국외교사연구: 기본 사료·문헌해제』(서울: 나남출판, 1996); 하영선, 「21세기 조선책략」, 《국가전략》 vol.2, no.2(1996 가을/겨울); 하영선, 「21세기 서유견문」, 《지성의 현장》 vol.8, no.2(1998); 하영선 편, 『국제화와 세계화: 한국·중국·일본』(서울: 집문당, 2000); 하영선, 「근대한국의 평화개념도입사」, 하영선 편, 『21세기 평화학』(서울: 풀빛, 2002); 하영선, 「문명의 국제정치학: 19세기 조선의 문명개념도입사」, 국제문제연구회 편, 『국제정치와 한국 1: 근대 국제질서와 한반도』(서울: 을유문화사, 2003); 하영선 편, 『21세기 한반도 백년대계: 부강국가를 넘어서 지식국가로』(서울: 풀빛, 2004); 하영선·김영호, 「한국외교사와 국제정치학: 한국 국제정치학 바로 세우기」, 하영선·김영호·김명섭 편, 『한국외교사와 국제정치학』(서울: 성신여자대학교출판부, 2005); 하영선, 「한말외교사의 현대적 교훈」, 《한국사 시민강좌》 제36집, 제1호(2005); 하영선 『역사 속의 젊은 그들: 18세기 북학파에서 21세기 복합파까지』(서울: 을유문화사, 2011); 강규형 외, 『청소년을 위한 우리 역사 바로 보기』(서울: 성신여자대학교출판부, 2006).

제**2**부

한국 외교사 바로보기

한국 외교사를 바로보기 위해서 가장 시급한 것은 한말 외교사를 전통과 근대의 복합화라는 새로운 시각에서 5분법으로 재해석하는 것이다. 그러나 더 큰 문제는 한반도의 삶에 역사적으로 압도적인 영향을 미쳐왔던 한국 외교사를 전통 천하질서, 근대 국제질서, 탈근대 복합 질서라는 장기적 시각에서 바로보기다.

전통 천하질서는 선진 시대에 원형의 모습을 드러내고, 진한에서 수당 시기에 본격적으로 형성되기 시작했다. 송요금원(宋遼金元) 시대에는 천하 다국 질서의 이중성을 두드러지게 보여주었고, 명청(明淸)시대에는 본격적인 제도화의 길을 걸었다. 연암 박지원은 『열하일기』에서 청조 천하질서의 해석과 한국의 생존전략 구상에서 시대를 넘어서는 탁월한 안목을 보여주고 있다. 연암은 건륭제의 70세 축하연이 벌어지는 열하에서 티벳, 조선, 몽골 사신에게 보여 주는 회유, 예치, 정벌의 세 얼굴을 날카롭게 읽어내고 있으며, '허생 이야기'를 빌려서 북벌이나 북학을 넘어선 그물망 중국 품기를 제시하고 있다.

연암의 제언을 제대로 정책화하지 못하고 정조 사후 60년의 세도정치로 시간을 낭비한 한국은 새로운 문명 표준으로 밀어닥친 서양의 근대 국제질서 속에서 생존전략을 제대로 마련하지 못했다. 청국은 『조선책략』에서 자강과 균세(均勢)라는 새 처방을 권유했으나, 한국은 척사와 개화의 갈림길에서 혼란을 겪었다. 유길준은 『서유견문』에서 전통 천하질서와 근대 국제질서를 동시에 품어보려는 양절체제를 조심스럽게 제시했다. 한국전쟁은 청일전쟁을 겪으면서 뒤늦게 자강과 균세라는 새로운 생존전략을 본격적으로 시도했으나, 10년 만에 러일전쟁을 겪으면서 국권 회복의 노력에도 불구하고 국망의 비극을 맞이했다. 전통과 근대의 문명사적 변환에 제대로 대응하지 못한 것이다. 21세기 한국은 근대에서 복합이라는 또 한 번의 문명사적 변환을 겪고 있다. 따라서 19세기의 『조선책략』과 『서유견문』은 한국이 겪었던 전통에서 근대로의 변환 과정에서 겪었던 진통을 핵심적으로 보여주고 있을 뿐만 아니라, 동시에 21세기 한국이 맞고 있는 근대에서 복합으로의 변환에 중요한 역사적 길잡이의 역할을 하고 있다.

한국은 19세기 중반 뒤늦게 구미 중심의 근대 국제질서를 문명의 새로운 표준으로 받아들여야 하는 역사적 충격을 맞이하면서, 서양의 문명(civilization) 개념을 도입하게 됐다. 유길준은 전통 없는 근대를 추구하는 '개화의 죄인'과, 근대 없는 전통을 추구하는 '개화의 원수', 전통의 긍정적 측면을 버리고 근대의 부정적 측면만 받아들인 '개화의 병신'만 존재하고 있는 조선의 현실에서 전통과 근대의 복합화로서 국제적으로 양절체제를, 국내적으로는 군민공치를 한국에 맞는 문명 표준으로서 제시한다. 한국은 일본이 도입한 프랑스와 영국의 문명 개념을 변용하여 사용하기 시작했지만, 한국은 일본에 비해서 전통과 근대의 갈등을 훨씬 심하게 겪어야 했다.

결국 한국의 복합문명화를 위한 노력은 국제 및 국내적 제약 속에서 좌절하게 된다.

한국 외교사를 역사적 안목에서 미래지향적으로 바로 보려면 삼중의 노력이 시급하다. 우선 문명 표준의 변환을 바로 읽어야 한다. 한국은 19세기에 문명 표준이 전통 천하질서에서 근대 국제질서로 변환되는 과정에서 부강 국가 건설에 결과적으로 실패했다. 21세기 한국은 근대 국제질서에서 탈근대 복합 질서로 변환하는 과정에서 그물망 국가 건설을 선도적으로 추진할 수 있어야 한다. 다음으로 국제 역량의 활용을 바로 해야 한다. 한국은 19세기에 자강의 한계를 성공적으로 보완하기 위한 한반도 주변의 세력균형에 실패함으로써 국망의 비극을 겪었다. 21세기 한국은 아시아태평양 신질서 건축 과정에서 한미일 그물망의 심화와 한중 그물망의 확대, 초국가조직과 하위 국가조직과의 그물망 강화를 통해서 국제 역량의 활용을 극대화해야 한다. 마지막으로 국내 역량의 결집이다. 19세기 한국의 정치사회세력은 국난의 어려움 속에서 사분오열된 채 국권 회복에 실패했다. 21세기 한반도 정치사회의 주도 세력이 19세기의 비극을 반복하지 않으려면 보수와 진보를 불문하고 경직화된 이분법적 사고와 행동에 익숙한 기성세대 대신 복합적 사고와 행동이 가능한 새로운 세대를 시급하게 키워야 한다. 밖으로는 한국 이익과 지구 이익을 동시에 품을 줄 아는 한국적 세계인으로서 지구적 경쟁력을 갖추어야 하고, 안으로는 우리 사회의 다양한 이해 갈등을 투쟁이 아닌 숙의로 풀 수 있어야 한다.

연암 박지원의 국제정치학*

1. 연행록 연구와 연암과의 만남

연행록 연구회는 2004년부터 한중 관계를 역사적으로 조명해 보기 위해 연행록을 가벼운 마음으로 읽기 시작했다. 역사학, 국문학, 한문학의 국내외 관련 연구를 참고하며 연행록 독회를 진행할수록 처음의 가벼운 마음이 달라졌다. 동아시아 질서사와 한국 외교사의 귀중한 참고 기록인 연행록을 국제정치적 시각에서 제대로 읽어보려는 국내외적 노력이 별로 없는 것에 당황했다. 역사와 문학 분야에서 고생해서 자료를 수집 정리하고 분석해 놓은 작업을 함께 읽으면서, 연행록의 핵심을 꿰뚫어보기 위

---

* 이 글은 2009년 11월 7일 연행록 연구회의 월례 모임에서 한 발표를 수정 보완한 것이다. 발표 내용을 기초로 해서 진행된 연암 박지원의『열하일기』연구는 하영선, "제1강. 연암 박지원의 중국 바로보기,"『역사 속의 젊은 그들』과 하영선·권민주·정연, "5장. 열하일기의 국제정치학: 청, 티베트, 그리고 조선," 하영선·이헌미 편,『사행의 국제정치: 16~19세기 조천·연행록 분석』(서울: 아연출판부, 2016)을 참고하기 바란다.

해서는 무엇보다도 국제정치적 시각이 필수적이라는 생각이 들었다. 그래서 연구회는 연행록 독회를 시작하자는 데 의견을 모았다.

우선 18세기 3대 연행록으로 평가받는 김창업, 홍대용, 박지원의 글을 읽기 시작했다. 읽어가면서 18세기 연행록의 특성을 제대로 알려면 동시에 17세기와 19세기의 연행록과 비교해야 할 필요를 절실하게 느껴서 명조부터 청조 말까지의 대표적 연행록을 연구회 회원이 한 편씩 맡아서 공유하는 국제정치적 틀에서 집중적으로 비교 분석해 보기로 했다.

명대와 청대의 조선 사절들이 중국을 방문하고 남긴 조천록과 연행록은 당시 동아시아의 천하질서와 조선의 명청 관계를 가장 잘 드러내는 대표적 문헌의 하나다. 최근에 일본과 중국에서 조선의 연행사 기록에 대한 관심이 늘어나고 있다. 중국에서는 중국인이 아닌 외국인이 밖에서 중국을 700년에 걸쳐서 지속적으로 기록한 자료에 본격적으로 흥미를 느끼고 있다.[1] 일본은 통신사와 함께 연행사의 글을 동시에 검토하면, 동아시아 지식 질서와 당시 국제정치 질서의 전체 모습을 볼 수 있으리라는 기대를 하고 있다.[2] 한편 국내에서는 한문학, 국문학, 한국사 또는 동양사 전공자가 연행록에 상당한 관심을 가져왔지만, 국제정치적 시각에서 본격적으로 연행록을 검토한 작업이 많지 않았다. 구체적인 예로, 연행록 연구 논문을 10권으로 묶은 『연행록연구총서』(2006)에 참여한 130여 명의 집필자 중에 국제정치학자는 단 1명이다.[3]

따라서 국제정치학적 시각에서 이루어지는 연행록 연구는 대단히 시

---

1) 葛兆光, 『想象异域: 读李朝朝鲜汉文燕行文献札记』(北京: 中華書局, 2014), 거자오광 지음, 이연승 옮김, 『이역을 상상하다: 조선 연행 사절단의 연행록을 중심으로』(서울: 그물, 2019).

2) 후마 스스무, 『연행사와 통신사』, 정태섭 외 옮김(서울: 신서원, 2008).

3) 조규익 외, 『연행록연구총서』(서울: 학고방, 2006) 10권.

급하다. 연구회의 공동연구자들이 먼저 원하는 연행록을 각기 나눠 맡고 마지막 남은 연암 박지원의『열하일기』를 내가 맡기로 했다. 우선 박지원을 제대로 만나기 위해서는『열하일기』와 그의 문집인『연암집』을 본격적으로 검토해야 했다.

우선『연암집』을 소개하자면 아들 박종채가 보관하고 있던 연암의 글은 문집 출간을 도우려던 효명세자(1809~1830)의 이른 죽음으로 70년 후에나 세상에 모습을 드러내게 된다. 19세기 정치 무대에서 패배한 개화세력의 글이 사라져버렸듯이 18세기 말 정치 무대에서 패배한 실학파의 글이 빛을 보기는 어려웠다. 19세기 말 대표적 한학자인 김택영이 1900년에 연암의 글을 그냥 버리는 것은 너무 아깝다고 생각해서『연암집』과『연암속집』을 출간했다.[4] 그 다음 최남선의 조선광문회가『열하일기』를 활자본으로 출판하면서 본격적으로 읽히기 시작했다.[5] 연암의 글이 본격적으로 널리 알려지는 것은 1900년 김택영을 통해서다. 19세기 조선조 한문학의 대를 이은 김택영이 연암의 글을 평가하면서 조선이 낳은 1000년 만의 문재(文才)라고 했다.

일제식민지 시기의 재산가였던 박영철이 1932년에 17권을 6권의 책으로 묶은 본격적인『연암집』을 출판했다.[6] 1920년대의 소위 문화정책 이후 1930년대는 일본이 일으킨 만주사변과 중일전쟁과 함께 식민지 상황이 빠르게 악화되는 가운데 혼이라도 깨어 있어야 언젠가 우리 육체가 돌아올 수 있다는 생각을 할 정도로 굉장히 절박했던 시기였다. 위당 정인보와 민세 안재홍을 통해서 다산 정약용이 부활한 것도 이 시기였다. 다산의 글이 19세기 중반 대원군과 개화기 때 잠깐 살아났다가 죽은 것이

---

4) 朴趾源,『燕巖集』, 金澤榮 編 [刊者未詳, 光武4年(1900)].

5) 朴趾源,『熱河日記』(서울: 조선광문회, 1911).

6) 朴趾源,『燕巖集』, 朴榮喆 編(京城: 1932).

1930년대 『여유당전집』으로 살아났다. 다산과 연암이 스물다섯 살 차이인데 1930년대의 빠르게 암울해져 가는 식민지 상황 속에서 동시에 전집의 모습으로 부활한 것이다.

대부분의 한국학 연구가 그랬지만, 해방 이후 초기에는 남한보다 북한의 연암 연구가 앞서가는 시기가 있었다. 열하일기의 변역도 1950년대에 북한에서 리상호의 번역이 먼저 나왔고, 2004년에는 서울에서도 복각판이 나왔다.[7] 남한에서는 이가원이 1960년대에 『열하일기』를 번역 출판해서 남한의 정본이 되었다.[8]

2000년대 들어와서 남북한의 한국학 연구가 역전되기 시작했다. 연암의 경우도 김명호가 신호열에게 『연암집』을 배운 후 주를 4000개나 단충실한 번역을 완성했다.[9] 『연암집』에 빠져 있는 『열하일기』는 김혈조가 새로 공개된 이가원의 필사본을 참고한 새 번역을 호화 양장본으로 출간했다.[10]

다산과는 달리 체계적인 글을 많이 남기지 않은 연암은 그 밖에도 쓰고 싶어 했던 글이 있었다. 자신의 지적 호기심을 충족시키려고 드러누워서 매일 책만 보면서 남에게 자기 생각을 전하려는 욕심은 상대적으로 낮았다. 향원 같은 사이비 위덕자를 특히 싫어했던 연암은 진짜 선비는 글을 함부로 쓰는 게 아니라고 생각했을 수 있다.

아들의 얘기를 보면 연암이 체계적인 책을 몇 권 쓰려고 했었는데 결국 완성하지 못하고 세상을 떠났다. 우선 조선에 관한 중국과 조선의 기

---

7) 박지원, 『열하일기』 전3권, 리상호 옮김(서울: 보리, 2004).

8) 박지원, 『열하일기 세트』 전2권, 이가원 옮김(서울: 민족문화추진회, 1968/ 서울:올래클래식, 2016).

9) 박지원, 『연암집』 전3권, 신호열·김명호 옮김(서울: 돌베개, 2007).

10) 박지원, 『열하일기』 전3권, 김혈조 옮김(서울: 돌베개, 2017).

록을 모두 모아서 『삼한총서』라는 책을 내고 싶어서 자료를 모았다는 것이다. 다음은 균전법, 사창제, 화폐, 촌락, 관리의 등용과 평가, 군사, 해양, 방위 등의 내용을 담은 국가 경영서였다. 특히 정조 사후 연암은 지방 수령을 그만두고 이 책을 쓰고 싶어 했다. 국가 경영 또는 백성 구제에 대해서 북학파가 오랫동안 주고받았던 얘기를 글로 남기려 했던 것이다. 그리고 마지막으로 평소에 좋아했던 제갈량, 한위공, 왕양명 등의 위인기를 쓰고 싶어 했다.

이러한 자료들을 기반으로 해서 한국교육학술정보원의 정보서비스(RISS)에 등재되어 있는 연암 연구가 이미 1000편을 넘었으며, 『열하일기』 연구도 100편이 넘었다. 그럼에도 불구하고 연암을 제대로 살리기 위해서는 새로운 시각에서 연암의 평생 고민을 심층적으로 해석하고 그의 작품들을 재구성할 필요가 있다.

『열하일기』와 원문과 주요 관련 연구들의 초벌 읽기를 끝낸 후 결론은 두 가지였다. 첫째, 예상은 했지만 연암은 심병으로 한평생 고생할 정도로 대단히 예민한 사람이었다는 것이다. 둘째, 기존의 연암 연구가 다소 천편일률적으로 둔하게 연암에게 접근하고 있다는 것이다. 따라서 연암 원문을 읽는 묘미를 연암 연구에서 쉽사리 찾기 어렵다. 핵심적 이유는 연암 연구가 연암의 진정한 고민에서 제대로 출발하지 못하고 있기 때문이다. 따라서 연암을 제대로 해석하기 위해 우선 연암의 전체 글을 중심으로 연암이 평생 괴로워했던 고민의 전모를 간략하게 재구성하는 작업에서 출발하겠다.

2. 연암의 세 가지 고민

연암은 1737년에 나서 1805년이 세상을 떠났으니 주로 조선조의 영·정조 시대를 산 셈이다. 연암은 정조 사후 4년 만에 세상을 떠났는데, 칠십 평생 무엇을 고민하다가 갔으며 또 무엇을 남기려고 글을 썼을까라는 질문에서 출발했다. 우선 연암의 생애를 간단히 정리해 볼 필요가 있다. 연암은 자기 생애를 자세히 쓰고 있지는 않으며, 다만 여러 글에서 짤막하게 얘기하고 있는 정도다. 그중에서 가장 자세한 것은 아들 박종채가 쓴『과정록(過庭錄)』이다.11) 물론 아버지에 대한 기록이니까 부정적인 면보다는 긍정적인 면을 주로 쓰고 있지만, 연암 생애를 재구성하기 위해서 대단히 중요한 자료다.

연암 칠십 평생의 내면세계를 조심스럽게 들어가보면 사이비 세상과 심병, 과거 포기와 북학파, 뒤늦은 벼슬살이와 북학의 꿈이라는 세 개의 고민과 만나게 된다. 그러나 기존 연구들이 세 고민을 정면 승부하는 모습을 쉽사리 찾기 어려웠다.

1) 향원(鄕愿)의 세상과 우울한 가슴앓이

연암은 열여덟에 우울증에 걸린다. 울(鬱)이 깊어져서 결국 심병이 왔다는 것이다. 10대 후반과 20대에 심병으로 아팠다는 얘기를 간헐적으로 하고 있으며, 한평생 우울증에서 자유롭지 않았다. 특히 북학파의 젊은이들과 어울리기 전까지의 시절은 "우울한 가슴앓이의 30년"(1737~1767)이라고 부를 만하다. 그런데 그의 심병의 원인을 찾기는 쉽지 않다. 아들이

---

11) 박종채, 『과정록(過庭錄)』(1826), 박희병 옮김, 『나의 아버지 박지원』(서울: 돌베개, 1998).

남긴 『과정록』을 보면 자세히 쓰고 싶지는 않았기 때문인지 아버지의 심병 이야기를 아주 간략하게 다루고 있다. 연암은 육척 장대한 풍채를 갖추고, 우람한 목소리의 소유자로서 한평생 높은 관직에 오르지는 않았어도 항상 좌중을 압도했다. 그러나 내면적으로는 심병이라는 아픔을 겪고 있었다.

연암의 심병을 제대로 이해하기 위해서는 자신이 기록하고 있는 마음속을 조심스럽게 들여다볼 필요가 있다. 연암은 심병에 대해서 자세하게 언급하고 있지는 않지만, 삼종질인 이종악에게 보낸 편지에서 이런 이야기를 하고 있다.[12] 애를 낳느라고 지친 초산모가 밤에 우는 아기에게 젖을 먹이다 그냥 잠이 들어 혹시 애가 눌려 죽지는 않을까 하는 걱정을 하다가 사흘 밤을 새웠다는 것이다. 그리고 1797년 면천군수 당시에 공주판관 김응지에게 보낸 답서에서는 거식증 증세를 상세하게 적고 있다.[13]

외숙 이재성의 말을 들어보면 연암은 젊은 시절에 '향원(鄉愿)'을 제일 괴로워했다고 한다.[14] '향원'은 원래 공자가 논어 양화(陽貨) 편에서 "향원은 덕을 해치는 자이다(鄉愿, 德之賊也)"라고 한 말에서 연원하며 요즘 표현으로 하자면 사이비라는 뜻이다. 연암은 「방경각외전」 자서(自序)에서 학문을 팔아먹는 「큰 도적 얘기(易學大盜傳)」를 소개하면서 세상이 말세가 돼서 허위만을 숭상하고 꾸미니 시를 읊으면서 무덤을 도굴하는 원적난자(愿賊亂紫)와 은자인 체하며 빠른 출세를 노리는 경첩종남(逕捷終南)의 사이비 전성시대가 왔다고 썼다.[15] 쉽게 얘기하면 본인 같은 천재는 주목받지 못하고, 온갖 사이비들이 득세한 세상에서 살아야 하는 답답

---

12) 박지원, 『연암집』 제2권, 신호열·김명호 옮김.
13) 같은 책, 제3권.
14) 박종채, 『과정록』, 박희병 역, 『나의 아버지 박지원』.
15) 박지원, 『연암집』 제3권, 신호열·김명호 옮김, 「방경각외전」 자서.

함이었다.

따라서 그의 심병은 일차적으로는 세상사에 대해 보통 사람들에 비해 지나치게 예민하게 근심 걱정을 하는 증세였고, 그리고 자기의 완벽함이나 특출함에 비해서 부족한 가짜들이 판치는 세계에서 오는 우울함이었다. 연암은 이 시기에 세상을 풍자하는 글들을 집중적으로 쓴다. 스물한 살에 썼다는 「방경각외전」에는 권력, 금력, 명예의 세계에서 제일 잘났다고 설치는 인물들이 얼마나 사이비들인가를 해학적으로 묘사하고 있는 아홉 개의 얘기가 포함되어 있다.[16] 우리는 연암이 타고난 능력으로 해학, 골계의 글을 썼으리라고 오해하는데, 사실은 그게 아니라 그가 겪고 있던 우울증에서 벗어나기 위해 썼던 것이다. 조선시대의 저잣거리에서 재미있는 얘기하는 사람들, 오늘날로 하면 개그맨들을 집으로 불렀다. 모든 사람이 해학의 대상이 되었고 지식인도 예외가 없었다. 자기를 웃겨줄 수 있는 얘기들을 들으면서 비록 집이 어려워서 열여섯까지는 글을 제대로 안 배웠음에도 불구하고 타고난 글재주로 그 얘기들을 그냥 흘려보내지 않고 자기 문투로 바꾼 것이 「방경각외전」이다. 「호질」에 나오는 선비인 북곽선생이 덕만을 주장하며 살다가, 미모의 수절과부 동리자가 꾀니까 그대로 넘어간다. 동리자의 다섯 자식들이 보고 깔깔거리니까 급하게 도깨비춤을 추면서 도망가다가 똥통에 빠진다. 그러니까 지식인, 권력자, 재산가가 향원으로서 모두 해학의 대상이 된 것이다. 이런 연암의 해학은 우울증에서 벗어나려 했던 절실한 몸부림이었다.

특히 『열하일기』 중에도 외전에 속하는 「호질」, 「허생전」, 「양반전」만을 읽고, 연암을 '깔깔(笑笑) 선생'으로만 파악하면 큰 오해다. 우울증걸린 사람이 그렇게 깔깔거릴 이유가 없다. 비관적으로 보이는 세상을

---

16) 같은 책, 「방경각외전」 아홉 얘기 중 '역하대도전'과 '봉산학자전'은 유실되어 전하지 않음.

낙관적으로 보기 위해서 웃는 역설적인 웃음이었다.

2) 과거 포기와 백탑파 모임

연암의 삶 중에 두 번째로 이해하기 어려운 시기는 삼십 대 초 과거를 포기할 때이다. 이십 대에 우울증에서 벗어나기 위해서 권력, 명예, 이권 등의 세속적 가치를 회화화하면서도 과거 공부를 계속한다. 그런데 정작 시험을 보고는 답안지를 내지 않거나 답안 대신 그림을 그려서 냈다. 이미 이십 대에 글 잘하는 것으로 널리 알려졌기 때문에 연암이 과거에 쉽사리 장원 급제할 것으로 모두 생각하고 있었는데, 초시를 쉽사리 합격하고서도 복시를 보지 않던지, 아니면 답안 대신 노송기암도를 그려냈다.

1767년에 아버지가 돌아가시고, 1768년에는 백탑(白塔) 동네로 이사해서 북학파의 젊은이들과 어울리기 시작했다. 그는 1770년에 마지막으로 과거를 본다. 당시의 과거는 소과와 대과 초시, 복시를 거쳐 마지막 전시까지 다섯 번을 통과해야 급제를 할 수 있었다. 연암은 소과와 대과의 초시, 복시에서 모두 장원을 해서 영조가 특별히 부르기까지 했었다. 그러나 대과에서 시험만 보면 급제였는데 연암은 답안지를 내지 않았다. 흥미로운 것은 연암의 장인인 이보천이 사위가 두 번씩이나 장원을 했지만 마지막 시험을 안 보길 바랐다는 것이다. 연암이 과거장에 갔다는 얘기를 듣고 실망했다가, 답안지가 없다는 얘기를 듣고 역시 내 사위라고 만족했다고 한다.

연암은 1771년에 더 이상 과거를 보지 않고 이덕무, 백동수 등과 송도, 평양을 거쳐 천마산, 묘향산, 속리산, 가야산, 단양 등의 명승지를 유람한다. 그리고 개성에서 30리 들어간 연암골을 향후 은둔처로 삼는다. 북학파 사인방의 한 사람이었던 이덕무와 정조 시대의 대표적 무인으로『무

예도보통지의』을 편찬한 백동수는 서로 처남 매부 간으로 동갑이었다.

이 시기에 연암은 과거를 포기했더니 모든 친구가 없어졌다고 말한다. 그런 중에 가까운 사람으로는 홍대용, 정철조 등이 있었다. 그리고 젊은 북학파들이 따랐다. 재주는 뛰어나나 서자라는 신분 때문에 출세가 불가능했던 이덕무, 유득공, 서상수 등은 당시에 연암의 거처에서 그리 멀지 않은 원각사 10층 탑인 백탑 근처에 살고 있었다. 그리고 남산에 살고 있던 박제가와 백동수가 이들과 늘 어울렸다.

1768년 어느 날 초정 박제가가 글 잘 쓴다고 널리 알려진 연암 박지원을 처음 찾아간다. 초정은 평소 "뜻이 높고 고독한 사람만을 남달리 친하게 사귀고 번화한 사람과는 스스로 멀리하니 뜻에 맞는 이가 없어 늘 가난하게" 살았다. 서얼 출신의 젊은 수재인 박제가가 당시 노론 명문가의 이단아 연암과 만난 소감을 『백탑청연집(白塔淸緣集)』에서 흥분돼서 전하고 있다.17) 열세 살 연상인 천하의 연암이 옷을 급히 갖춰 입고 나와 옛 친구처럼 맞이하면서 자신의 글을 읽어보라고 하고 손수 지은 밥을 함께 먹고 술잔을 나눴다는 얘기다. 30대 초반의 연암이 채 스물도 되지 않은 초정을 이렇게 환대한 데에는 그럴 만한 이유가 있었을 것이다. 앞에서 언급했지만, 연암은 초정의 나이에 심한 우울증인 심병(心病)에 시달렸고, 가까운 사람들은 병의 원인을 향원(鄕原)에서 찾았다. 권력, 금력, 그리고 명예욕만을 쫓는 양반이 판치는 짝퉁 세상을 못 견뎌했었다. 그런 속에서 연암과 초정의 만남은 세대의 차이를 넘어서서 사이비 세상의 혐오와 맑은 인연의 갈구를 함께 했던 것이다.

백탑파 모임은 밤새도록 술을 마시고 가무를 즐기면서 한편으로는 짝퉁 세상을 희화화하되 다른 한편으로는 나라 걱정에 열정을 불태웠다.

---

17) 박제가, 『白塔淸緣集序』(1775), 정민 외 옮김, 『정유각집 하』(서울: 돌베개, 2010).

연암은 박제가가 연행을 다녀와서 쓴 『북학의』에 부친 서문에서 명분론에 치우친 북벌 대신에 이용후생론에 따라 배울 것은 배워야 한다는 북학을 강조하면서 중국을 직접 본 뒤에야 깨달은 것이 아니라 "일찍부터 비오는 지붕, 눈 뿌리는 처마 밑에서 연구하고 또 술을 데우고 등잔 불똥을 따면서 손바닥을 치며 얘기했던 것"이라고 밝히고 있다.[18]

그런데 이렇게 가무음곡을 즐기면서 나눈 얘기가 더 중요하다. 아들과 연암의 얘기를 직접 들어보면, 당시 했던 많은 얘기들은 이십 대에 아파했던 개인 차원의 향원에 관한 얘기가 확대되어서 나라 차원의 향원, 즉 사이비 국가, 가짜 나라와 관계된 괴로움이었다. 또한 박지원은 가장 가까웠던 홍대용과 주로 이용후생, 경세제국, 명물도수 등의 얘기를 나눴다고 한다.[19] 그러니까 술을 마시면서 무거운 이야기를 나누면서 세월을 보냈다. 이 시기에 가족과 떨어져서 혼자 서울에 있을 때가 많았던 연암의 일상생활은 사흘 밤낮으로 책을 보다가 자다가 하면서, 여종이 없을 때에는 밥 짓기가 싫어져서, 밥을 며칠씩 계속 굶었다[20]고 쓰고 있다.

물론 연암은 다산처럼 남인이 아니라, 노론 명문 집안의 자손으로 과거를 끝까지 봤으면 당연히 출세할 수 있었다. 그러나 자신 같은 당대의 천재를 제대로 알아보지 못하는 사이비 양반과 함께 과거를 보기가 싫었을 것이다. 더구나 향원이 판을 치는 속에 나라는 말세가 되어가는 느낌을 백탑파와 첫 모임 이후 10여 년간 함께 나눈다. 1777년 정조가 임금 자리에 오른 직후 홍영국에게 벽파로 몰린 박지원은 황해도 연암 골로 피신을 갔다가, 1780년 홍국영의 실세 후 서울로 돌아와 지계공의 집인 서

18) 박제가, 『北學議』 朴趾源 序, 안대회 옮김, 『북학의』(서울: 돌베개, 2003)
19) 박종채, 『과정록(過庭錄)』, 박희병 옮김, 『나의 아버지 박지원』.
20) 박지원, 『연암집』 제3권, 신호열·김명호 옮김, 「공작관문고(孔雀館文稿)」, 「소완정 (素玩亭)의 하야방우기(夏夜訪友記)에 화답하다」.

대문 밖 평계에 거처했으나 백탑과 시절을 아쉬워하며 답답해하던 중에 삼종형인 금성도위 박명원을 따라 연행을 다녀왔다. 귀국 후에는 더 답답해하고 연암골에 자주 기거하면서 열하일기를 정리했다. 연암은『열하일기』에서 연행에서 본 것들이 이미 백탑에서 모여서 술 먹고 이야기하고, 생각을 나눈 것이라고 말하고 있다. 10여 년 동안 쌓인 고민의 축적 속에 연행을 다녀온 것이다.

1783년에는 가장 가까운 친구였던 홍대용을 여의었고, 그리고 경제적 어려움도 계속돼서 1786년 나이 쉰에 친구 유언호의 천거로 종9품 벼슬인 선공감감역을 맡았다. 정조는 관직이 없었던 연암에게 적지 않은 관심을 표시했었다. 그가 쓴 해학적인「양반전」,「호질」,「허생전」부류의 얘기들이 많이 떠돌아다녔고, 더구나『열하일기』는 많은 주목을 받아서 다양한 필사본이 오늘날까지 전해지고 있다. 정조는 당시의 글이 퇴폐스러워지는 것이 연암체의 책임이 크다고 판단하고, 연암에게 글을 제대로 써서 바치면 벼슬을 주도록 하라고 지시를 했다. 하지만 연암은 임금에게 야단을 맞은 사람이 어떻게 글을 써서 올리냐고 반문하면서 결국 글을 올리지 않았다.

3) 뒤늦은 벼슬살이와 북학의 꿈

연암은 1786년에 음직으로 종9품 벼슬에 처음 임명된 후 1792년에 외직으로 안의현 현감으로 부임한다. 그 이후 직책이 조금씩 오르면서 1797년 면천군수에 임명되고, 1800년 정조 승하 후 양양부사를 거친다. 그러나 과거도 보지 않은 사람의 직책을 왜 자꾸 올려주냐는 시비 속에서 연암은 글을 쓰겠다고 1801년에 관직을 그만두고, 1805년에는 세상을 떠났다.

1786년부터 20년 동안 연암이 어떤 생각을 하고 지냈는지를 국제정치적 시각에서 새롭게 조명할 필요가 있다. 1792년 경남 거창 부근의 안의현에 현감으로 내려가서 1780년 연행에서 강한 인상을 받았던 벽돌집을 짓고 커다란 물레방아도 설치했다. 그리고 쓰레기 매립장을 예쁘게 중국풍의 연못으로 만들어서 젊은 날 꿈꿨던 북학의 작은 실험장에 옛 친구들을 초대해 풍류를 즐겼다. 동시에 이용후생에도 신경을 써서 현감직을 떠날 때 마을사람들이 공덕비를 세우겠다는 것을 연암은 강하게 말렸다.

연암 사후에 아들인 박종채(朴宗采)가 『과정록』을 출간하고 연암의 문집을 만들려고 준비했으나 형편이 여의치 않았다. 1829년에 연암에 관심이 많던 효명세자가 문집 출간을 위해 연암의 글을 모두 가져오라고 명했다. 그러나 효명세자(1809~1830)가 일찍 병사해 결국 문집은 출간되지 못했다. 그러나 『과정록』을 보면, 효명세자가 연암의 글을 모두 읽어 본 것 같더라고 말하고 있다. 효명세자의 사후 글을 도로 받아와 보니, 해학, 골계와 관련된 글은 그대로인데 이용후생이나 경세제국에 관한 글은 다 접어 놨더라는 것이다.

박지원, 효명세자, 박규수 간에는 흥미 있는 지적 인연이 있다. 효명세자가 연암의 손자인 박규수를 일찍부터 알아보고 대단히 아꼈었고, 나중에 정식으로 왕위에 오르면 정조가 다산을 중용했듯이 핵심 정치 참모로 쓰려했었다. 그러나 효명세자가 갑자기 병사해서 이 계획은 무산되었고, 그 후유증으로 박규수는 결국 20년 늦게 관직에 발을 들여놓게 된다.

18세기 연암의 3대 고민을 심층적으로 분석하는 데 기존 연구는 크게 도움이 되지 않는다. 그의 글을 중심으로 생애의 제1기에 심병은 왜 났으며, 다음 제2기에 심병에서 어떻게 탈출했는가를 조심스럽게 추적하는 것이 중요하다. 연암 생애의 2기는 과거를 포기하고 백탑파와 어울리면서 보냈던 세월이다. 그중에서도 1780년 연행은 심기일전의 기회였을 것이다. 연암은 북학파와 밤새도록 술 먹으면서 토론했던 내용을 중국에서 구체적으로 확인할 수 있었다. 생애의 제3기인 1786년에는 점점 경제적으로 쪼들리는 현실 타개책이었지만 뒤늦게 벼슬살이를 하게 되었다. 연암의 꿈을 국가적이거나 동아시아적으로 실현할 수는 없었지만 지방에서라도 작게 시도해 본 것이 말년의 모습이었다.

연암이 오늘 다시 살아난다면, 기존의 연암 연구 논문을 보고 또 한 편의 해학을 쓸지 모른다. "웃기지 마라, 난 인생을 그렇게 살지 않았다. 초반 20~30년은 우울증 때문에 미칠 것 같았고, 중년은 북학파들고 잘놀고 떠들면서 지냈고, 연행을 다녀 온 이후의 말년에는 경제적으로 어려운 속에, 현실적으로 뒤늦게 맡은 작은 고을에 북학의 모형을 만들어놓고 즐기려 했을 뿐이다."

3. 연암의 국제정치학

연암의 삶 얘기를 바탕으로 간단히 연암의 국제정치학을 살펴보도록 하겠다. 연암이 『열하일기』를 중심으로 보여주는 국제정치학은 특히 홍대용이나 박제가의 국제정치학과는 밀접하게 연관해서 분석할 필요가 있다. 기존의 사학, 국문학, 한문학에서 『열하일기』를 읽은 노력은 물론 중요하다. 그러나 『열하일기』의 핵심을 국제정치적 시각에서 제대로 조명할 필요가 있다. 연암의 국제정치학을 크게 정리하자면 우선 당시 북벌에 대한 북학론의 명분과 근거를 마련하기 위해 전개하는 존화양이론에 대한 조심스러운 검토를 주목해야 한다. 다음으로는 열하 방문에서 분석하고 있는 청조 대외 정책의 복합성 논의가 중요하다. 마지막으로는 「허생전」에서 나오는 조선의 대청 외교 전략에 대한 논의다. 연암의 국제정치 관련 글 중에서, 우선 『열하일기』 25편 중 위에 말한 세 문제를 직접적으로 다루고 있는 글이 중요하다.

1) 존화양이론

연암은 국제정치학의 기본 명분론과 관련해서는 「일신수필(馹汎隨筆)」
에서 존주이적(尊周夷狄)에 관한 세 견해를 소개하면서 존주와 이적이 반
드시 모순되는 것이 아니라는 것을 강조하고 있다. 다음으로 「곡정필담
(鵠汀筆談)」에서 곡정과 서양, 중국 역사에 관한 긴 필담을 하고 있다. 그
리고 당시 연암을 싫어하던 사람들이 열하일기가 호로지서(胡虜之書)라고
끊임없이 비난하는 것에 대해서 자기 글이 오랑캐 글이 아니라는 비교적
긴 설명은 친척인 이중존에게 보내는 편지에서 볼 수 있다.21)

2) 청조 대외 정책의 복합성

청의 대외 정책에 대한 연암의 예리한 분석은 열하일기 중에 구체적으
로 열하방문기에 해당하는 「막북행정록(漠北行程錄)」, 「산장잡기(山莊雜記)」,
「태학유관록(太學留館錄)」, 「찰십륜포(札什倫布)」, 「반선시말(班禪始末)」,
「황교문답(黃教問答)」에서 찾을 수 있다. 연암은 열하에서 벌어진 건륭제
의 칠순 잔치를 보면서 탁월한 국제정치적 안목으로 건륭제가 몽골, 티
벳, 조선에 보여주는 정벌, 회유, 예치의 세 얼굴을 놓치지 않고 읽어 내
고 있다. 당시 청조는 몽골족의 중가르제국을 섬멸했으며, 티벳을 '회유
원인(懷柔遠人)의 원칙을 적용해 관대하게 다루었고, 조선과는 사대자소
(事大字小)의 예치를 원칙적으로 적용했다.

---

21) 박지원, 『연암집』 전3권, 신호열·김명호 옮김.

3) 조선의 대청 복합 그물망 외교론

연암의 대청외교론을 제대로 이해하기 위해서는 『열하일기』의 「심세편(審勢編)」과 「옥갑야화(玉匣夜話)」에 들어 있는 「허생전」을 국제정치학적 시각에서 새롭게 읽을 필요가 있다. 보통 「허생전」은 글의 전반부를 주목해서 읽는다. 허생이 10년 동안 글만 읽으려고 결심하고 7년 째 되니까 부인이 먹고 살아야 하지 않겠냐고 투정을 해서 결국 결심을 포기하고 당시 서울의 제일 부자인 변승업을 찾아가서 돈 만 냥을 빌렸다. 그리고 안성에서 제사상에 필요한 과일을 그리고 제주도에서 갓을 만드는 데 필요한 말총을 매점매석해 5년 만에 100만 냥을 만든다. 오늘날은 돈이 무엇보다 중요한 시대니까 '아, 부럽다. 100만 냥을 이 사람이 어떻게 모았어' 하면서 대부분 허생이 돈 버는 얘기에 많은 관심을 가진다.

그러나 경제학적 시각에서 보면 얘기의 전반부가 중요하지만, 국제정치학적 시각에서 보면 후반부가 매우 중요하다. 얘기의 마지막 부분을 보면, 변부자가 효종 당시 실제 생존 인물인 어영대장 이완이 북벌 계책을 고민하는 것을 보고 허생을 소개해 준다. 이완이 허생에게 묘책이 없느냐고 물으니까 허생은 답을 가르쳐주면 실행할 수 있겠냐고 되물으면서, 당시 국제정치 현실 속에서 세 가지의 계책을 제시한다.

첫 번째로, 지식 외교를 위해 와룡선생 같은 지략가를 천거하면 임금에게 아뢰어 삼고초려하게 할 수 있겠냐고 묻는다. 이완이 어렵다고 하자 두 번째로, 종실의 딸들을 명나라가 망한 후 조선으로 넘어온 명나라 장졸들에게 시집보내고 훈척 권귀들의 집을 빼앗아 그들에게 나누어주어 그물망을 만들 수 있냐고 묻는다. 그것도 어렵다고 하자 마지막 계책으로 청나라를 치고 싶으면 우선 적을 알아야 하니 나라 안의 자녀를 가려 뽑아 변복, 변발시켜 대거 중국으로 유학 보내서 벼슬할 수 있도록 만들고, 또 서민들은 중국에 건너가서 장사를 할 수 있게 청의 승낙을 받을 수 있냐고 묻는다. 그래서 지식인과 장사꾼이 국경을 자유롭게 넘나들면서 중국을 제대로 파악한 다음 청의 중심 세력과 유대 관계를 긴밀하게 구축해서 사실상 천하를 호령하거나 최소한 대국으로서의 위치를 유지할 수 있도록 하라는 것이다. 이완이 그것도 현실적으로 어렵다고 말했다. 그러니까, 허생이 대노하면서 이완을 쫓아 보낸다.

허생은 당시 힘의 역학 관계를 현실적으로 고려해서 북벌론은 비현실적이라고 보고 현실적 대안으로서 소프트 파워 외교론인 북학론을 제시했던 것이다. 연암은 중국을 '명+만주=청'으로, 북벌론자는 '청=오랑캐'로 생각하고 있었기 때문에 기본적인 입장의 차이가 있었다. 허생의 대중접근론은 북벌론을 북학론으로 바꿔야 하는 명분 마련에 중요한 시사를 하고 있다.[22]

연암은 당시 북벌과 북학의 논쟁에 대해서 경직화된 이분법의 자세를 취하고 있지 않다. 명과 청에 관한 그의 글을 전체적으로 보면, 『열하일기』처럼 명에 대한 존중이 당연히 많다. 그러나 일방적으로 청을 비난하지도 않는다. 만주족은 중원을 점령한 후 원나라같이 무리하지 않고 '중국화(Sinization)'와 '만주스러움(Manchuness)'의 균형에 일단 성공했기 때문에, 북학파는 청나라는 단순한 만주족의 나라가 아니므로 청의 배울 점을 일단 받아들여야 한다는 생각이었다. 주자학적 훈련을 받은 연암이 북학의 명분 체계로써 오랑캐인 청을 명과 만주의 결합으로 잘 이해할 필요가 있다. 연암의 북학론은 단순한 친청론이 아니었다. 연암이 『열하일기』의 「일신수필」에서 청나라의 기왓장과 똥덩이도 중요하다는 지적은 단순한 친청론의 발언이 아니라 조선이 지나친 숭명반청론에서 벗어나도

---

22) 박지원, 「옥갑야화」, 『열하일기』 20편.

록 하려는 의도적 표현으로 보아야 한다. 국제정치적으로 19세기 조선에서 동양과 서양이라는 양절(兩截)의 딜레마가 있었다면, 18세기 조선이 겪은 숭명반청의 어려움도 또 다른 의미의 문명과 야만의 갈등이었다. 이를 극복하기 위해서 연암이 복합적 해결을 모색했던 것은 특히 주목할 필요가 있다.

다음으로 중국 다루기에서 당시의 힘의 비대칭적 현실에서 북벌론처럼 중국을 군사적으로 쳐들어가는 대신에 복합 그물망 외교를 대안으로 제시하고 있다. 와룡선생 같은 전략가를 기용해 지식 외교를 추진하고, 동시에 중국의 정치인과 최대한 혼맥을 맺고, 대규모의 유학생과 무역상을 청조에 보내서 경제와 문화 무대에서 그물망을 펼쳐나가서 중국 중심의 천하질서에서 조선의 실질적 영향력을 키워서 천하를 움직일 길을 찾아야 한다는 것이다. 좁은 방에 드러누워 책만 보면서도 생각의 공간은 복합적이고 넓었다.

그리고 연암은 더 하고 싶었던 얘기가 있었다. 연암의 글을 보면 상상하는 공간 개념이 조선을 넘어서 동아시아로 뻗어나가고 있다. 「허생전」에서는 백만 냥을 벌어서 50만 냥은 바다에 버리고 세상에서 버림받은 도적떼와 함께 나가사키를 거쳐 무인도에서 이상향을 건설해 보려는 노력을 한다. 연암은 연행을 다녀온 후 말년에 『삼한총서』를 내려고 자료를 모으다가 마무리하지 못하고 세상을 떠났다.

결론적으로 연암의 글이 많은 선행 연구에도 불구하고 여전히 충분히 연암적으로 해석되어 있지 않고, 더욱이 국제정치학적으로는 본격적으로 연구되어 있지 않다. 열하를 갔다 온 반년은 연암 일생의 최대 사건이었다. 연암이 무엇을 보러 갔으며, 또 보고 나서 무엇을 얻었는가 등을 조선의 정치학이나 국제정치학적 상황과 연관해 더 본격적으로 천착해야 한다. 한국의 국제정치학 중국 관련 전문가와 정책 담당자들은 21세기 한국의 생존 번영 전략을 위해서는 「허생전」 바로 읽기와 실천하기부터 고민을 시작해야 한다.

〈질문과 토론〉

질문: 연암의 『열하일기』를 국제정치학적으로는 어떻게 평가해야 할까요?

하영선: 『열하일기』는 연행록 중에 '열하'라고 제목이 붙은 유일한 연행록이죠. 연행사가 열하까지 가는 경우는 굉장히 드물었어요. 황제가 대개 1년에 3개월 정도 열하에 가 있지만, 보통 베이징에서 사행을 만났죠. 건륭제가 마침 열하에서 칠순 잔치를 치를 예정이었기 때문에, 조선의 연행사도 하룻밤에 아홉 번 강을 건너는(一夜九渡河) 5박 6일의 고생을 하면서 열하까지 가야 했죠. 연암의 열하 분석은 대단히 날카로워요. 외교학과 학생들을 데리고 매년 답사를 가지만 열하의 의미를 쉽사리 깨닫지 못해요. 오늘날의 국내외 중국 전문가들이 과연 그 시대 열하를 방문해서 그 정도 분석력을 발휘할 수 있었을까 대단히 궁금해요.

연암이 쓴 얘기의 핵심은 두 가지예요. 첫째, 황제가 거처하는 궁을 피서산장이라고 부르지만 황제가 피서보다도 군사방어용으로 와 있다는 지적이에요. 둘째, 피서산장 주변에 티베트 불교의 포탈라궁을 비롯한 여덟 개의 절을 짓게 한 것을 보면, 티베트를 굉장히 우대한 것 같지만 사실은 변방 민족의 회유책으로 이렇게 좋은 자리에 절을 짓게 했다는 해석이에요. 그러니까 강경과 유연의 두 정책을 동시에 구사한 거죠. 황제가 열하에 삼 개월 동안 단순히 놀러온 게 아니고 주변 세력들을 통치하러 온 것이라는 얘기죠. 문인으로서 쉽게 알아보기 어려운 국제정치적 의미를 첫 눈에 파악하는 것을 보면 놀라워요.

이런 국제정치적 관점에서 『열하일기』를 새롭게 읽을 필요가 있어요. 의주에서 강을 건너 청의 옛 수도인 심양을 들러서, 산해관을 거쳐 베이징까지 두 달의 긴 여행을 계속하면서, 아침 일찍 일어나서 출발한 후에 밥 먹고, 길거리에서 꼬마를 만나면 한문을 얼마나 아느냐고 묻고, 지방 사람들과 필담을 나누죠. 연암은 연행을 평생 다시 올 수 없는 단 한 번의 기회라고 생각하고 카메라로 찍듯이 여정을 자세히 보여주고 있어요. 문학이나 역사학 분야의 『열하일기』 연구는 이런 내용들을 자세히 분석하죠. 그러나 연행의 국제정치학적 의미를 제대로 이해하려면 국제정치라는 새로운 렌즈로 화면을 재구성해야 하겠죠.

질문: 『연암집』을 보면 국제정치 관련 글이 많지 않은데, 실제로 국제정치적 내용이 얼마나 되나요?

하영선: 『열하일기』 외에 『연암집』에서 국제정치를 직접 다루고 있는 글의 분량은 10~20% 정도 될 것 같아요. 아까 얘기한 것처럼, 청나라 연호를 안 쓴 해명 등을 포함해서 명청에 대한 기본적인 자세에 대한 얘기가 가장 중요하겠죠. 『연암집』을 읽고 기억에 제일 많이 남는 것은 홍대용에게 보낸 편지예요. 친한 두 사람 사이의 편지가 여덟 편 남아 있는 것으로 알려져 있는데, 그중에 네 편이 연암집에 들어 있어요. 그런데 그중에 정말 솔직한 자기의 소회를 쓴 것들이 있어요. 요즘 읽어도 이 사람이 왜 세상을 그렇게 살았나 그런 생각이 드는 내용이에요. 그리고 북학파를 비롯한 친구들과도 많은 편지들이 오고 갔죠. 그중에서 국제정치적 내용의 글만 뽑아서 훨씬 간단히 읽을 수도 있겠죠. 그러나 전체 틀 속에서 연암의 국제정치학을 이해하기 위해서는 모두 훑어보는 것이 좋아요.

질문: 「허생전」을 국제정치학적으로 분석하신 내용을 연암 연구자들이 어떻게 받아들일지는 모르겠지만, 상당한 자극이 되지 않을까요?

하영선: 연암 얘기로는 「허생전」이 창작은 아니라고 해요. 연암이 20세(1756) 때 서울 봉원사에서 공부하고 있을 때 도인 같은 윤영(尹暎)이라는 사람에게서 들은 얘기라고 적고 있어요. 그리고 연암이 1773년 봄에 평안도 비류강에서 배를 타고 12봉으로 놀러 갔다가 18년 만에 윤영을 다시 만난 얘기를 남기고 있어요. 18년 만에 만났는데 윤영은 하나도 안 늙었다는 거예요. 그리고 자기는 윤영이 아니라 신색(辛嗇)이라고 전혀 다른 사람으로 시치미 떼고 있어서 미치겠더라는 거죠. 「허생전」의 국제정치학적 해석이 연암 연구에 도움이 되는 것도 중요하지만 보다 더 중요한 것은 한국의 국제정치를 고민하는 학자와 정책 담당자들에게 도움이 되었으면 좋겠어요.

질문: 1780년 연행에 삼종형을 따라간 건데, 그때 배경적인 얘기들이 있나요?

하영선: 아들인 박종채의 설명에 따르자면 1780년 연암 골에서 다시 서울로 돌아왔으나 과거 백탑파 시절의 분위기는 사라진 속에 답답해하면서 멀리 떠나기를 원하던 차에 삼종형인 박명원이 건륭제의 칠순 축하 사행에 함께 가자고 해서 따라갔다는 거예요. 그러나 1765년에 이미 가장 친한 손위 친구 홍대용이 북경을 다녀왔고 1778년에는 채제공을 따라서 백탑파의 박제가나 유득공이 연행을 다녀오죠. 그러니까 자기도 한번 가야겠다는 생각을 당연히 강하게 했겠죠. 그런데 가보니까 백탑파 모임에서 밤새도록 떠들고 고민했던 것과 크게 다를 바 없다고 쓰고 있어요. 따라서 1770년대 백탑파의 토론 내용이 중요하며 이를 위해서는 박제가, 이덕무, 유득공, 이서구 등의 글들을 함께 읽어야겠죠.

질문: 18세기의 대표적인 지식인인 연암과 다산 관계는 어땠나요?

하영선: 사실 연암의 글을 읽으면서 궁금증의 하나가 연암과 다산의 차이였어요. 연암과 다산은 25살 차이로서, 18세기를 대표하는 천재들인데 왜 이렇게 다를까 하는 거죠. 다산과 연암이 좁은 바닥에서 서로 글 잘하는 줄도 잘 알았을 텐데 교류가 없는 것이 궁금했어요. 노론과 남인의 정치적 관계를 넘어서서 두 사람의 글을 보면 같이 술 먹기는 굉장히 어렵겠구나 하는 느낌이 들어요. 연암이 북학파 후배들하고만 술을 마시고, 당대를 대표하는 또 다른 젊은이인 다산과는 교류가 없어요. 뛰어난 안목과 문재(文才)의 소유자였던 연암은 아버지가 평생 관직을 안 해서 어려웠지만 정치 주도 세력인 노론 집안의 명문가 자손으로서 이색적인 행보를 했던 이단아였죠. 따라서 연암의 개혁론은 당시 경화사족의 주도 세력 안에서 나온 것이라 할 수 있죠. 한편 다산은 연암과 비슷한 탤런트를 가지고 있었으나 거의 100년 가까이 권력에서 소외된 남인 집안이죠. 채제공을 비롯한 남인들이 모처럼 정조 때 등용될 기회를 맞이했기 때문에, 다산은 필사적으로 주도 세력을 교체하려는 노력을 하죠. 두 사람이 서로 가려는 길이 어긋나 있어서 정조를 대하는 모습도 달라요. 사실 다산은 대과에 급제하기 전 성균관에서 공부를 하고 있을 때 이미 정조가 아끼고 수시로 불러 숙제도 주고 해서, 약속된 출세 코스를 가고 있었죠. 반면에 연암은 정조가 불러도 도망갔죠. 다산은 100년 만에 오는 기회니까 확실하게 정조를 붙들고 본격적 개혁을 해야겠다고 생각했는데. 연암은 당시의 사이비가 득세하는 정치판에 적극적으로 뛰어들지 않죠. 그러니까 둘이 술자리에서 만나면 할 이야기가 별로 없었을 것 같아요

그러나 아주 속 깊은 데로 가면 같은 고민이긴 하죠. 정조 시대 두 지식인 그룹의 독특한 양상을 보여주고 있는 것 같아요. 그런데 결과적으로는 다산도 실패하고, 연암도 실패했어요. 연암의 글이 시대를 풍미했지

만, 북학이 현실적으로 정치적으로 영향을 끼치는 데에는 한계가 있었어요. 왜냐하면 북학파들은 대부분이 머리는 좋으나 서얼이었고. 명문가 자손인 연암 같은 사람은 과거 답안지에 그림을 그려내거나 답안지를 안 내고 사이비 정계에 입문을 회피했죠. 결과적으로 영향은 제한적일 수밖에 없죠. 요즘 북학파들이 통상 무역, 기술이전 같은 얘기들을 시대에 앞서서 했다고 근대의 선구자로 높이 평가 하는데, 이런 얘기들이 정치권력 차원에서 직접 영향을 미치려면 기득권 세력과의 싸움이 불가피하죠. 「허생전」에서 이완에게 이야기하는 것처럼 와룡선생을 등용시킨다고만 될 일은 아니죠. 다산은 자기가 목숨 걸고 뛰어들어 갔음에도 불구하고 결국 노론세력에게 패배하죠. 연암은 정치권력의 향원들, 즉 사기꾼들을 외전 같은 글에서 신나게 골탕을 먹이죠. 똥통에 빠뜨리고, 깔깔거리고. 그러나 진짜 변화를 가져오려면, 이것들을 한 번은 다 쓸어내고 입성을 해야 하겠죠. 그러나 당시 기득권 정치 세력을 도저히 처리할 수 없다고 생각했을지 모르겠어요.

당시 다산은 정조를 모시고 족벌 체제와 싸우려다가 역습당한 것이고요. 연암은 독특한 형식의 글로 이들을 싸잡아서 조롱한 것이죠. 연암골로 도망간 것도 홍국영한테 잘못 보여서, 서울에 있으면 죽을 것 같아서 피신한 거죠. 그러니까 18세기 틀에서 보면 드라마는 훨씬 더 복잡해요. 그런데 국제정치적으로 청에 대해서 북벌론을 생각하기 어려웠을 거예요. 객관적인 힘의 격차가 현저하게 나던 세월이니까요. 따라서 「허생전」에서 보는 것처럼 청과의 관계에서 유연하게 그물망 외교적 접근을 권유하게 되죠.

질문: 연암과 남인들의 중요한 차이는 무엇이었나요?
하영선: 연암은 자기 모순적이죠. 향원이라고 비난하는 사람이 사실상 가까운 사람들이었고, 자기가 기득권 정치 세력의 일원이었기 때문에 한

편으로는 그만큼 어려운 것이죠. 자기 팔다리 자르는 이야기인데 ······. 동시에 그러면서도 이용후생을 강조하는 것도 만약 오늘날 살아가면서 변혁론을 할 거냐, 개혁론을 할 거냐 고민하는 것과 같이 만약 다산 그룹들이 경세치용을 추진했다면 연암 그룹은 무엇을 하려 했냐는 거죠. 다산은 얘기의 출발을 사람 바꾸는 정치개혁부터 시작해요. 사람을 뽑는 과거제도를 바꾸고 정치판의 주도 세력을 바꾸고 싶어 했죠. 정치개혁이 먼저였죠. 백탑파의 경우는 사이비 정치판에 대단한 불만을 가지고 있음에도 불구하고 정치판의 주도 세력을 다 쓸어버릴 궁리를 하기보다는 경제개혁부터 해야겠다고 생각해요. 큰 틀로 보면 시대 속에서 차지하고 있었던 위치의 한계 내에서 연암도 얘기를 하고 있어요. 근데 워낙 재주가 특출 나서 재미있게 글을 썼기 때문에 많은 관심을 끌었죠. 사실 얘기는 굉장히 정치적 얘기인데 말이죠. 다산 문학 연구에서는 얘기의 재미에 더 관심을 보였으나 그 뒤에 똬리를 틀고 있는 굉장히 음험한 얘기를 충분히 조명하지 못했어요. 청과의 관계도 굉장히 조심스러운 얘기고, 당시의 정권을 주도하던 족벌 세력들과의 관계도 그렇고요. 따라서 친구가 없었다는 것은 아니지만 우리 편인 줄 알았는데 맨날 자기들을 희화화해서 똥통에 빠뜨리고 그러니 그렇게 좋아했겠어요?

질문: 한국지성사의 맥락에서 연암은 19세기 개화파에 어떤 영향을 미치나요?

하영선: 연암은 손자인 박규수를 징검다리로 개화파에 지적 영향을 미치죠. 박규수는 생애의 말년인 1870년대에 사랑방에서 젊은 개화파들에게 『연암집』이나 『해국도지』들을 읽히면서 새로운 시무책을 가르쳤어요. 유길준도 그중의 한 사람이었죠. 문장가로 연암과 쌍벽으로 불리던 유한준이 1802년에 『열하일기』를 오랑캐의 글이라고 비난하죠. 그 때문

에 양가의 집안은 원수가 되어서 박지원의 손자인 박규수와 유한준의 5대손인 유길준은 적대 집안으로서 볼 기회가 없었어요. 그런데 유길준의 향시 답안이 소문이 나서 박규수가 열여섯 살인 유길준을 처음 불러서 만나죠. 그리고 1873년 가을 박규수가 유길준을 두 번째 만났을 때 미래를 위해서는 과거 공부만 하지 말고 『해국도지』 같은 책도 보아야 한다면서 책을 직접 주죠. 이 책을 읽고 과거보다 더 큰 공부가 있다는 것을 깨닫고 과거를 안 본다고 하니까 유길준 집에서는 난리가 났지만 유길준은 결국 박규수의 사랑방을 드나들게 되죠.

질문: 연암의 예리한 안목은 어디에서 유래하나요?

하영선: 연암의 개인사를 보면 흥미롭게도 점쟁이처럼 맞힌 게 많아요. 사람을 만났다가 헤어지고 나서 저 사람 죽을 거라고 하면 일주일 안에 죽었어요. 근데 그게 일리가 있다고 생각해요. 학문도 제대로 하려면 겁이 많아야 된다고 생각하는데, 연암은 관찰 대상을 굉장히 유심히 봤어요. 그리고 당대의 명문장인데도 함부로 쓰지 않고, 어느 문장이 표현하려는 대상에 제일 잘 맞았나를 늘 조심스러워 했죠. 그러니까 산 사람을 보면서 곧 죽을 것을 미리 볼 수 있었던 것은 보통 사람들과 달리 상대방을 굉장히 조심스럽게 관찰했기 때문이죠. 그리고 연암이 연행 갔다 와서 청나라 사람들과 편지를 하지 말고 조심하라고 했는데 편지를 사적으로 주고받은 사람들이 일망타진해서 잡혀갔어요. 연암의 말을 듣고 서신 교환 안 한 친구만 살았다는 거예요. 사태의 진전을 정확히 읽기 위해서 굉장히 조심스럽게 관찰하는 능력이 있었던 거죠.

연암의 글들을 조심스럽게 읽어보면 왜 김택영이 연암을 1000년 만에 나타나는 글재주라고 감탄했나를 알 수 있어요. 가까운 친구였던 홍대용은 연암이 독서하는 것을 보고 두 번 놀랐다고 해요. 우선 남들이 한 권을 읽는 동안 연암은 삼분의 일도 읽지 못한대요. 그러나 나중에 글을 쓸 때 보면 자기는 읽은 게 하나도 기억이 안 나는데 연암은 읽은 것을 완벽하게 활용해서 뛰어난 글을 썼다는 거예요. 홍대용이 7색으로 그렸다면 박지원은 48색으로 그림을 그려 마치 흑백과 컬러의 차이를 보여줬다는 거죠. 연암은 책을 읽으면서 동시에 표상의 대상을 머릿속에 완벽히 재구성해서 격물치지(格物致知)하는 과정을 거쳤던 거예요.

연암은 격물치지에 관해서 특별히 재미있는 얘기를 해요. 1780년대 연암이 서울 평계에 거처할 때 처남인 지계공(芝溪公) 이재성과 인근 거리를 지나다가 문장이 빼어나고 인품이 훌륭한 것으로 널리 알려진 이광려(李匡呂)를 만나요. 첫 만남에서, 연암은 평생 독서를 해서 한자를 몇 자나 아느냐고 물어 보죠. 그러자 이광려는 서른 자 남짓 안다고 대답해요. 그 이후 두 사람은 가까운 친구가 되었어요. 연암의 질문은 단순히 한자를 몇 자 아느냐고 물어본 것이 아니고 글자가 표상하고 있는 대상도 완벽히 아는 글자가 몇 개나 되느냐고 물어본 것이고 이광려는 그 뜻을 제대로 알고 대답한 것이죠. 두 사람은 서로 상대의 경지를 알아보고 죽마고우가 된거죠.

흔히 연암하면 해학, 골계, 파격 등을 생각하지만 사실 연암의 글들은 대단히 신중해요. 유명한 법고창신(法古創新)을 설명하는 짧은 글도 법고의 전통과 창신의 새로움을 균형 있게 품고 있어요. 과거의 고전과 미래의 시무를 동시에 놓치지 않으려고 노력하고 있죠. 이런 전통은 바로 박규수에게 전해졌어요. 박규수의 "차가운 눈으로 시무를 보고 비운 마음으로 고서를 읽는다(冷眼看時務 虛心讀古書)"라는 좌우명은 법고창신처럼 시무와 고전을 동시에 다루고 있어요. 그 전통은 계속되어서 동주에게도 보여요. 동주 서재 이름이 독시재(讀時齋)였어요. 세월을 읽는다는 뜻이죠. 소장된 책은 대부분 고전이 많았는데. 서재 이름으로는 참 좋았어요.

질문: 연행사는 보통 어떻게 구성됐었나요?

하영선: 공식 사행은 대개 35명 정도 되죠. 따라붙는 것은 적게는 200명, 경우에 따라서는 300명 정도 됐죠. 공식 사행은 정사 부사, 서장관, 그리고 역관 19명, 의원, 사자관(寫字官), 화원, 군관 8명(정사 4명, 부사 3명, 서장관 1명) 등으로 구성되어 있어요. 정사, 부사, 서장관들은 관직을 한 등급 올려서 갔죠. 요즈음 외교제도에서 보면 특명전권대사로 가는 거니까요. 그때 정사나 부사가 자제군관이라는 자격으로 자기 친인척 지식인을 데리고 갈 수 있었어요. 유명한 글이 남은 것은 자제군관의 경우가 많아요. 18세기 3대 연행록을 쓴 김창업, 홍대용, 박지원 모두 자제군관으로 따라갔죠.

질문: 오늘의 중국 전문가나 외교관들에게 열하일기는 얼마나 중요한가요?

하영선: 신흥대국으로 새롭게 부상한 중국의 21세기 외교를 제대로 이해하기 위해서는 중국 중심의 복합적 천하질서를 꿰뚫어 보았던 『열하일기』는 현대 한국의 국제정치와 한중 관계를 다루는 실무자들과 연구자들의 최우선 필독서라고 생각해요.

참고문헌

1차 사료

박제가. 『北學議』.

박종채. 『過庭錄』.

朴趾源 著. 1900. 金澤榮 編. 光武4年. 『燕巖集』. 刊者未詳.

_____. 1911. 『熱河日記』. 서울: 조선광문회.

_____. 1932. 朴榮喆 編. 『燕巖集』. 京城.

기타 자료

박제가. 1775. 『白塔淸緣集序』. 정민 외 옮김. 2010. 『정유각집 하』. 서울: 돌베개.

_____. 『北學議』. 박지원 序. 안대회 옮김. 2003. 『북학의』. 서울, 돌베개.

박종채. 1826. 『過庭錄』. 박희병 옮김. 1998. 『나의 아버지 박지원』. 서울: 돌베개.

박지원. 『열하일기 세트』. 이가원 옮김. 서울: 민족문화추진회, 1968; 서울: 올래클래
　　식, 2016.

박지원. 2017. 『열하일기』. 김혈조 옮김. 서울: 돌베개.

박지원. 2004. 『열하일기』. 리상호 옮김. 서울: 보리.

박지원. 2007. 『연암집』. 신호열·김명호 옮김. 서울: 돌베개.

조규익 외. 2006. 『연행록연구총서』. 서울: 학고방.

하영선·권민주·정연. 2016. 「5장. 열하일기의 국제정치학: 청, 티베트, 그리고 조선」.
　　하영선·이헌미 편. 『사행의 국제정치: 16-19세기 조천·연행록 분석』. 서울: 아연
　　출판부.

하영선. 2011. 「제1강. 연암 박지원의 중국 바로보기」. 『역사 속의 젊은 그들』. 서울:
　　을유문화사.

후마 스스무. 2008. 『연행사와 통신사』. 정태섭 외 옮김. 서울: 신서원.

葛兆光. 2014. 『想象异域:读李朝朝鮮汉文燕行文献札记』. 北京: 中華書局(이연승 옮김.
　　2019. 『이역을 상상하다: 조선 연행 사절단의 연행록을 중심으로』. 서울: 그물).

『열하일기』의 국제정치학: 청, 티베트, 그리고 조선*

1. 청 제국질서와 열하

　1780년 여름, 조선사신단은 건륭제의 70세 만수절을 축하하기 위해 청더(承德)로 향한다. 청더에 도착한 조선사신단은 천하질서를 다스리는 황제가 정중하고 친밀한 예를 갖춰 티베트 축하사절단을 인솔하고 온 판첸라마(班禪額爾德尼)를 맞이하는 모습을 보고 당황한다. 난처하게도 건륭제는 조선 사신들에게 판첸라마를 만나 예를 갖출 것을 명한다. 그러나 주자학의 나라인 조선 사신이 티베트 불교의 제2인자에게 절을 하고 공경을 표할 수는 없었다. 황제의 명을 받은 청의 예부가 판첸라마를 서둘러 알현하라고 재촉하자 조선 사신들은 마지못해 판첸라마가 거처하던 찰십륜포(札什倫布)로 향한다. 중국 주도의 천하질서 속에서 이루어진 건

---

* 　이 글은 하영선·권민주·정연, 「열하일기의 국제정치학: 청, 티베트 그리고 조선」, 하영선·이헌미 편저, 『사행의 국제정치: 16~19세기 조천·연행록 분석』(서울: 아연출판부, 2016)을 재수록한 것이다.

륭제, 판첸라마, 조선 사신의 이색적 만남은 세 주인공들의 미묘한 관계를 극적으로 잘 보여주는 역사의 한 장면이었다.

건륭제의 70세 만수절에서 벌어진 만남을 집중적으로 조명하고 있는 국내외의 기존 연구는 상대적으로 드물다. 중국과 영미권에서는 판첸라마의 열하 방문을 중국어, 티베트어, 영어 자료 등을 활용해 실증적으로 재구성해 보려는 소수의 초보적 시도가 있었고,[1] 최근 청제국과 내부 아시아 관계를 상대적으로 중시하는 신청사 연구가 활발해짐에 따라 열하에 대한 관심이 늘어나고 있다.[2] 그중 헤비아(James Hevia)는 중국 천하질서의 전통적 조공 체제에 대한 페어뱅크(John K. Fairbank)의 분석이 예의 기능적 해석에 치우쳐 있다고 비판하고, 건륭제가 판첸라마에게 보여주는 회유원인(懷柔遠人)의 빈례(賓禮)를 청제국의 티베트와 몽골을 포함하는 내부 아시아의 통치라는 시각에서 바라보고 있다.[3] 그러나 영미권의 1780년 판첸라마의 열하 방문에 관한 연구는 건륭제와 판첸라마라는 두 주인공의 만남에 초점을 맞추고 있으며 조선 사신을 포함한 무대에 관한 연구는 이제 걸음마 단계에 있다.

최근 중국의 부상과 함께 청조의 천하질서와 조선의 연행록에 관한 기초 연구가 눈에 띄게 증가하고 있다.[4] 그중에도 왕샤오징(王曉晶)은 박사

---

1) 柳森, 「国内近三十年来关于六世班禅朝觐研究综述」, ≪四川民族学院学報≫ Vol.19 No.2(April 2010); Kate Teltscher, *The High Road to China: George Bogle, the Panchen Lama, and the First British Expedition to Tibet* (New York: Farrar, Straus and Giroux, 2006).

2) James Millward(et al.), *New Qing Imperial History: The Making of Inner Asian Empire at Qing Chengde* (London; New York: Routledge, 2004).

3) James Hevia, *Cherishing Men from Afar: Qing Guest Ritual and the Macartney Embassy of 1793* (Durham; London: Duke University Press, 1995).

4) 王开玺, 『清代外交礼仪的交涉与论争』(北京: 人民出版社, 2009); 张双智, 『清代朝觐制度研究』(北京: 学苑出版社, 2010); 何新华, 『威仪天下: 清代外交礼仪及其变革』(上海:

학위 논문에서 세 주인공의 만남을 청, 티베트 사료와『열하일기』를 활용해 이 무대를 가능한 한 실증적으로 복원하려는 노력을 보여주고 있다.[5] 국내연구로서는 차혜원이 1780년 조선 사신의 열하 방문을 전통적 조공 관계의 시각이 아니라 18세기 말의 국제관계 속에서 보려는 새로운 시도가 있다. 한편 강동국은 조선 사절과 판첸라마의 만남을 조청 관계의 권역의 분리와 융합이라는 시각에서 분석하고 있다. 그리고 구범진의 관련 연구들이 있다.[6]

18세기 중반 청제국의 천하질서는 세 개의 다른 얼굴 모습을 하고 있었다. 재위 60년 동안 열 번의 원정에서 모두 승리해서 십전노인(十全老人)으로도 불리는 건륭제는 북방의 위협 상대였던 몽골의 준가르 부족을 섬멸하는 정복 전쟁을 치르는 한편, 불교 국가 티베트에 대해서는 최대한 부드러운 회유원인 정책을 폈다. 또한, 두 번의 호란 이후 조선과는 사대자소의 예에 따르는 조공 체제를 유지했다. 따라서 18세기 청조의 천하질서를 제대로 이해하기 위해서는 페어뱅크와 헤비아의 단안적 접근을

上海社会科学院出版社, 2011); 何新华,『最后的天朝: 清代朝贡制度研究』(北京: 人民出版社, 2012); 张羽新·张双智,『清朝塞外皇都--承德避暑山庄与外八庙研究(精)』(北京: 学苑出版社, 2013); 邱瑞中,『燕行录研究』(桂林: 广西师范大学出版社, 2010); 徐东日,『朝鲜朝使臣眼中的中国形象-以『燕行录』『朝天录』为中心』(北京: 中华书局, 2010); 杨雨蕾,『燕行与中朝文化关系』(上海: 上海辞书出版社, 2011); 葛兆光,『想象異域: 讀李朝朝鲜漢文燕行文獻劄記』(北京: 中华书局, 2014).

5) 王曉晶,「六世班禪進京史實究」(中央民族大學博士學位論文, 2011);『六世班禪進京史實究』(民族出版社, 2013).

6) 차혜원,「열하사절단이 체험한 18세기 말의 국제질서」,≪역사비평≫ 93호(2010), 329~353쪽; 姜東局,「清と朝鮮の關係における圈域の分離と統合: 朝鮮使節ととパンチェン·ラマの(一七八〇)邂逅を事例に」,≪名古屋大學法政論集≫ Vol.245(2012), pp.241~276; 구범진,「1780년 열하의 칠순 만수절과 건륭의 '제국'」,≪명청사연구≫ 40(2013), 177~217쪽;「조선의 건륭칠순 진하특사와「열하일기」」,≪인문논총≫ 제70집(2013), 6~60쪽.

넘어선 제3의 시각으로 사대자소, 회유원인, 그리고 정복 전쟁을 동시에 볼 수 있는 복안적 접근이 필요하다.

이 글은 1780년 여름 열하에서 있었던 건륭제와 판첸라마의 만남, 조선 사신과 판첸라마의 만남, 그리고 판첸라마의 만남과 선물 논란의 세 장면을 복합 천하질서의 시각에서 재조명해서 세 주인공들의 미묘한 갈등과 고민을 드러내보려고 한다. 이러한 시도는 18세기 중반 청제국이 주도하던 천하질서의 복합적 진면목을 연암의 날카로운 안목으로 밝혀내서 기존 국내외 학계의 단안적 한계를 뛰어넘어서는 데 기여할 것이다. 동시에 당시의 복합 천하질서에 대해 조선조의 단순한 북벌론이나 북학론의 갈등을 넘어서서 보여주고 있는 연암의 복합적 북학론을 조명함으로써 조청 관계 논의의 지평을 확대할 것이다.

세 장면을 복합적 시각에서 조명하기 위해서는 조선, 청, 그리고 티베트 사료의 복합적 활용이 불가피하다. 우선 1780년 열하의 만남을 입체적으로 조명하기 위한 기본 자료는 연암 박지원의 『열하일기(熱河日記)』이다.7) 연암은 조선 사행의 공식 대표가 아니라 자제군관이라는 비교적 자유로운 위치에서 그의 날카로운 시선으로 세 주인공의 만남을 꿰뚫어보고 있다.8) 다음으로 핵심적인 보조 자료로는 청조의 기본 관련 사료인 『청실록(清實錄)』과 『열하지(熱河志)』, 그리고 티베트의 기본 사료인 『판첸라마 전기(六世班禪白丹益喜傳)』를 활용했다.9)

---

7) 朴趾源 著, 朴榮喆 編, 『燕巖集』, 「熱河日記」, 국립중앙도서관장본(한46-가1145)(출처: 한국고전번역원 데이터베이스); 단국대학교 동양학연구원 엮음, 『연민문고소장 연암박지원작품필사본 총서 01~20』(서울: 문예원, 2012).

8) 하영선, 『역사 속의 젊은 그들: 18세기 북학파에서 21세기 복합파까지』(2011).

9) 『大淸高宗純皇帝實錄』(이하 『淸高宗實錄』); 『欽定熱河志』(이하 『熱河志』); 中國第一歷史檔案館·中國藏學研究中心 共編, 『六世班禪朝覲檔案選編』(北京: 中國藏學出版社, 1996)(이하 『檔案選編』); 貢覺晉美旺布, 『六世班禪白丹益喜傳』(北京: 中國藏學

2. 건륭제와 판첸라마의 만남

1653년 달라이라마 5세가 청국의 순치제(順治帝)를 방문한 후 100여 년 만인 1780년에 티베트의 2인자인 판첸라마가 대규모의 축하사절단을 이끌고 1년이라는 긴 여정을 거쳐서 열하에 도착한다. 황제가 열하에서 판첸라마를 만날 것이라는 사실은 연암 일행보다 한 해 전에 먼저 사행을 다녀온 조선 사신을 통해 이미 조선에 알려져 있었다. 정조 4년(1780) 4월 22일 서장관(書狀官) 홍명호(洪明浩)가 올린 문견별단(聞見別單)에는 "황제가 황자(皇子)로 하여금 활불을 맞이하도록 하고 5월 열하에 행행(幸行)할 때 인견(引見)할 것"이라고 기록되어 있다.[10] 연암은 열하에서 만난 몽골인 경순미(敬旬彌)가 설명하는 판첸라마의 만수절 방문 사유를 소개하고 있다.

본조 천총(天聰, 청태종의 첫 번째 연호) 때 판첸라마가 큰 사막을 넘어 사신을 파견해 조공을 바쳤는데, 동방에 위대한 성인이 태어난 것을 알았기 때문입니다. 그로부터 해마다 사신을 파견해 조공을 해왔습

出版社, 2002)(이하 『판첸전기(티베트)』); 嘉木央·久麥旺波 지음, 許得存·卓永强 옮김, 『六世班禪洛桑巴丹益希傳』(拉薩: 西藏人民出版社, 1990)(이하 『판첸전기(중)』); 土觀·洛桑卻吉尼瑪 지음, 陳慶英·馬連龍 옮김, 『章嘉國師若必多吉傳』(北京: 中國藏學出版社, 2007)(이하 『창갸』). 이 중 『판첸전기(티베트)』는 티베트어로 된 판첸라마의 전기이며, 『판첸전기(중)』은 이를 중국어로 번역한 것이다. 『판첸전기(티베트)』의 사료적 가치는 王曉晶(2011) 참조. 『판첸전기(티베트)』의 원문을 인용할 경우, 중국어 판본과 함께 王曉晶(2011) 및 "The Third Panchen Lama's visit to Chengde" in Millward(2004) 참조.

10) "西藏 卽古之西蕃也 有稱活佛者 今年二十餘歲 自稱轉生四十二世 皇帝 使皇子迎 要於 五月 引見于熱河幸行時" 『朝鮮王朝實錄』, 正祖四年(1780년) 四月二十二日(출처: 국사편찬위원회 한국사데이터베이스). 홍명호는 1779년 동지사(冬至使) 서장관으로 파견되었다.

니다. 강희 때 인조(仁祖)가 판첸라마가 중국에 입조(入朝)하게 하려
했으나 일찍이 오지 않았으며, 지난해 만수절(즉, 금년)에 [황제를] 뵙
기 청했으므로 우대해 주었습니다.[11]

　건륭제는 판첸라마의 열하행이 확정되고 바로 국사(國師) 창갸 호톡토
(章嘉胡圖克圖)와 황제의 여섯째 아들 영용(永瑢)으로 하여금 판첸라마를
맞이하도록 결정했으며[12] 1780년 6월 초에 다이하이(岱海)로 영용을 파
견한다.[13] 연암도 학성(郝成)과의 대화를 통해 지난해에 내각(內閣)의 영
공[永公, 永貴(sic)]이 여섯째 황자를 모시고 활불을 맞이해 왔다고 기록한
다.[14] 황제는 또 판첸라마에게 "이듬해 자신의 생일을 축하하기 위해 오
는 것이 자신을 매우 행복하게 한다"며, "빠른 도착을 기원한다는 것과
탕구트어(唐古特語, Tangut)를 배우고 있으므로 직접 만났을 때는 좋은 대
화를 할 수 있을 것"이라는 내용의 편지를 선물과 함께 보낸다.[15]
　『청실록』과 『열하지』에 따르면, 판첸라마가 청더에 도착한 날짜는
1780년 음력 7월 21일이다.[16] 건륭제와 판첸라마의 첫 만남에 대해 『열
하지』는 "판첸라마가 황제 앞에서 무릎을 꿇고 인사를 했다(跪請聖安)"고
서술한다.[17] 반면, 판첸라마 전기는 "그가 무릎을 꿇으려고 하자 황제가

---

11) "本朝天聰時 班禪越過大漠 遣使來貢 知東方之生聖人 自是年年遣使入貢 康熙時 仁祖
　　欲其入朝 而未嘗來 去年萬壽節(卽今本年) 乃請入覲 故優禮之" 朴趾源, 『熱河日記』,
　　"班禪始末", 『燕巖集』.
12) 『檔案選編』, 37번 문서, p.27.
13) 『檔案選編』, 243번 문서, p.181.
14) 朴趾源, 『熱河日記』, "黃敎問答".
15) 『檔案選編』, 10번 문서, p.11; 『판첸전기(중)』, 1779년 10월 15일.
16) 『淸高宗實錄』, 卷1111, 丁酉條; 『熱河志』, 卷24, p.18. 그러나 판첸 및 『창갸』 등
　　티베트 측 기록은 모두 22일인데 이는 청과 티베트의 역법의 차이에서 비롯된
　　것으로 추정된다. 『판첸전기(중)』, 1780년 7월 22일; 『창갸』, p.276.

그의 손을 잡아 일으키며 티베트어로 무릎을 꿇지 말라"고 전한다.[18] 청과 티베트의 두 기록 사이에 차이는 존재하지만, 건륭제가 판첸라마에게 특별한 예우를 베풀며 라마의 종교적 권위에 존중을 표했다는 사실은 분명하다. 심지어 건륭제는 판첸라마가 가마를 탄 채로 침전(寢殿) 내부까지 들어오는 것을 허락했으며, 『창갸』에 따르면 침전 문 앞까지 올 수 있게 전례 없는 예우를 베푼다.[19] 건륭제는 판첸라마의 방문을 무척 반기며 그에게 다음과 같이 말했다.

짐(朕)의 70세 경축일 즈음에 판첸라마가 오니 이곳의 생령들에게 크게 이롭게 될 것이다. 짐이 지난 수년간 창갸 호톡토에게서 불법을 조금 배워왔으나 불법이 본디 끝이 없어 바다같이 깊고 온갖 국사(國事)를 처리하면서 좀처럼 틈이 나지 않아 호톡토가 전수한 불법에 대해 참구(參究)하지는 못하고 종종 면려(勉勵)했을 뿐이다. 오늘 복전(福田)과 시주(施主)가 만나 전생의 서원(誓願)과 축도(祝禱)를 드디어 이룰 수 있게 되었으니 짐은 라마에게 교법(敎法)을 배우고자 한다. 짐은 전에 티베트 말을 할 줄 몰랐는데 당신이 오신다고 하여 급히 호톡토에게서 일상용어를 열심히 배우기는 했으나 숙련치 못하니 교법에 관한 용어는 호톡토에게 번역을 부탁하겠다.[20]

건륭제가 궁으로 돌아간 후, 창갸는 판첸라마와 차를 마시면서 이렇게 말했다.

---

17) 『熱河志』, 卷24, p.18.

18) 『판첸전기(티베트)』, p.929, 王曉晶, 2011: 80에서 인용; Millward, 2004: 190.

19) 『창갸』, p.278.

20) 『창갸』, p.277. 판첸라마의 전기에도 『창갸』의 기록과 비슷한 대화가 수록되어 있다. 『판첸전기(중)』, 1780년 7월 22일.

오늘 길성(吉星)이 높이 비추고 복전과 시주가 만났다. 문수보살(文殊菩薩) 화신인 대황제는 당신의 장수를 위해 실로 고심했다. 오늘 바람이 부드럽고 해가 아름답게 빛나니 상서롭기 그지없다. 게다가 대황제가 당신을 지극히 숭신(崇信)하고 몹시 기뻐하는 것이 내가 여태 황상(皇上)을 보아왔지만 이렇게 기뻐하는 모습을 본 적 없다. 이 모든 것은 복전과 시주의 위대한 발심(發心)의 힘이고 총카바(宗喀巴) 교법이 날로 번영한다는 표시다.[21]

판첸라마가 열하에 도착한 이후 열린 연회에 대한 청의 기록과『판첸전기』사이에는 차이가 있다. 8월 13일『청실록』에는 만수절 당일에 청의 왕공·대신과 몽골의 왕공·대신, 회부군왕, 조선 사신 등이 건륭제에게 축하를 드리고 그에 대한 사례로 연회를 열었다고 기록하고 있으나, 판첸라마에 관해서는 일절 언급하지 않고 있다.[22] 그러나『판첸전기』는 만수절 당일 행사를 아주 자세히 묘사하고 있으며 "판첸라마가 티베트식 대보좌에 앉아 불법을 강수(講授)했다"고 기록하고 있다.[23] 또한, 8월 19일 판첸라마 전기에 따르면 "그가 티베트에서부터 건륭제의 만수절을 축하하기 위해 동행한 무동(舞童)들의 티베트 무용을 관람했다"고 하나,[24]『청실록』에는 "당일 청의 왕공·대신과 몽골의 왕공·대신에게 연회를 베풀었다"는 언급만 있고 판첸라마에 대한 언급은 존재하지 않는다.[25]

연암도 건륭제와 판첸라마가 동석했던 연회의 모습을 묘사한 바 있다.[26]

---

21)『창갸』, p.277, 각주 18 참조.

22)『淸高宗實錄』, 卷1112, 己未條.

23)『판첸전기(중)』, 1780년 8월 13일.

24)『판첸전기(중)』, 1780년 8월 19일.

25)『淸高宗實錄』, 卷1113, 乙丑條.

26) 왕샤오징은 "연암의『열하일기』에 건륭제와 판첸라마가 만나서 합달을 의례적으로

황제는 어원(御苑)에서 매화포(梅花砲)를 쏘고 사신들을 들어와서 보게 했다. 전각은 처마가 겹으로 되었고, 중정(中庭) 뜰에는 누런 휘장을 쳤으며, 전내에는 일월과 용봉을 그린 병풍을 진설하고 보의(寶扆)는 근엄하였는데, 많은 관원이 반열을 지어 서 있었다. 이때 판첸라마가 혼자 먼저 탑상(榻上)에 앉으니, 일품(一品) 보국공(輔國公)들과 고관귀족들이 우르르 좌석 아래로 나아가 모자를 벗고 머리를 조아렸다. 판첸라마가 손수 한 번씩 이마를 어루만져 주자 그들은 일어나서 나오며 사람들을 향해 자랑스러운 표정을 지었다. 한참 후 천자가 황색의 작은 가마를 타고 들어왔다.[27]

이처럼 연암은 판첸라마 앞에서 지극히 공손한 예를 갖추며 그의 축수

주고받은 장면이 생략되어 있다"며, "이는 연암이 합달의 예를 잘 이해하지 못했기 때문에 불명확한 부분을 제외하고 쓴 것 같다"고 언급한다. 또한, "건륭제와 판첸라마가 착석하는 과정에 대한 연암의 기록과 판첸라마의 기록이 상이하다"고 서술한다 (王曉晶, 2011: 88~91). 왕샤오징의 견해는 연암이 기록한 연회의 모습이 8월 14일에 열린 행사였다는 추정에 바탕을 두고 있다. 연암은 찰십륜포 편에서 건륭제가 매화포를 놓은 날 조선 사신을 불러서 들어오게 했다며, 당일 판첸라마와 건륭제가 만났을 때의 모습을 묘사하고 있다. 판첸라마 전기와 청실록에 따르면, 매화포 행사는 8월 14일에 열렸다. 그러나 연암은 14일(庚申)에 해당 연회에 대한 기록을 남기고 있지 않으며, 그날 황혼 무렵에는 황제의 명이 떨어져 일행이 밤중까지 짐을 꾸렸다고 기록한다. 판첸라마와 건륭제의 만남을 묘사하는 내용은 날짜가 생략된 찰십륜포 편에 별도로 실려 있기 때문에, 연암이 둘의 만남에 대해 기술한 내용이 14일 연회를 묘사한 것인지 정확히 파악하기는 어렵다. 연암이 둘의 만남을 실제 목격하지 않고 사신을 통해 전해 들었을 가능성도 있다.

27) "皇帝放梅花砲於苑中 召使臣入見 殿重簷 中庭黃幄 殿上日月龍鳳屛陳設 寶扆甚嚴 千官班立 時班禪獨先至坐榻上 一品輔國公輩及廷紳貴顯者 多趨至榻下 脫帽叩頭 班禪皆親手爲一摩頂則起出 向人擧有榮色 良久天子乘黃色小輦 …… 乘輦至" 朴趾源, 『熱河日記』, "札什倫布".

를 영예롭게 여기는 청 관료들의 모습을 서술한다. 그리고 건륭제가 들어온 이후, 판첸라마와 건륭제가 온화한 분위기에서 만나 즐겁게 대화하는 것을 기록한다.

(황제의 가마가 이르자) 판첸라마가 천천히 일어나 걸음을 옮겨 탁자 위 동쪽으로 향해 가서 섰는데 얼굴에 웃음을 띠고 기쁜 표정을 짓는다. 황제는 네댓 칸 떨어져 가마에서 내려 빠른 걸음으로 이르러 두 손으로 판첸라마의 손을 잡는다. 서로 손을 흔들며 마주보고 웃으며 이야기를 한다. 황제는 갓 정수리가 없이 붉은 실로 짠 관을 쓰고 검정 옷을 입고 금실로 짠 두꺼운 보료 위에 다리를 펴고 앉고, 판첸라마는 황금 삿갓을 쓰고 누런 옷을 입고 금실로 짠 두꺼운 방석 위에 부처 모양으로 동쪽으로 나가 한 탁자 위에 앉았다. 둘의 방석은 무릎이 닿을 듯하고, 자주 몸을 기울여 서로 이야기를 주고받으며, 말할 때에는 반드시 서로 웃음을 띠고 즐거워한다. 자주 차를 올리는데 호부상서 화신은 천자에게 바치고, 호부시랑 복장안은 판첸라마에게 바쳤다.[28]

연암은 날이 저물자 나란히 서서 악수한 황제와 판첸라마가 각자 떠나가는 모습까지 서술하고 있다. 그는 "황제가 일어서고 판첸라마도 역시 일어나 황제와 마주서서(偶立) 서로 악수를 하고 한참 있다가 등을 돌리고 탑상(榻)에서 내려왔다. 황제는 나올 때와 같은 의장으로 돌아가고, 판첸라마는 황금교자를 타고 찰십륜포로 돌아갔다"고 서술한다.[29]

---

28) "乘轝至 班禪徐起移步 立榻上東偏 笑容欣欣 皇帝離四五間 降轝疾趨至 兩手執班禪手 兩相搖捯 相視笑語 皇帝冠無頂紅絲帽子 衣黑衣 坐織金厚褥盤股坐 班禪戴金笠 衣黃衣 坐織金厚褥跏趺 稍東前坐一榻 兩褥膝相聯也 數數傾身相語 語時必兩相帶笑含懽 數數進茶 戶部尚書和珅 進天子 戶部侍郎福長安進班禪" 朴趾源, 『熱河日記』, "札什倫布".
29) "皇帝起 班禪亦起 與皇帝偶立 兩相握手久之 分背降榻 皇帝還內如出儀 班禪乘黃金屋

정조 4년(1780) 4월 22일 홍명호가 올린 문견별단에는 청나라가 "강한 오랑캐를 제어하는 방법으로 은혜와 위엄을 섞어 사용하므로 남방, 서방, 북방 오랑캐들이 두려워 복종하지 않음이 없다"는 구절이 이미 실려 있다.[30] 연암은 건륭제와 판첸라마의 만남을 바라보면서 청 황제의 내부 아시아의 몽골 및 티베트 부족에 대한 정책을 조심스럽게 검토하고 있다. 그는 청 황제가 열하에서 머무는 것은 명목상으로는 피서라고 부르지만 실질적으로는 변방을 몽골로부터 지키려는 것이고, 라마를 맞이해 명목상으로 스승으로 삼고 황금 궁전에 거처하게 하는 것은 실질적으로는 청의 무사함을 위한 것이라고 날카롭게 지적하고 있다.

황제는 해마다 열하에 잠시 머무는데, 열하는 곧 만리장성 밖의 황량한 벽지이다. 천자는 무엇이 괴로워서 이런 변방의 쓸쓸한 벽지에 와서 거처하는 것일까? 이름으로는 피서라 했지만, 그 실상은 천자가 몸소 나가서 변방을 지킨 것이다. 그러고 보면 몽고의 강성함을 알 수 있다. 황제는 서번의 승왕을 맞이하여 스승으로 삼고 황금 전각을 지어 거처하게 하고 있다. 천자는 무엇이 괴로워서 이런 지나치게 사치한 예우를 하는가? 이름은 스승으로 부르면서도 실상은 황금 전각 속에 그를 가두어 두고 세상이 하루하루 무사하기를 빌고 있는 것이다. 그러고 보면 서번이 몽고보다도 더 강성함을 알 수 있다. 이 두 가지 일은 황제의 심정이 이미 괴롭다는 것을 보여준다."[31]

轎 還札什倫布" 朴趾源, 『熱河日記』, "札什倫布".

30) "至於服禦强虜之術 雜用恩威 故蠻獠羌狄 莫不懾伏"『承政院日記』, 正祖四年(1780) 四月二十二日(출처: 국사편찬위원회 한국사데이터베이스).

31) "皇帝年年駐蹕熱河 熱河乃長城外荒僻之地也 天子何苦而居此塞裔荒僻之地乎 名爲避暑 而其實天子身自備邊 然則蒙古之强可知也 皇帝迎西番僧王爲師 建黃金殿以居其王 天子何苦而爲此非常僭侈之禮乎 名爲待師 而其實囚之金殿之中 以祈一日之無事 然則

연암은 천자인 청 황제가 천하질서를 다스리면서 겪고 있는 몽골과 티베트의 두 '괴로움(苦)'을 정확하게 짚어낸 다음, 몽골이 요동을 흔들면 결국 천하가 흔들리게 되므로 건륭제가 천하의 뇌에 비유되는 열하에 앉아 몽골을 목 조이려는 것으로 읽고 있다.

이제 내가 열하의 지세를 살펴보니, 대체로 천하의 뇌와 같다. 황제가 북쪽을 돌아다니는 것은 다름 아니라 뇌를 누르고 앉아 몽고의 인후를 조르자는 것뿐이다. 그렇지 않다면 몽고는 이미 날마다 요동을 뒤흔들었을 것이다. 요동이 한 번 흔들리면 천하의 왼팔이 끊어지는 것이요, 천하의 왼팔이 끊어지고 보면 하황[河皇, 황하(黃河)와 황수(湟水) 사이, 청해성 동부지역]은 천하의 오른팔이라 혼자서 움직일 수는 없을 것이니, 내가 보기에는 서번의 여러 오랑캐들이 나오기 시작하여 농(隴, 감숙성 지방)·섬(陝, 섬서성 지방)을 엿볼 것이다.[32]

연암은 조금 더 구체적으로 청이 커다란 우환인 북쪽 오랑캐 문제를 어떻게 풀고 있는가를 밝히고 있다. 건륭제는 열하에 직접 살면서 몽골로부터 변방을 지키고 불교 국가인 티베트에 대해서는 그 풍속을 따라 몸소 황교를 숭앙하고 받들며, 티베트의 법사를 맞이해 궁궐을 거창하게 꾸며서 그들의 마음을 즐겁게 하고 명목상 왕으로 봉함으로써 그들의 세력을 꺾었으며, 이것이 바로 청인들이 이웃 사방 나라를 제압하는 전술이라는 것이다.

西番之尤强於蒙古 可知也 此二者 皇帝之心已苦矣朴趾源"『熱河日記』, "黃教問答".
32) "今吾察熱河之地勢 蓋天下之腦也 皇帝之迤北也 是無他 壓腦而坐 扼蒙古之咽喉而已矣
否者 蒙古已日出而搖遼東矣 遼東一搖 則天下之左臂斷矣 天下之左臂斷 而河湟天下之
右臂也 不可以獨運 則吾所見西番諸戎 始出而闞隴陝矣"朴趾源, 『熱河日記』, "黃教問答".

천하의 우환은 언제나 북쪽 오랑캐에 있으니 그들을 복종시킨 후에
도 강희 시절부터 열하에 행궁(行宮)을 짓고 몽고의 막강한 군사들을
주둔시켰다. 그리하여 중국의 수고를 덜고 오랑캐로 오랑캐를 막을 수
있었는데, 이렇게 되면 군비는 줄고 변방은 견고해지니 지금 황제는 그
자신이 직접 이들을 통솔하여 열하에 거하면서 변방을 지키고 있는 것
이다. 또한 서번(西蕃)은 억세고 사나우나 황교(黃敎)를 몹시 경외하
니, 황제는 그 풍속을 따라 몸소 황교를 숭앙하고 받들어 그 나라 법사
(法師)를 모셔다가 궁궐을 거창하게 꾸며서 그들의 마음을 즐겁게 했고
명목상 왕으로 봉함으로써 그들의 세력을 분산시켰다. 이것이 바로 청
인(淸人)이 이웃 사방 나라를 제어하는 책략이다.[33]

연암은 청의 내부 아시아 오랑캐 다루기가 바다 모퉁이에 위치해 있는 조
선에게는 무관할 것 같지만, 30년 내에 천하의 어려움을 걱정하는 사람이
내가 오늘 한 말을 다시 생각할 것이기 때문에 적어놓는다고 밝히고 있다.

동쪽의 우리나라는 바다 모퉁이에 치우쳐 있어 천하의 일과 무관하
다 하겠으나, 내 이제 백발이 되어 앞일을 제대로 보지는 못할 것으로
되, 30년이 지나지 않아서 천하의 근심을 걱정할 줄 아는 자가 있다면
응당 나의 오늘 이야기를 다시 생각할 것이다. 그러므로 호(胡)·적(狄)
여러 종족의 일을 위와 같이 아울러 기록해 둔다.[34]

---

33) "天下之患 常在北虜 則迫其賓服 自康熙時 築宮於熱河 宿留蒙古之重兵 不煩中國而以
胡備胡 如此則兵費省而邊防壯 今皇帝身自統禦而居守之矣 西藩强悍而甚畏黃敎 則皇
帝循其俗而躬自崇奉 迎其法師 盛飾宮室 以悅其心 分封名王 以析其勢 此淸人所以制四
方之術也" 朴趾源, 『熱河日記』, "審勢編".
34) "吾東幸而僻在海隅 無關天下之事 而吾今白頭矣 固未可及見之 然不出三十年 有能憂
天下之憂者 當復思吾今日之言也 故倂錄其所見胡狄雜種如右" 朴趾源, 『熱河日記』,

건륭제와 판첸라마의 역사적 만남은 청과 티베트의 사료에서는 전형적인 회유원인의 빈례에 따라 조선 사신들이 크게 놀랄 만큼 서로 상대방을 정중하게 맞이하는 모습으로 진행됐다. 그러나 연암은 이러한 예의바른 만남이 얼마나 고도의 정치적 이해 속에서 진행되고 있는가를 선명하게 밝히고 있다. 청제국은 오랜 골칫거리인 북방 오랑캐 문제를 해결하기 위해 몽골에 대해서는 열하를 전진기지로 해서 군사적 방비를 게을리하지 않고 티베트에 대해서는 부드러운 회유책을 적극적으로 펴서 몽골이 아닌 청의 통치권 아래 두려는 노력을 했다. 한편 티베트는 청제국과 몽골의 사이에서 불교 국가로서의 위상을 유지해 나가려는 노력을 보여주고 있다. 그리고 청과 사대자소의 예에 따라 조공 관계를 유지하고 있던 조선은 두 주인공의 만남을 조심스럽게 바라보고 있다.

3. 조선 사신과 판첸라마의 만남

수도 연경을 떠난 후 5박 6일의 강행군 끝에 열하에 막 도착한 조선 사신에게 8월 10일 청의 군기대신이 황제의 명을 받아 티베트의 판첸라마를 가서 만나보라는 황제의 명을 전한다. 이에 조선 사신은 중국인 이외의 타국인과는 만나지 않는 것이 조선의 법이라며 사양한다.

군기대신이 황제의 명을 받들고 와서 전하길 "서번(西蕃)의 성승(聖僧)을 가서 만나보겠느냐?" 사신이 대답하기를 "황제께서 작은 나라를 사랑하여 내복(內服)과 동등하게 대해주시니, 중국인과 내왕하는 것이야 무방하지만, 타국인에 대해서는 감히 상통하지 않는 것이 본래 작은

"黃教問答".

나라의 법입니다."[35]

조선 사신들은 판첸라마와의 만남을 일단 거절했으나, 향후 일을 걱정하기 시작했다. 연암은 군기대신이 가고 나자 사신들의 얼굴에는 모두 수심이 가득 찼으며, 당번 역관은 마치 술이 덜 깬 사람처럼 허둥지둥했다고 당시 상황을 묘사한다. 비장(裨將)들이 황제가 시키는 일이 고약하다며 청은 명과 다른 오랑캐이고 반드시 망하게 될 거라고 욕하자, 수역(首譯)이 지금 춘추대의를 따질 자리가 아니라며 주의를 주기도 한다. 잠시 뒤 군기대신이 돌아와 중국인과 조선인이 같으니(中朝人一體) 즉시 가 보도록 하라는 황제의 명을 구두로 전한다. 조선 사신들은 다시금 서로 상의하는데 판첸라마를 만나면 결국 더 난처한 지경에 빠질 것이라고 우려하기도 하고, 먼저 예부에 글을 올려서 이치를 따져보자는 제안도 나온다.[36] 이러한 논의를 지켜보던 연암은 이것이 아주 좋은 기회이고 좋은 제목(題目)이라며 향후의 일을 혼자 상상하고 있다.

이런 때 사신이 만일 소장을 올린다면 그 의로운 명성이 천하에 떨치어서 나라를 크게 빛낼 터이지. 나는 또 스스로 묻기를, 군대를 낼 것인가? 이에 답하기를, 이것은 사신의 죄인데, 어찌 그 나라에 대고 노여움을 옮길 것인가? 그러나 사신은 멀리 진(滇, 운남)이나 검(黔, 귀주)로 귀양 가는 것을 막을 수는 없을 테지.

연암은 흥미롭게도 만일 그렇게 된다면 의리상 자기 혼자 고국으로 돌아

---

35) "軍機大臣奉皇旨來傳曰 西番聖僧欲往見乎 使臣對曰 皇上字小 視同內服 中國人士不嫌 往復 而至於他國人 不敢相通 自是小邦之法也" 朴趾源, 『熱河日記』, "太學留館錄".
36) 朴趾源, 『熱河日記』, 太學留館錄.

갈 수는 없으니(吾義不可獨還蜀), 서촉(西蜀)과 강남(江南)의 땅을 밟으며 자신의 구경이 난만(爛漫)해질 것이라고 마음속으로 기뻐했다고 기록한다.[37]

황제의 명을 흔쾌히 받들기 어려운 상황 속에서 조선사신단의 회의는 지속되었고, 출발 시간은 자꾸 지연된다. 연암은 당시의 상황을 다음과 같이 설명한다.

술을 마시고 들어가니 회의는 아직 결판이 나지 않았고, 예부에서는 재촉이 성화와 같다. 비록 뱃심 좋고 느긋하기로 이름난 명나라의 하원길(夏原吉)이라도, 허겁지겁 달려가 명을 받들지 않을 수 없는 형세이다. 말과 안장을 준비하는 사이에 절로 지연이 되어 날이 이미 기운다. 오후부터 날씨가 너무 뜨거웠다. 행재소(行在所)의 문을 지나 성 서북쪽의 길을 따라 갔다 반쯤 갔을 때 홀연히 황제의 칙서(勅書)가 왔다. "금일은 날이 이미 저물었으니, 사신은 돌아가서 다른 날을 기다리도록 하라"고 했다. 이에 서로 돌아보며 예상 밖의 일이라 놀라서 숙소로 되돌아갔다.[38]

방문을 멈추고 돌아가라는 명령을 받자, 사신들은 황제의 언짢은 기분을 근심하게 되었다. 예부에 가서 사정을 탐문하고 돌아온 통관(通官) 박보수(朴寶秀)가 황제가 "그 나라는 예를 아는데 사신만 예법을 모르는구나"라 말했다고 보고하니, 사신들의 걱정과 우려는 더 커졌다.

---

37) "是時使臣 若復呈一疏 則義聲動天下 大光國矣 又自語曰 加兵乎 曰 此使臣之罪也 豈可移怒於其國乎 使臣滇黔雲貴不可已也" 朴趾源, 『熱河日記』, "太學留館錄".

38) "飲酒而入 議猶未決 而禮部催督急於星火 雖夏原吉 勢將躡趨承 而整頓鞍馬之際 自致遲延 日已昃矣 自午後極熱 歷行在門 循城西北 行未及半程 忽有皇敕曰 今日則已晚矣 使臣須回去 以待他日 於是相顧愕然而還" 朴趾源, 『熱河日記』, "太學留館錄".

박보수와 통관들이 모두 가슴을 치고 눈물을 흘리며 "우리는 죽었네"라고 하나, 이는 통관 무리들이 잘하는 버릇이라고 한다. 비록 털끝만큼의 작은 일이라 해도 황제의 명령이라면 갑자기 죽겠다고 호들갑떨며 엄살을 하는데, 하물며 가던 길 중간에 돌아가라 함은 황제의 언짢음을 뜻함에랴. 게다가 예부에서 전하는 말 중 '예를 모른다(不知禮)'는 구절은 불평을 드러낸 말이니, 통관들이 가슴을 치며 눈물을 흘리는 것이 완전히 공갈로 그러는 건 아닐 것이나, 그 거조가 흉물스럽고 단정치 못해 사람들로 하여금 우스워서 뒤집어지게 한다. 우리나라 역관들도 두렵긴 할 테지만, 조금도 까딱하지 않았다.[39]

연암은 이들의 모습을 우스꽝스럽게 그리고 있지만, "완전히 공갈로 그러는 건 아닐 것"이라는 대목에서 나타나듯이 당시의 상황에 대해 조선사신단의 입장이 매우 난처하고 걱정스러웠음을 짐작할 수 있다. 이후 연암은 찰십륜포 편에서 판첸라마를 만난 상황에 대해 자세히 서술하고 있다. 군기대신은 조선사신단이 판첸라마를 만나기 전에, 사신들도 청 황제와 같이 머리를 조아려 절을 하는 것이 마땅하다고 언질을 주었다.

군기대신의 처음 말로는 황제도 머리를 조아리고 황제의 여섯 아들도 머리를 조아리며 부마도 머리를 조아리니, 지금 사신도 응당 가서 절하고 머리를 조아려야 한다고 했다.[40]

---

39) "寶樹及諸通官 皆搥胷涕泣曰 吾等死矣 此乃通官輩本習云 雖毫髮微細事 若係皇旨輒稱死煩寃 況此中路罷還 似出未安之意乎 又禮部所傳不知禮之旨 尤帶不平 則通官之搥胷涕泣 似非嚇喝 而其擧措凶悖 令人絶倒 我譯亦毛耗鄿見 毫無動焉" 朴趾源, 『熱河日記』, "太學留舘錄".

40) "軍機大臣初言 皇上也叩頭 皇六子也叩頭 和碩額駙也叩頭 今使臣當行拜叩" 朴趾源, 『熱河日記』, "札什倫布".

그러나 설사 황제가 머리를 조아려 절을 한다고 하더라도, 조선의 사신들이 판첸라마에게 절을 한다는 것은 납득할 수 없는 일이었다. 이 문제를 둘러싸고 판첸라마를 알현하기 이전에 이미 조선 사신은 청의 예부와 크게 다투게 된다.

사신은 아침에 이미 예부(禮部)와 다투어 말하기를, "머리를 조아리는 예는 천자의 뜰에서나 하는 것인데, 이제 어찌 천자에 대한 예법을 번승에게 쓰란 말이오"라며 항의하기를 그치지 않았더니, 예부에서 말하기를, "황제도 그를 스승의 예로 대우하는데, 사신이 황제의 조칙을 받들었으니 같은 예로 대우하는 것이 마땅하다" 했다. 사신은 가고 싶지 않아 꼼짝도 아니하고 완강하게 버티니, 굳이 서서 다투니, 상서 덕보는 분노하여 모자를 벗어 땅에 던지고, 방바닥 위에 몸을 던져 벌렁 누워서는, 큰 소리로 "빨리 나가시오, 빨리 나가" 하고는 사신에게 나가라고 손으로 휘저은 일이 있었다.[41]

이처럼 판첸라마를 만나기 전부터 조선사신단은 상당한 고민을 하고 있었으며, 판첸라마를 만나야 옳은지와 만나면 어떤 예법을 갖출 것인가를 둘러싸고 예부와 갈등을 표출했다.

조선사신단이 판첸라마를 만난 것은 8월 11일이었다. 당일 이른 아침, 상서(尙書) 덕보(德保)가 사신에게 와서 황제의 명이 내일은 응당 있을 것이며 오늘도 없다고 장담할 수 없으니 예부의 대기실에서 기다릴 것을 청한다. 연암이 성 밖 근처를 유람 후 왕곡정을 방문해 강희제와 건륭제의

---

41) "使臣朝旣 爭之禮部曰 拜叩之禮 行之天子之庭 今奈何以敬天子之禮 施之番僧乎 爭言不已 禮部曰 皇上遇之以師禮 使臣奉皇詔 禮宜如之 使臣不肯去 堅立爭甚力 尙書德保怒脫帽擲地 投身仰臥炕上 高聲曰 亟去亟去 手麾使臣出" 朴趾源,『熱河日記』,"札什倫布".

위대함을 찬양하는 『구정시집(毬亭詩集)』을 보고 있을 때, 창대(昌大)가 와서 조금 전 황제가 사신을 불러서 만나고 또 활불을 만나볼 것을 명했다고 전한다. 연암은 이때부터 밥을 재촉해 먹고 궁궐에 들어가 사신을 찾았으나 사신은 이미 판첸라마의 처소로 떠났음을 전해 듣는다. 즉시 연암은 궐문을 빠져나와 사신들을 좇아가는데, "마음은 바쁘고 생각은 조급하여 말에 수도 없이 채찍을 치지만 오히려 더딘 것 같다"고 당시의 심정을 언급한다.[42] 마침 사신과 역관이 궁궐에서 곧바로 나오는 길이라 연암은 판첸라마를 만나러 가는 일행에 합류할 수 있었다. 연암은 "황제가 내무관(內務官)을 보내어 조서를 전달하도록 하는데, 무늬 있는 옥색 비단(玉色綾緞) 한 필을 갖고 가서 판첸라마를 만나라는 것이다. 내무관이 손수 비단을 세 단으로 잘라 사신에게 주었다"고 기록한다.[43] 조선사신단은 황제가 판첸라마를 위해 특별히 지은 찰십륜포에 머무르고 있는 그의 앞으로 나아가 '합달(哈達)'이라는 비단을 바친다. 이 현장에서 판첸라마에게 절을 하는 문제를 둘러싸고 조선사신단과 군기대신 사이에서 갈등이 생긴다.

지금 군기대신이 무슨 말을 하는데 사신은 못 들은 척했다. 제독(提督)이 사신을 인도하여 판첸라마 앞에 이르자, 군기대신이 두 손으로 비단을 받들고 서서 사신에게 건네준다. 사신은 비단을 받아서 머리를 들고 판첸라마에게 주니, 판첸라마는 앉은 채로 비단을 받으면서 조금도 몸을 움직이지 않았으며, [받은] 비단을 무릎 앞에 놓으니 비단이 탁자 아래로 드리워졌다. 차례대로 비단을 다 받고서는 다시 군기대신에게 주니, 군기대신은 받들고 판첸라마의 오른쪽에 모시고 섰다.[44]

---

42) 朴趾源, 『熱河日記』, "太學留館錄". "心忙意促 而馬百鞭猶遲".

43) "皇帝使內務官 詔傳玉色綾緞一匹 執見班禪 內務官手自分截三段 給與使臣" 朴趾源, 『熱河日記』, "札什倫布".

연암은 조선 사신이 머리를 조아리지 않고 꼿꼿이 든 채로 판첸라마에게 비단을 바친 모습을 묘사하고 있다. 이어 사신이 물러나려고 하자 청의 군기대신은 눈짓을 통해서 판첸라마를 향해 절을 할 것을 요구했으나, 사신은 미처 눈치채지 못하고 절을 하지 않고서 자리로 돌아와 몽골왕 다음에 앉아버린다.

사신이 차례대로 돌아나가려고 하자 군기대신이 오림포(烏林哺)에게 눈짓을 하여 사신을 중지시켰다. 이는 사신에게 절을 하라고 하는 것이었으나 사신은 알지 못하고 멈칫멈칫 뒷걸음을 치며 물러나 검은 비단에 수를 놓은 깔개에 앉았는데, 이는 몽고왕의 아랫자리였다. 앉을 때 약간 몸을 구부리고 소매를 들고는 이내 앉아버렸다. 군기대신의 얼굴빛이 당황한 듯 보였으나 사신이 이미 앉고 말았으니 또한 어쩔 수 없는지라 마치 못 본 체했다.[45]

앉을 때 약간 몸을 구부리고 소매를 들어서는 이내 앉아버렸다는 설명은 당시 상황에서 조선 사신이 자리에 앉는 순간까지도 그 상황에서 어떻게 처신해야 할지 갈등하고 있었다는 것이다. 그리고 조선 사신의 행동에 청의 군기대신 역시 당황했음을 연암의 서술을 통해 알 수 있다. 조선 사신이 자리에 앉은 후, 제독을 비롯한 청의 관리는 모두 다 판첸라마에게 머리를 조아리며 절을 했다.[46]

---

44) "今軍機有言 而使臣若不聞也 提督引使臣至班禪前 軍機雙手擎帕 立授使臣 使臣受帕 仰首授班禪 班禪坐受帕 略不動身 置帕膝前 帕垂榻下 以次盡受帕 則還授帕軍機 軍機 奉帕立侍于右" 朴趾源, 『熱河日記』, "札什倫布".

45) "使臣方以次還出 軍機目烏林哺止使臣 盖使其爲禮 而使臣未曉也 因逡巡卻步 退坐黑緞 繡網 次蒙古王下 坐時微俯躬擧袂仍坐 軍機色皇遽 而使臣業已坐 則亦無如之何 若不見 也" 朴趾源, 『熱河日記』, "札什倫布".

이어서 판첸라마는 차를 몇 순배 돌린 후, 소리를 내어 조선 사신이 온 이유를 물었다. 판첸라마의 말은 라마, 몽골왕, 군기대신, 오림포, 사신 통역관의 5중 통역을 거쳤다.[47] 이후, 수십 명의 라마가 붉은 양탄자, 서장의 향과 작은 구리 불상 등을 메고 와서 차등에 따라 나누어주었고, 군기대신은 받들고 있던 비단으로 불상을 쌌다. 사신은 차례대로 일어나 나가고, 군기대신은 하사한 물품을 열어 보고는 물목을 기록해 황제에게 보고하려고 말을 타고 떠났다.

당시 조선 사신이 판첸라마를 만나게 한 황제의 의도를 어떻게 인식하고 있었는가는 연암의 『열하일기』에 나타나지 않는다. 그러나 연암의 연행 후에 떠난 동지사(冬至使) 서장관 윤장렬(尹長烈)과 수역 유담(柳湛)의 문견별단에는 "1780년 가을에 황제가 열하에서 번승과 이야기를 나누다가 조선의 예의와 인물 및 의관을 칭찬했다"며, "청 황제가 조선 사신에게 활불을 만나도록 한 것이 번승에게 과시하려는 의도에서 나온 일이었다"고 기록되어 있다.

판첸라마를 맞이해 올 때에 그를 따라온 무리가 무려 수천 명이나 되었으며, 작년 가을에 황제가 열하에 있을 때 번승과 얘기하다가 외국의 일을 언급하였는데, 황제가 조선이 예의를 숭상하고 인물과 의관도 볼 만하다고 매우 칭찬하였다. 진하사행이 때마침 그때에 연경에 도착하였으므로 우리 사신으로 하여금 나아가서 보게 하였는데, 이는 번승에게 과시하려는 의도에서 나온 일이었다.[48]

---

46) 朴趾源, 『熱河日記』, "札什倫布"; 한편 판첸라마 전기에는 그가 조선 사신에게 마정가지(摩頂加持)를 행했다고 기록되어 있다. 『판첸전기(중)』, 1780년 8월 11일.

47) 판첸라마 전기에는 대신(大臣) 한 명이 통역을 했다는 기록만 남아 있다. 『판첸전기(중)』, 1780년 8월 11일.

건륭제의 70세 만수절 축하연이 열린 열하에서 청조와 사대자소의 관계인 조선의 사신과 청조의 회유원인책의 대상인 티베트의 판첸라마는 역사적 만남을 맞이하게 된다. 건륭제는 몽골을 포함한 내부 아시아를 성공적으로 다스리기 위한 중요한 방편으로 티베트를 적극적으로 회유하기 위해서 조선 사신에게 판첸라마에게 정중한 예를 갖추도록 명한 것이다. 주자학 국가인 조선의 사신은 불교 국가의 2인자인 판첸라마에게 조금 구부리고 몸을 일으켰다가(微俯躬擧) 얼른 앉아버려서 난처함을 벗어나려고 하고 있다. 연암은 이 장면을 대단히 소상하고 실감나게 전하고 있으나 대조적으로 청이나 티베트의 기록은 이 장면을 자세히 적지 않고 있다. 건륭제의 주선으로 이루어진 조선 사신과 티베트 사신의 만남은 18세기 청대 복합 천하질서의 진면목을 보여주는 대표적 장면이었다.

4. 판첸라마와의 만남과 불상 선물 논란

판첸라마를 만난 후 조선 사신은 만남에서의 처신과 판첸라마가 준 불상 선물의 처리에 대해 내부적으로 고민했고, 동시에 청 예부와 건륭제에게 올린 조선사신에 관한 보고에 대해 논쟁을 했다. 연암에 따르면, 조선 사신단은 찰십륜포를 나와 오륙십 보쯤 가서 깎아지른 절벽을 등지고 소나무 그늘이 있는 모래 위에 둘러앉아 밥을 먹으며 논의를 시작했다.

---

48) "蕃僧額爾德呢之迎來也 其徒之隨至者 無慮數千人是如爲白乎旀 昨年秋皇帝在熱河時 與蕃僧語及外國事 皇帝盛稱朝鮮敦尙禮義 人物衣冠 亦有可觀 而進賀使行 適以其時到 燕 故使我使就見者 蓋出於誇示蕃僧之意"『日省錄』, 正祖五年(1781) 三月二日(출처: 한국고전번역원 데이터베이스).

우리가 번승을 만나보는 예법이 자못 소홀하고 거만하여 예부에서 지도하는 것과 어긋났네. 그가 바로 천자의 스승인지라, 이해득실이 생길 일이 없다고 할 수 있겠는가? 그가 주는 물건을 물리치고 받지 않으려니 불공하다고 여길 것이고, 받자니 또 명분이 없으니, 장차 어찌 하란 말인가?[49]

연암은 "판첸라마와의 만남과 선물을 받은 일이 순식간에 벌어졌고 5중 통역을 통했기 때문에, 조선 사신이 제대로 대응할 수 없었다"고 쓰고 있다.

당시의 일이 창졸간에 벌어진 터라 받고 사양하는 것이 마땅한지 아닌지를 따질 겨를도 없었고, 무릇 황제의 조서와 관계된 일인데다가 저들의 거행도 후다닥 해치워 마치 유성과 번갯불처럼 빠르게 진행되었기 때문에 우리 사신이 나아가고 물러나고 앉고 서는 것이 단지 저들의 지시에만 따를 뿐이어서 흙으로 빚은 인형이나 나무로 깎은 허수아비나 마찬가지였다. 또 중역(重譯)을 해서 피차의 통역관이 도리어 귀머거리와 벙어리가 되어, 마치 벌판을 가다가 괴상한 귀신을 갑자기 만난듯 어떤 상황인지 헤아릴 수도 없었다. 사신이 비록 교묘한 말과 우아한 행동이 있었다 하더라도 장황하게 늘어놓을 수 없었고 저들도 역시 상세하게 할 수 없었기 때문에 형세가 그렇게 된 것이다. [50]

---

49) "吾輩見番僧 禮殊踈倨 違禮部指導 彼乃萬乘師也 得無有生得失乎 彼所給與物 却之不恭 受又無名 將柰何" 朴趾源, 『熱河日記』, "札什倫布".

50) "當時事 旣倉卒辭受當否 未暇計較 而凡係皇帝詔旨 彼所擧行爀燡 倏忽如飛星流電 我使進退坐立 只憑彼導 已類土塑木偶 且又重譯 彼此通官 反成聾啞 如行曠野 猝遌奇鬼 莫測何狀 使臣雖有鈔辭嫺令 無所張皇 而彼亦所未能詳 固其勢然也" 朴趾源, 『熱河日記』, "札什倫布".

조선 사신들은 원치 않게 판첸라마를 만나고 불상을 선물로 받은 것이 조선에 돌아가 문제가 될 것을 걱정했다. 정사(正使)는 당시 묵고 있는 곳이 태학관이니 불상을 가지고 들어갈 수 없다며 역관들에게 불상을 놓아둘 곳을 찾아보라고 지시했다.

그러나 사신은 불상을 미처 처치하지 못해 자리를 파하고 돌아가지도 못하고 모두 묵묵히 앉아 있었다. 판첸라마가 준 구리 불상은 우리 사신을 위해 먼 길을 무사히 가도록 빌어주는 폐백이지만 "오동(吾東)에서는 한 번이라도 부처에 관계되면 반드시 평생 누가 되는데, 하물며 이것을 준 사람이 바로 번승임에랴"라며 우려한다.[51] 결국 당일 판첸라마로부터 받은 불상을 어디에 두었는가는 확인할 수 없다. 다만 연암의 설명에 따르면, "사신은 후일 북경으로 돌아와서 판첸라마에게서 폐백으로 받은 물건을 모두 역관들에게 주었다고 한다. 그러나 역관들도 이를 똥이나 오줌처럼 더럽게 여겨 은자 90냥에 팔아 마두배(馬頭輩)들에게 나눠주었고, 그 은자로는 술 한 잔도 사서 마시지 않았다"고 한다.[52] 이에 대해 연암은 결백하다면 결백하다고 할 것이나, 다른 풍속으로 본다면 고루한 시골티(鄕闇)를 면치 못한 것이라고 덧붙인다.

그런데 조선 사신이 찰십륜포에서 판첸라마를 만나고 돌아온 당일, 조선 사신이 올린 글을 청의 예부가 마음대로 고쳐 황제에게 보고하는 일이 발생한다. 예부는 황제에게 "조선 사신이 판첸라마에게 절하고 뵙고 애기를 나눴으며 구리 불상 등의 선물을 받고 머리를 조아렸다"는 글을 올렸다.

---

51) "今此銅佛 乃法王所以爲我使祈祝行李之上幣也 然而吾東一事涉佛 必爲終身之累 況此 所授者 乃番僧乎" 朴趾源, 『熱河日記』, "行在雜錄".

52) "使臣旣還北京 以其幣物盡給譯官 諸譯亦視同糞穢 若將浼焉 售銀九十兩 散之一行馬頭 輩 而不以此銀 沽飮一盃酒 潔則潔矣 以他俗視之 則未免鄕闇" 朴趾源, 『熱河日記』, "行在雜錄".

이달 12일 신(臣)들은 어명을 받들어 회동이번원(會同理藩院) 사원(司員)들을 파견하여 조선 사신 정사 박과 부사 정, 서장관 조 등을 데리고 찰십륜포에 이르러 판첸라마를 뵙고 예를 행하였습니다. 예를 행한 후에, [판첸라마가] 앉아 차를 마시게 하고, 조선까지 거리와 입공(入貢) 이유를 물었는데 …… 사신에게 구리 불상(銅佛), 서장향(藏香), 융단을 주니, 사신들은 즉시 머리를 조아려 사례했습니다.[53]

이러한 예부의 글에 대해 연암은 "조선 사신이 판첸라마에게 절하고 뵈었다거나 판첸라마의 선물을 받으면서 머리를 조아려 사례했다는 것은 모두 거짓말"이라고 지적한다.[54] 8월 15일, 조선사신단은 북경으로 돌아가기에 앞서 예부가 글을 몰래 고친 일을 따지기 위해 다시 글을 올린다. 예부의 행동이 당장에도 해괴한 일일 뿐만 아니라, 지금 바로잡지 않으면 장차 큰 폐단이 될 수 있다고 생각했기 때문이다. 연암은 이 사건에 대한 예부의 변명을 다음과 같이 기록한다.

제독은 크게 두려워했는데, 대개 덕상서(德尙書)에게 먼저 통지했기 때문이다. 상서 등이 크게 두려워하여 우리 사신을 협박하며, '이 일의 허물을 장차 예부에 넘기려고 하는가? 예부가 죄를 얻는다면 사신이라고 무사하겠는가? 다만 너희가 황제께 아뢰어 달라며 올린 글은 사연이 모호하여 감사를 표한 실상이 전혀 없으니, 내 실로 너희를 위해 온전하게 갖추어 진실로 전달해서 그 영광스럽고 감격한 뜻을 펴주었는데,

---

53) "本月十二日 臣等遵旨派員 會同理藩院司員等帶領朝鮮使臣正使朴副使鄭書狀官趙等 前詣札什倫布 拜見額爾德尼 行禮後 令坐吃茶 詢問該國遠近 幷入貢緣由 …… (중략) …… 仍給以使臣銅佛藏香贍等 該使等當卽叩謝" 朴趾源, 『熱河日記』, "行在雜錄".
54) 朴趾源, 『熱河日記』, "行在雜錄".

이제 와서 도리어 이렇게 나오니, 제독의 죄가 더욱 엄중하다'라고 하고는 올린 글을 아예 뜯어 보지도 않고 물리쳤다.[55]

조선 사신은 제독을 불러 예부의 이야기를 상세히 물었으나, 그가 장황한 말을 해서 알아들을 수 없었다. 또한, 예부에서는 사람을 보내 조선 사신이 출발한 시각을 즉시 황제에게 아뢰어야 한다며 출발을 종용한다. 연암은 "예부가 이렇게 재촉하는 까닭은 다시 글을 못 올리게 훼방을 놓으려는 수작"이라고 말했다.[56] 연암은 "황제가 사신에게 특별한 은혜를 베푸는 일이 있으면 예부가 정문(呈文)을 올릴 것을 다그치고 명령한다"며, "이는 사신의 의분(義分)에 달려 있고 사례를 할 것인지 말 것인지는 사신의 자유"라고 말한다. 심지어 "사신에게 물어보지도 않고 몰래 글귀를 고쳐 일시적으로 황제를 기쁘게 할 거리만 필요로 함으로써, 황제를 속이는 죄를 범하고 외국의 멸시(外國之侮)를 달게 받고 있다"고 말한다.[57]

연암은 판첸라마를 방문해야 했던 조선 사신의 불만스러운 속마음을 다음과 같이 쓰고 있다.

사신은 비록 황제의 명령 때문에 억지로 나아가 [판첸라마를] 보았으나 마음속으로 불평을 품었으며, 당번 역관들은 오히려 무슨 일이나 나지 않을까 급급히 미봉(彌縫)하는 것을 다행으로 알았고, 하인들은 마음속으로 번승(番僧)의 목을 베고 뱃속으로는 황제를 비방했다. 만방의 공

---

55) "則提督大懼 盖已先通於德尙書矣 尙書等大爲恐脅曰 是將委罪於禮部耶 禮部獲罪 使臣亦安得但已 爾們所請轉奏呈文 辭旨糊塗 全沒叩謝之實 吾爲爾們備爲周全 據實暢陳 以伸榮感之意 而乃反如此 提督之罪尤重 初不坼視呈文而卻之" 朴趾源, 『熱河日記』, "還燕道中錄".

56) 朴趾源, 『熱河日記』, "還燕道中錄".

57) 朴趾源, 『熱河日記』, "行在雜錄".

통 군주로서 한 가지 행동조차도 신중하게 하지 않으면 안 된다.[58]

연암은 "판첸라마를 방문했을 때 상판사(上判事) 조달동(趙達東)이 일어나 팔을 휘두르며 '만고에 흉한 사람이로군. 반드시 좋게 죽을 리 없을 거야'라고 말해서 자신이 [말리는] 눈짓을 보냈다"고 언급한다. 조선 사신은 라마에게 예를 갖추는 것에 강한 반감을 갖고 있었다. 그러나 '황제의 스승'인 라마에 예를 갖추지 않는 것이 청 황실에 대한 불충으로 보일까 우려했다. 이러한 조선 사신의 우려는 판첸라마를 만나고 온 다음 날 여천(麗川)을 비롯한 청인들과의 대화에도 나타나고 있다.

"조선의 사신께서는 무슨 까닭으로 활불을 흔쾌히 만나보려고 하지 않았는지요?"라고 묻기에 내가, "사신은 황제의 조서를 받들고 만나러 갔습니다"라고 하니 여천은, "사신이 말에서 내려 길 가운데 앉아 가지 않으려다 당일에 오지 말라는 황제의 조서 때문에 그만두었다고 하던데, 무엇 때문에 시간을 끌었답니까?"라고 묻는다. 그 말로 보아 자못 무슨 관계가 있는 듯하고, 실제 사정을 후비고 염탐하는 것 같아서 즉시 대답을 하지는 않았다.[59]

연암은 이러한 여천의 질문에 "통관이 군기대신을 기다렸다 함께 가는 것이 옳다고 해서 더위를 피하고 있었던 것이며, 잠시 후 황제의 조서가 내려와 중도에 되돌아온 것이지 고의로 시간을 끈 것은 아니었다"고 응답

---

58) "使臣雖勉强就見 內懷不平 任譯則猶恐生事 以急急彌縫爲幸 下隸則莫不心誅番僧 腹誹皇帝 爲萬邦共主 弗可不愼其一擧措也" 朴趾源, 『熱河日記』, "太學留舘錄".
59) "使臣不肯見佛何也 余曰 使臣奉詔往也 麗川曰 使臣下馬坐路中不肯去 因詔賜罷 何故遲遲 其言頗有關係 類欲鉤探情實 故未及遽對" 朴趾源, 『熱河日記』, "黃敎問答".

한다.[60] 이에 대해 여천은 "조선 사신은 거의 규탄 받을 뻔했고, 예부의 여러 대인은 그 때문에 마음이 두근거리고 끙끙 앓아서 식사도 폐했다"고 말하고 있다.[61] 예부도 조선 사신의 고집스러운 행동이 황제를 노하게 할까 봐 매우 우려했음을 알 수 있다. 여천은 어제 다시 황제의 은지(恩旨)를 받들었으니 이는 세상에 없는 성전(盛典)이라며 "고려는 마땅히 사대하는 정성(事大之誠)을 더욱 굳게 해야 할 것"이라고 말한다.[62] 연암은 "판첸라마가 서번 사람이기 때문에 갑자기 만날 수 없었다"며, "그것이 청 황실의 신하로서 함부로 외교를 하지 않는다는 원칙 때문"이라고 강조한다. "판첸라마를 만난 것 또한 황제의 조서를 몇 차례 받게 되니 어쩔 수 없었다"고 말한다.

> 우리나라가 대국을 한집안처럼 섬기고 있으며, 지금 나와 공(公)은 안팎의 구별도 이미 없지만, 법왕에 대해서는 좀 다릅니다. 그는 서번 사람이고 보니, 사신이 감히 어떻게 갑자기 상면하겠습니까? 이는 진실로 인신(人臣)으로서는 [사사로이] 외교를 하지 않는다는 뜻입니다. 그러나 여러 번 성상(聖上)의 조서를 받들고 보니 사신이 또한 어찌 감히 가보지 않을 수 있겠습니까?[63]

---

60) 朴趾源, "余曰 道中下馬 非不肯去也 通官言軍機大臣 當來可俟偕往 故蔽宮城樹陰 下馬避暑 所以遲待軍機之來也 俄有詔旨 故中道罷還 非故自遲遲也"『熱河日記』, "黃敎問答".

61) "使臣幾被糾 參禮部諸大人 以此悸憿廢食" 朴趾源, 『熱河日記』, "黃敎問答".

62) "昨日更奉皇上恩旨 此曠世盛典也 高麗當益堅事大之誠" 朴趾源, 『熱河日記』, "黃敎問答".

63) "弊邦之於大國 事同一家 今吾與公 旣無內外之別 而至於法王 係是西番之人 則使臣安敢造次相見乎 此固人臣無外交之義也 然屢奉聖詔 則使臣亦安敢不往見乎" 朴趾源, 『熱河日記』, "黃敎問答".

여천이 사신이 활불에게 절을 한 것인지 황제의 조서에 절을 한 것인지 묻자, 연암은 "사실 사신은 활불에게 절한 적이 없는데, 그가 캐묻는 말이 심각한 문제로 변했기 때문에 절을 하지 않았다고 감히 분명하게 말할 수 없어 붓을 잡고 주저했다"고 기록한다.[64] 이처럼 청에서 판첸라마를 만나 조선 사신이 행했던 예와 태도에 관해 외부에 구체적으로 밝히는 것은 매우 조심스러운 일이었다. 훗날 『홍재전서(弘齋全書)』에 실린 정사 박명원(朴明源)의 신도비명(神道碑銘)에는 "그가 열하에서 판첸라마를 만났을 때 예부로부터 절을 할 것을 강요받았지만 조금도 흔들림 없이 거부했다"는 기록이 담겨 있다.

병서(幷序) 경술년(1790년) 열하에 이르자 예부가 공을 강요하여 번승에게 절을 하도록 했는데, 공은 그때도 꼼짝 않고 서서 말하기를, 신하 된 자는 달리 사귀는 법이 없는 것인데, 내 어찌 그에게 무릎을 굽힐 것인가, 하고는 그들이 아무리 무슨 말을 해도 끝까지 동요하지 않았다.[65]

당시 적어도 명분상으로는 여전히 북학이 아닌 북벌의 분위기가 주도하고 있는 조선의 독특한 분위기에서, 연암은 유교와 불교에 대한 인식을 잘 드러내고 있다. "조선에도 옛날에 신통한 승려가 있었느냐"는 질문을 받자, "조선의 풍속에서는 이단의 학문을 숭상하지 않는다"고 대답한다.

우리나라가 비록 바다 한 귀퉁이에 있지만 풍속은 유교를 숭상하여

---

64) "使臣實未嘗拜佛 而所詰轉深 故不敢明言不拜 把筆趑趄" 朴趾源, 『熱河日記』, "黃敎問答".

65) "至熱河 禮部強要公頂拜番僧 公凝立不動曰 人臣無外交 吾肯屈膝於彼耶 雖嘖言交沓 而終不撓" 「碑」, "錦城尉朴明源神道碑銘", 『弘齋全書』 卷十五.

고금왕래에 큰 선비와 석학들이 없었던 적은 없습니다. 그런데 지금 선생이 묻는 것은 이것이 아니고 도리어 신승(神僧)에 대해 물으시는군요. 우리나라의 풍속이 이단(異端)의 학문을 숭상하지 않아 신승이 없어서, 굳이 답변하고 싶지도 않습니다.[66]

그는 천자도 능히 거처할 수 없는 황금 지붕으로 된 집에 거처하고 있는 판첸라마에 관해 수차례 의문을 제기한다.

혹자는 말한다. 원명(元明) 이래 과거 당나라 때의 토번(吐蕃)의 난(亂)을 경계하여, 판첸라마가 오기만 하면 곧 그들을 봉해줌으로써 그들 세력을 분산시키고, 그들에게 군신지례(君臣之禮)를 요구하지 않고 대우했으니, 역시 유독 지금에만 그런 것이 아니다.[67]

이처럼 연암은 중국이 라마와 티베트 불교의 지위를 인정함으로써 그들의 세력을 분산시키려고 한다는 정치적 목적을 전해 듣고 있었다. 그러나 건륭제의 만수절을 본 연암은 황제들이 티베트 불교를 숭앙하는 것이 단순히 세력 분산이라는 의도를 넘어선 양상을 보이고 있음을 지적하며, "초기의 취지가 이제는 판첸라마를 높이는 것으로 변해버렸다"고 말한다.

그러나 이것은 그런 것이 아니다. 당시는 천하가 처음으로 평정된

---

66) "敝邦雖在海隅 俗尙儒敎 往古來今 固不乏鴻儒碩學 而今先生之問 不及於此 乃反神僧之
　　是詢 弊邦俗不尙異端之學 則固無神僧 在固不願對也" 朴趾源, 『熱河日記』, "黃敎問答".
67) "或曰 自元明以來 懲唐吐蕃之亂 有來輒封 使分其勢 其待之以不臣之禮者 亦不獨今時
　　爲然也" 朴趾源, 『熱河日記』, "班禪始末".

때라 그 취지가 여기에서 나오지 않은 건 아니겠지만, 원(元)에서 제사
(帝師)에게 황천지하일인지상선문대성지덕진지(皇天之下一人之上宣文
大聖至德眞智)라는 호(號)를 내렸으니, 일인(一人)이란 천자를 가리키
는 말이니, 천자란 만방에서 함께 임금으로 받드는 대상이다. 천하에
어찌 다시 천자보다 높은 자가 있겠는가? 선문대성지덕진지(宣文大聖
至德眞智)는 공자를 가리킨 말이다. 사람이 생겨난 이래로 어찌 공자보
다 더 어진 이가 있단 말인가?[68]

그는 "청조가 유교 관념과 질서를 해치며 국가 기강을 세우는 것이 잘
못되었다"고 비판한다.

원 세조(世祖)는 사막에서 일어났으니 이상할 것도 없지만, 명 초(明
初)에 황제가 서번의 승려를 먼저 방문하여 왕자들의 스승으로 삼고 널
리 서번의 승려를 초빙하여 높이 예우했는데, 그것이 중국을 비천하게
하고, 지존(至尊)을 깎고, 선성(先聖)을 욕뵈며, 참 스승인 공자를 억누
른다는 사실조차 스스로 깨닫지 못했다.[69]

조선 사신의 판첸라마와의 면담 이후 불어닥친 불상 선물 처리 문제와
만남의 처신 문제에 관한 논란은 작은 여파가 아니라 형식상으로 전형적
인 사대자소의 관계를 맺고 있는 조청 관계가 내용상 직면하고 있는 어려
움을 잘 보여주고 있다. 18세기 중반 조선은 명청이 교체한 지 한 세기가

---

68) "此非然也 當時天下初定 意未嘗不出於此 然元之號帝師曰皇天之下一人之上宣文大聖
至德眞智 一人者 天子也 爲萬邦共主 天下豈有復尊於天子者哉 宣文大聖至德眞智 孔子
也 自生民以來 豈有復尊於夫子者哉" 朴趾源, 『熱河日記』, "班禪始末".

69) "世祖起自沙漠 無足怪者 皇明之初 首訪異僧 分師諸子 廣招西番尊禮之 自不覺其卑中
國而貶至尊 醜先聖而抑眞師" 朴趾源, 『熱河日記』, "班禪始末".

지났으나 여전히 숭명멸청을 기반으로 하는 소중화적 분위기를 유지하고 있는 속에 주자학 이후의 청과는 달리 주자학적 전통을 강하게 지키고 있었다. 이러한 분위기 속에서 『열하일기』를 통해 명분적으로는 명을, 실리적으로는 청을 동시에 중시하는 복합론적인 북학론을 조심스럽게 주장하는 연암은 불교 국가인 티베트의 판첸라마의 만남과 선물을 둘러싼 국내와 청과의 논란을 조심스럽게 정리하고 있다.

연암은 『열하일기』에 포함되어 있는 「허생전」에서 복합론적 북학론을 강조하고 있다.[70] 18세기 초 서울의 변부자가 북벌론을 고민하던 어영대장이자 친구 이완을 허생에게 데리고 온다. 허생은 첫 번째로, 지식 외교를 위해 와룡선생 같은 지략가를 천거하면 임금에게 아뢰어 삼고초려하게 할 수 있겠느냐고 묻는다. 이완이 어렵다고 하자 두 번째로, 종실의 딸들을 명나라가 망한 후 조선으로 넘어온 명나라 장졸들에게 시집보내고 훈척 권귀들의 집을 빼앗아 그들에게 나누어 주어 네트워크를 만들 수 있느냐고 묻는다. 그것도 어렵다고 하자 마지막 계책으로 청나라를 치고 싶으면 우선 적을 알아야 하니 나라 안의 자녀를 가려 뽑아 변복, 변발시켜 대거 중국으로 유학 보내서 벼슬할 수 있도록 만들고, 또 서민은 중국에 건너가서 장사를 할 수 있게 청의 승낙을 받아 지식인과 장사꾼이 국경을 자유롭게 넘나들면서 중국을 제대로 파악한 다음 청의 중심 세력과 유대 관계를 긴밀하게 구축해서 사실상 천하를 호령하거나 최소한 대국의 위치를 유지하라고 한다. 이완은 그것도 현실적으로 어렵다고 대답했다. 그러자 허생이 대노하면서 이완을 쫓아 보냈다. 허생은 당시 현실적인 역학 관계를 고려해서 북벌론을 비현실적으로 보고 현실적 대안으로서 소프트 파워 네트워크 외교론인 북학론을 제시한 것이었다.

---

70) 朴趾源, 『熱河日記』, "玉匣夜話"; 하영선, 「1강. 연암 박지원의 중국 바로보기」, 『역사 속의 젊은 그들: 18세기 북학파에서 21세기 복합파까지』.

5. 맺음말

1780년 열하에서 벌어진 건륭제 만수절의 국제정치적 만남은 건륭제로 대표되는 청 황실, 예부로 대표되는 중국 관료, 판첸라마로 대표되는 티베트 세력, 그리고 연행사신으로 대표되는 조선의 다양한 정치적 관념과 이해가 얽힌 18세기 복합 세계질서의 진면목을 제대로 보여주고 있다. 소중화적 자존심으로 주자학적 전통을 강하게 지키려는 조선은 건륭제와 판첸라마의 회유원인적 만남을 보면서 당황했고, 판첸라마에게 황제에 준하는 예를 지키라는 천자의 명을 거스르기도 어려우면서도 티베트 불교에 본격적 예를 갖출 수는 없었다. 동시에 조선 사신은 판첸라마의 만남 예법과 불상 선물 문제를 둘러싸고 내부적으로 그리고 청과 논란을 벌이게 된다.

연암의 『열하일기』는 청 제국질서 속 주인공들의 만남을 복합적으로 조명하고 있다. 연암은 대단히 날카로운 관찰력으로 당시 무대를 기록하고 주인공들의 속마음을 정확하게 읽어내고 있다. 연암의 이러한 안목은 그 이후 청의 세계질서에 대한 조선인들의 이해에 커다란 영향을 미친다.[71] 연암의 청대 복합 세계질서에 대한 분석과 이해는 당대뿐만 아니라 오늘의 시점에서도 가장 깊이 있는 노력이었으며 미래의 시점에서도 가장 절실한 '중국 바로 읽기'의 선구적 작업이었다. 동시에 연암은 당시의 소박한 북벌론이나 북학론 대신에 소프트 파워 네트워크 외교론인 복합적 북학론을 제시함으로써 오늘날 가장 절실한 '중국 바로 품기'의 대안을 제시하고 있다.

---

71) 대표적인 예로 서유문(徐有聞)의 1798~1799년 연행 기록. 徐有聞, 「戊午燕行錄」, 『燕行錄選集』(서울: 大東文化硏究院, 1960).

참고문헌

1차 사료

朴趾源 著. 『熱河日記』. 朴榮喆 編. 1932. 『燕巖集』. 京城. 국립중앙도서관장본(한46-가 1145). 한국고전번역원 데이터베이스. 단국대학교 동양학연구원 엮음. 2012. 『연민문고소장 연암박지원작품필사본 총서 01~20』. 서울: 문예원.

中國第一歷史檔案館·中國藏學研究中心 공편. 1996. 『六世班禪朝覲檔案選編』. 北京: 中國藏學出版社.

貢覺晉美旺布. 2002. 『六世班禪白丹益喜傳』. 北京: 中國藏學出版社(『판첸전기(티베트)』).

嘉木央·久麥旺波 저. 1990. 『六世班禪洛桑巴丹益希傳』. 許得存·卓永强 옮김. 拉薩: 西藏人民出版社(『판첸전기(중)』).

土觀·洛桑卻吉尼瑪 저. 『章嘉國師若必多吉傳』. 陳慶英·馬連龍 옮김. 北京: 中國藏學出版社. 2007(『창가』).

『朝鮮王朝實錄』. 국사편찬위원회 한국사데이터베이스.

『承政院日記』. 국사편찬위원회 한국사데이터베이스.

『日省錄』. 한국고전번역원 데이터베이스.

『大淸高宗純皇帝實錄』.

『欽定熱河志』.

『弘齋全書』 卷十五. 「碑」.

기타 자료

구범진. 2013. 「1780년 열하의 칠순 만수절과 건륭의 '제국'」. ≪명청사연구≫, 40.

_____. 2013. 「조선의 건륭칠순 진하특사와 「열하일기」」. ≪인문논총≫, 제70집.

서유문(徐有聞). 1960. 『燕行錄選集』. 서울: 大東文化研究院.

차혜원. 2010. 「열하사절단이 체험한 18세기 말의 국제질서」. ≪역사비평≫, 93호.

하영선. 2011. 『역사 속의 젊은 그들: 18세기 북학파에서 21세기 복합파까지』. 서울: 을유문화사.

葛兆光. 2014. 『想象異域: 讀李朝朝鮮漢文燕行文獻劄記』. 北京: 中华书局.

姜東局. 2012. 「清と朝鮮の關係における圈域の分離と統合: 朝鮮使節ととパンチェン・ラマの(一七八〇)邂逅を事例に」. ≪名古屋大學法政論集≫, Vol.245.

邱瑞中. 2010. 『燕行录研究』. 桂林: 广西师范大学出版社.

徐东日. 2010. 『朝鲜朝使臣眼中的中国形象-以『燕行录』『朝天录』为中心』. 北京: 中华书局.

杨雨蕾. 2011. 『燕行与中朝文化关系』. 上海: 上海辞书出版社.

王开玺. 2009. 『清代外交礼仪的交涉与论争』. 北京: 人民出版社.

王曉晶. 2011. 「六世班禪進京史實究」. 中央民族大學博士學位論文; 2013. 『六世班禪進京史實究』. 民族出版社.

柳森. 2010. 「国内近三十年来关于六世班禅朝觐研究综述」. ≪四川民族学院学報≫, Vol.19 No.2, April.

张双智. 2010. 『清代朝觐制度研究』. 北京: 学苑出版社.

张羽新·张双智. 2013. 『清朝塞外皇都--承德避暑山庄与外八庙研究(精)』. 北京: 学苑出版社.

何新华. 2011. 『威仪天下: 清代外交礼仪及其变革』. 上海: 上海社会科学院出版社.

_____. 2012. 『最后的天朝:清代朝贡制度研究』. 北京: 人民出版社.

Hevia, James. 1995. *Cherishing Men from Afar: Qing Guest Ritual and the Macartney Embassy of 1793*. Durham: Duke University Press.

Millward, James et al. 2004. *New Qing Imperial History: The Making of Inner Asian Empire at Qing Chengde*. London: Routledge.

Teltscher, Kate. 2006. *The High Road to China: George Bogle, the Panchen Lama, and the First British Expedition to Tibet*. New York: Farrar, Straus and Giroux.

21세기의 조선책략*

1. 문제의식

　'21세기의 신한국 책략'도 아니고 '19세기의 조선책략'도 아닌 두 개를 섞은 '21세기의 조선책략'이라는 제목은 19세기 『조선책략』의 내용을 21세기의 미래 지향적 시각에서 검토하고, 동시에 과거를 되돌아보면서 21세기의 신한국 전략을 내다보려는 의미를 담고 있다. 따라서 이야기는 19세기의 『조선책략』에서 시작해서 21세기의 신한반도 전략으로 마무리하려고 한다. 우선 『조선책략』을 기존의 실증사학적인 연구를 기반으로 19세기와 21세기의 비교사적 시각에서 검토해 보도록 하겠다.

　19세기 중반 우리가 전통적인 중국적 세계질서 속에서부터 유럽 중심의 근대 국제질서 속으로 편입되어 들어가는 과정에서, 당시의 조선은 세력균형이라는 새로운 틀 속에서 생존을 모색해야 했다. 지금 탈냉전을

＊　이 글은 1996년 세종연구소 간담회에서 발표한 「21세기의 조선책략」, ≪국가전략≫ 2권 2호(1996)의 내용을 재구성한 것이다.

맞이하고 냉전의 구도가 서서히 깨져나가면서 아직 동아시아에서는 유럽과 같이 탈냉전의 지역질서가 이루어지지 않고 21세기의 또 하나의 다른 세력균형의 모습이 나타날지 모른다는 생각들을 많이 하고 있다. 따라서 19세기와 21세기 한반도의 모습은 비교사적인 면에서 우리에게 어떤 시사를 줄 수 있을 것이라는 생각을 첫 번째로 할 수 있다.

두 번째는 비교사적 중요성을 넘어서서 새로운 근대 국제질서의 형성사에 대한 생각이다. 19세기 중반에 우리는 대단히 이질적인 새로운 세계질서로 편입되면서 동아시아의 근대 질서를 처음으로 형성하게 된다. 이 기간은 국내적으로 근대국가 건설이 시작되고 또 동시에 동아시아의 근대 국제질서가 형성되기 시작하는 시기였다. 따라서 우리가 동아시아의 근대국가와 근대 국제질서의 모습을 형성사적인 차원에서 검토하는 것도 21세기 동아시아 국제질서가 전개되는 모습의 첫 출발이라는 의미에서 19세기 『조선책략』에 대한 이해는 대단히 중요하다는 생각이 든다.

세 번째는, 과거 속의 미래를 또는 미래 속의 과거를 얘기함으로써 과거를 전공하는 분과 미래를 전공하는 분에게 모두 적절한 보탬이 될 것을 기대하고, 이 점이 이 글의 핵심이라고 할 수 있다. 이런 이유에서 미래사적인 차원에서 '조선책략'이 가지는 의미를 살펴보려고 한다. 동아시아 내지는 동북아시아에서도 탈냉전적, 더 나아가서는 탈근대적 세계질서, 지역질서의 모색이 이루어진다고 하는 경우, 19세기의 근대 국제질서 형성의 모습은 앞으로 전개되는 지역질서의 현실 또는 한반도 입장에서 전개되었으면 하는 동아시아 지역질서의 이상에 중요한 의미를 가진다.

따라서 이런 세 가지 문제의식을 염두에 두고 우선 19세기의 『조선책략』을 검토하고, 한 세기를 뛰어넘어서 21세기 초 한반도의 신한반도 책략으로 이야기를 전개해 나가려고 한다.

2. 19세기의 『조선책략』: 위협 분석과 대응 전략

『조선책략』은 1880년 여름에 김홍집을 대표로 하는 제2차 수신사가 일본을 방문해서 청의 일본주재 외교관이었던 허위장과 황쭌셴을 만났을 때 청국이 작성한 것이다. 7~8월 한 달 가까운 기간을 동경에 머무르면서, 1876년 조일수호조규 체결 이후에 생겨났던 무관세 교역의 조정, 미곡 수출 문제, 추가 개항 문제 등의 현안 과제를 교섭했지만, 한국 2차 수신사의 더 중요한 목적은 일본과 동아시아 상황에 대한 정보 수집이었다. 일본과의 교섭을 계속하면서 동시에 청 외교관들과 면담을 하면서, 여섯 차례 필담을 한다. 면담 과정에서 허위장이나 황쭌셴과 당시 동아시아 질서 전반에 관한 이야기를 나누었는데, 특히 그 속에서 조선이 어떻게 해야 살아남을 것인가 하는 이야기를 나눴다. 필담을 끝내면서, 황쭌셴이 변화하는 질서 속에서 한국의 생존 전략에 대한 중국 의견을 적어준 글이 『조선책략』이다.

글 자체는 그렇게 길지 않지만, 이 글이 당시 조선이 지역질서를 파악하고 생존 전략을 모색하는 데 적지 않은 영향을 미쳤던 것이 확실하다. 수신사 김홍집이 이 글을 가지고 귀국한 후 국내에서는 상당한 논란이 일게 되었다. 우선 국내적으로 정부 차원에서 상당한 논란이 있었고, 또한 민간 차원에서도 많은 반론과 상소가 끊이지 않았다. 그중에서 이만손의 '영남 만인소'를 가장 대표적인 예로 볼 수 있다.

이런 배경을 염두에 두고 『조선책략』의 내용을 간략하게 살펴보려고 한다. 사실 우리의 생존 전략에 관한 글을 남에게서 받아온다는 것은 답답한 일이 아닐 수 없다. 황쭌셴도 글 마지막 부분에 남의 책략을 대신 써준다는 기록을 하고 있듯이, 이 글은 당시 1880년대 상황에서 조선이 살아남는 또는 더 나아가서는 번영할 수 있는 책략을 청의 입장에서 검토한 것이다. 우선 글의 처음이 러시아에 대한 서술로 시작된다. 러시아는 얼마나 큰 나라인가 또 근대로 들어오면서 얼마나 커졌는가, 즉 공간적으로 러시아 세력이 지난 300년 동안 유럽에서 중앙아시아로, 그리고 동북아시아로 확장된 것을 서술하고 있다. 이에 따라 1880년대 당시의 동아시아 지역에서는 위협 분석의 핵심 목표로 방아(防俄)를 삼을 수밖에 없다는 것이다. 조선책략의 문제를 여기서부터 풀어나가기 시작한다.

1) 방아의 위협 인식

당시 동아시아의 핵심 위협을 러시아로 요약하는 것은 상당히 논란이 있을 수 있다. 과연 당시의 한반도의 위협을 분석하는 데 '방아(防俄)'가 가장 정확한 분석이었는가 하는 문제다. 우리가 21세기의 생존 전략을 구상하고 실천 계획을 마련하는 경우에도 21세기 한반도의 가장 핵심이 되는 위협 또는 위험을 어떻게 분석하느냐 하는 것이 첫 번째 과제이다. 그런 의미에서는 방아에 동의하느냐 안 하느냐 하는 것은 대단히 중요하다. 당시 유림들이 올린 상소인 '영남 만인소'에서도 과연 조선이 러시아를 제1의 위협의 요소로 설정하는 것이 옳은가에 대한 근본적인 문제 제기를 하고 있다. 우리 경우에는 당시 일본과의 관계를 어떻게 평가해야 하느냐 하는 복잡한 문제가 있었던 것을 고려하면 조선의 입장에서는 방일(防日)도 대단히 중요한 목표일 수 있는데 당시 조선의 안보 목표를 방아로만 설정할 수 있느냐 하는 문제를 지적할 수 있다.

그러면 왜 방아·일이 아니라 방아를 목표하게 되었는가를 생각해 볼 필요가 있다. 이 문제에 대해서는 보다 구체적인 실증 사학적 검토가 필요하다고 생각되지만, 당시의 동아시아 구조를 지구적 차원에서 본다면, 분명히 아시아 지역에 해상으로 들어왔던 영국과 대륙을 통해 확장한 러시아의 장기적인 대결 양상을 그 원인으로 찾아볼 수 있다. 미국이 냉전 시기의 주적 개념을 소련으로 잡았던 것처럼, 19세기 영국의 경우에는 줄곧 러시아라는 세력을 동북아에서 주적 개념으로 설정하고 있었으며, 당시의 지구적인 정보 네트워크는 대체로 공로(恐露) 의식을 강조하고 있었다. 그런데 당시 청의 입장에서도 1876년 조일 수교가 이루어진 이후 1879년에 일본의 유구 점령 사태가 발생하게 되면서 사실상 일본의 위협이 상당히 점증하는 분위기가 있었던 것도 사실이다.

그런데 왜 1880년 여름에 청이 우리에게 써준 『조선책략』은 위협의 대상으로 러시아만을 지목하고 있는가 하는 것이다. 아마도 이것은 단기적으로 현실에 민감한 외교관이 쓴 글이었던 점을 고려한다면, 1880년 초 이 지역의 중요한 사건이었던 중앙아시아지역의 이리(伊犁) 분규에서 청과 러시아의 갈등이 거의 무력적인 충돌 직전까지 갔던 국제정치적 상황 속에서 청이 러시아의 위협을 위협 분석의 핵심 목표로 일단 설정하게 된 것으로 생각된다. 이에 따라 방아가 당시 동아시아 질서 또는 조선에게도 첫 번째 목표가 돼야 한다는 것을 우리에게 적어주고 있다.

2) 친중국, 결일본, 연미국의 대응 방안

다음으로 방아를 하려면 친중국(親中國), 결일본(結日本), 그리고 연미국(聯美國)이 바람직하다는 권고를 하면서 그 이유를 상세하게 설명하고 있다.

제일 먼저 강조하고 있는 친중국의 경우는 우리가 상식적으로 이해할 수 있는 지적이다. 1880년대에 이미 유럽 중심의 근대 국제질서가 휘몰아쳐 들어오고 있지만, 그 이전에 대단히 오랜 기간 동안 중국적인 세계질서 속에서 사대교린이라는 행동 양식의 기반 위에 이루어져왔던 조선과 중국과의 관계를 설명하고 있다. 그리고 이것을 계속 유지, 강화하는 것이 조선에게도 대단히 바람직하다는 것이다. 청과 친하면 러시아가 조선이 외롭지 않음을 알고 함부로 대하지 못하고 일본도 자신의 힘이 부족한 것을 알고 조선과 적대하기보다는 화해하려 할 것이므로 국내외적으로 크게 도움이 될 것이라고 설명하고 있다.

다음으로 우리에게 관심이 가는 설명은 결일본이다. 위에서도 잠깐 언급했지만 당시의 상황에서 조선의 주적으로는 러시아와 일본을 동시에 넣었어야 했는지 모른다. 경우에 따라선 방일·아가 됐을는지 방아·일이 됐을는지 모르는 상황이었다. 그런 상황에서 청이 우리에게 결일이 바람직하다는 지적을 하고 있는 것이다. 청의 입장에서는 충분히 그렇게 설명할 수 있었을 것이다. 1879년 유구 병합 사건 등으로 일본은 충분히 믿을 만한 세력은 못 되었지만, 당시 동아시아 질서를 분석하고 직접적 위협이 되는 대상으로 러시아가 더 급하다고 생각했다. 군사전략 또는 국제정치적 책략을 위해서 우선 러시아를 주적으로 설정하고, 그것에 대한 대응 방안을 모색하는 과정에서 일본과 손을 잡을 수밖에 없다는 입장이었다. 따라서 조선과 일본의 역사적인 관계를 들며 조선이 일본에 대해서 믿음을 가지기 대단히 어려울는지 모르지만, 지금 동아시아의 역학 관계에서는 러시아를 주적으로 잡고 일본과 관계를 맺을 수밖에 없다는 설명을 하며 우리에게 결일을 상당히 강하게 설득하고 있다.

결일에 대해서 조선이 위협을 느끼는 것을 불식시키기 위해서 황쭌셴의 글에서는 여러 가지 설명을 하고 있다. 대표적인 것으로 일본이 조선에 대해서 군사적인 위협이나 욕심이 있다 하더라도, 일본이 겉으로는 대단히 강한 세력으로 보이지만 내부적으로는 많은 문제를 가지고 있다는 점을 지적하고 있다. 정치적인 차원의 문제, 경제적인 어려움의 문제 등으로 외화내빈(外華內貧)한 것이 일본 세력이므로, 따라서 일본을 너무 겁내지 말라고 권고하고 있다. 그러나 만약 사태가 악화되어 일본에서

1870년대 이래의 정한론이 현실화되고 일본이 조선을 침범한다고 하더라도 조선이 충분히 그것에 대응해 나갈 수 있다고 지적하고 있다. 그 중요한 이유는, 우선 일본이 쳐들어와도 승패는 모르고, 또 조선이 가지고 있는 끈질긴 힘으로 장기전을 하는 경우엔 일본이 장기적으로 정한 정책을 구사할 만한 힘은 없다는 것이다. 더구나 친중국 하는 상황에선 그렇게 겁낼 일이 아니라는 이야기를 하고 있다.

세 번째로 우리에게 연미국하라고 충고한다. 그리고 『조선책략』의 연미론은 결과적으로 조선의 연미에 직접적인 영향을 미치게 되었다. 1880년 하반기, 김홍집 일행이 『조선책략』을 받아오고 난 직후 고종의 결정으로 대미 수교를 위한 모색들이 시작되고, 1882년 5월 최종적인 결실을 맺는다. 연미론은 국내의 조미수호통상조약 체결에 중요한 영향을 미쳤던 것이다.

이러한 연미론에 대해서 『조선책략』은 다음과 같은 설명을 하고 있다. 우선 미국의 국력을 평가하면서, 명실상부한 전 세계 제일의 부국으로 불리고 있다는 것이고, 두 번째는 그동안 동아시아가 겪어왔던 유럽 열강과 성격이 상당히 다른 대국이라는 분석을 하고 있다. 당시 중요 유럽 열강은 인민이나 영토에 대해서 직접적인 침략, 정복 야욕을 가지고 있었는데, 미국은 그렇지 않기 때문에, 연미의 불안을 지나치게 가질 것이 없다고 말하고 있다. 미국에 대한 우호적인 태도는 다음과 같은 지적에서도 이어진다. 예를 들어서, 우리가 걱정하리라고 생각하는 종교 문제도 그동안 우리에게 흔히 서교로 알려져 있었던 가톨릭과 미국의 신교에 해당하는 야소교는 성격이 많이 다르므로 그렇게 겁낼 것 없다는 등의 지적을 하고 있다. 결론적으로, 『조선책략』은 미국과 연하는 것이 조선이 살아남는 데 또 하나의 중요한 방책이라는 것을 우리에게 지적해 준다.

따라서 『조선책략』의 전체 줄거리의 핵심 내용은 1880년이라는 특정 시기의 동아시아 지역질서에 대해 청 나름대로 위협 분석을 하고 난 후, 안보의 중심 목표를 방아에 둔 상황에서 그것을 해결하기 위한 대안 모색 차원으로 우선 친중국을 새롭게 강화하고 세력균형의 원칙에 따라서 결일본, 연미국하는 것이 좋지 않겠느냐는 것이 권유의 핵심 내용이다. 이에 덧붙여서 동시에 자강책을 모색하라고 지적하고 있다. 당시엔 세력균형을 균세지법이라고 부르고 있었던 점을 반영해 요약하자면 균세와 자강의 두 가지 권유를 우리에게 한 것이다. 결국 김홍집은 균세와 자강이 1880년대 조선의 살 길이라는 『조선책략』을 받아서 조선으로 돌아왔다.

김홍집이 『조선책략』을 받아서 돌아온 후, 국내에서 관료와 일반 지식인 사이에 상당한 논란이 벌어졌다. 과연 '우리의 주적은 러시아인가' 하는 문제가 제기되었으며, 친중에 대해서는 그렇게까지 격한 논란이 없었던 것과는 반대로 '결일'과 '연미'에 대해서는 상당히 많은 갑론을박이 벌어졌다. 이러한 갈등 속에서 고종은 연미의 길을 모색하면서, 1882년 5월에 미국과 수호 조규를 맺게 된다. 이상의 상황과 논의가 전통적인 세계질서 속에서 살아가던 1880년대 상황에서 우리가 근대 유럽 중심의 국제질서를 만나면서 새로운 삶을 모색하는 전환기에 나타났던 책략의 모습이다.

3) 균세와 자강의 수용과 갈등

중국적인 세계질서에서 오늘날 우리가 흔히 생각하는 전략 개념 또는 안보 개념이 설 땅은 없었다. 중국적인 세계질서는 일차적으로 근대 국제정치의 국가라는 단위 개념과는 대단히 다른 천하라는 단위 개념 위에서 있었고, 추구하는 목표도 근대 국제질서의 부국강병과는 달리 최소한 예(禮)라는 명분을 우선적으로 추구하도록 되어 있었다. 근대 국제질서에서 균세와 자강이라는 기본 행동 양식을 갖추지 않고서는 살아남을 수 없었다고 한다면, 전통적인 질서 속에서는 사대교린이라는 행태의 모습으로 자기 나름의 삶을 보존하고 유지하려고 했었던 것이다. 지금 시각에서 읽어보면 균세와 자강을 강조하는 『조선책략』은 상식적인 글이지만 이와 관련된 당시 수신사 김홍집의 필담 내용이 대단히 흥미롭다.

예를 들어 허위장이 균세를 설명하자 김홍집은 『만국공법』의 서문에서 그 글자는 봤지만 구체적으로 우리가 어떻게 해야 하는가에 대한 충분한 준비는 없다는 대답을 한다. 1840년대에 중국이 영국과 아편전쟁을 치르고, 1850년대에 미국의 흑선이 일본에 내항하고, 조선도 1860년대 이후 병인양요·신미양요 같은 외세와의 충돌을 겪게 된다. 그 속에서 살아남아야 할 기본 행동 양식이었던 균세와 자강이 1880년대의 조선인에게 전혀 익숙하지 않았다는 얘기다. 『조선책략』의 국내 도입으로 우리의 책략에 관한 갑론을박이 본격적으로 벌어지는 상황에서 아주 초보적으로 균세와 자강의 모색이 1880년대에 이루어지게 된다. 그러나 충분히 준비되지 않은 상황에서 1884년의 갑신정변이 실패로 돌아가고, 근대적인 모델을 일단 수용해 보려던 소수의 개화 세력은 철저하게 제거되는 방향으로 1880년대의 우리 역사는 진행되었다.

형성사적인 차원에서 본다면 1880년대에 모색했던 조선의 생존 전략은 질서의 변환 속에서 우리의 생존을 확보하지 못했고, 결국 한반도는 일본제국주의의 틀 속에서 살아야 되는 20세기 상반기를 맞이했다. 1945년이 되면서 다시 한번 미소의 냉전적인 틀 속에서 그 나름의 생존 전략을 남은 남대로 북은 북대로 마련해야 하는 지난 반세기의 기간을 겪게 된다. 그리고 오늘의 21세기를 맞이하고 있다. 따라서 21세기의 현실에서 살아갈 조선책략이 시급하다.

3. 21세기 한국의 신조선책략: 4대 위협 분석

　19세기 중반에 새로운 유럽 중심적인 근대 국제질서 속에서 우리가 살아남는 길을 모색했듯이, 21세기를 맞이하면서 짧게는 탈냉전이라는 새로운 시기의 동아시아 상황에서 우리 나름의 삶의 모색이 필요하고, 보다 장기적으로는 탈근대 지향적인 새로운 질서에서 한반도적인 삶의 모색이 이루어져야 할 것이다. 19세기의『조선책략』이 당시의 대국이었던 청이 쓴 것처럼, 또 한 번 21세기의 신한국 책략이 미국 또는 일본이 쓴 것을 번역 또는 번안해서 우리의 생존, 번영 전략을 마련해야 될 것이냐, 아니면 보다 소박할는지는 모르지만 우리 나름의 시각에서 21세기 동아시아의 또는 세계 전반의 변화를 읽고 그 속에서 책략을 모색해야 할 것인가를 절실하게 고민해야 할 시기다.

　이러한 목적에서 다음과 같이 얘기를 풀어보려고 한다. 우선『조선책략』이 위협 또는 위험분석으로 시작하고 있는 것처럼 오늘의 위협 분석을 어떻게 해야 할지에 대한 고민이다. 한반도가 포함된 공간을 동아시아, 동북아, 또는 아시아태평양으로 불러야 할지에 대한 여부 자체도 아직 불확실하다. 21세기 한반도의 생존 공간의 명칭 자체가 하나의 새로운 언술 체계로서 대단히 중요한 의미를 가지고 있다고 생각하는데, 일단 잠정적으로 동아시아 또는 동북아질서라고 하는 경우, 이 공간에서 무엇을 위협 요소로 파악하고, 이 위협에서 어떻게 벗어날 것이며, 또 어떻게 보다 나은 삶을 창조해 나갈 것인가 하는 질문을 우선적으로 풀어나가야 할 것이다. 미국 국방부의 연례보고서도 늘 위협 분석부터 시작하고 있고, 일본의 방위백서도 일본 나름의 위험이나 위협 분석으로 시작하고 있다.

　내 나름으로 21세기 동북아 위협 분석을 해본다면,『조선책략』처럼 하나의 주적 또는 위협을 설정하고, 그것에 대한 책략을 마련하기는 조금 어렵다는 생각이 든다. 한반도의 직접적 생존 공간을 동아시아 또는 동북아시아 지역으로 잡는다고 하면 당장 부딪히는 어려움은 적어도 4대 위협론이며, 우선적으로 이 문제를 어떻게 풀어나갈 것인지를 고민해야 된다. 후술할 4대 위협론 또는 위험론은 연구소, 학계, 정책결정자, 언론의 차원에서 상당한 논의가 있어야 되는 주제임에도 불구하고 우리 국내에서 아직까지 본격적인 토론이 없다.

1) 미국 역할변경론

첫 번째는 미국 역할변경론 또는 미국 쇠퇴론이다. 바꿔 말해서, 미국의 역할이 이 지역에서 바뀌고 있는가 하는 문제이다. 미국은 탈냉전 이후 초강대국 소련의 해체로 외롭게 남은 초강대국의 위치에 남아 있다. 상대적으로 힘이 약화된 미국이 동아시아 문제를 보는 것과 관련해 미국의 상대적 쇠퇴론이 옳은 것이냐 아니면 최근에 다시 논의되고 있는 미국의 부활론이 옳은 것이냐를 우리 나름으로 평가하는 것이 대단히 중요한 숙제라 생각한다. 이에 따라서 동아시아 질서의 세력 재편 속에서 우리가 어떻게 힘을 연계시킬 것인가에 대한 대답이 달라지게 될 것이기 때문이다. 나의 개인적인 입장은 미국 자신이 보는 미국도 1980년대가 미국의 상대적 쇠퇴론의 전성기였다고 한다면, 1990년대는 미국의 상대적 부활론이 재등장해 서로 팽팽하게 맞서고 있다는 것이다.

이러한 변화와 관련해, 미국의 클린턴 행정부는 자신이 추구하고 있는 외교정책의 기본 명분으로 1994년 대통령의 국가 안보전략보고서에서 관여와 확장 정책(engagement and enlargement policy)을 구체적 정책목표로 설정하고 있다.[1] 그리고 관여와 확장의 지역적 적용으로 볼 수 있는 동아시아·태평양 전략보고서를 조지프 나이(Joseph Nye)가 주관으로 작성해서, 1995년 2월에 발표했다.[2] 이 보고서는 조금 더 심층 분석할 필요가 있으며, 특히 정부, 국책연구소 같은 정부 기관에서 세부적인 검토를 해야 할 보고서라고 생각한다. 만약 클린턴이 재선된다면 이 보고서의 기본 방향은 1990년대 중후반의 미국의 기본 사고 유형으로 그대로 남을 가능성이 크기 때문이다. 가장 중요한 부분은 냉전 시기의 봉쇄정책과 비교해 탈냉전의 관여와 확대 정책이 가지는 의미가 무엇이냐는 것이다. 가령 최근에 벌어진 중국과 대만의 양안 문제를 볼 때도 이를 미시적으로 사건을 추적하는 것보다 1994~1995년의 대외 정책에서 동아시아 정책의 의식적인 또는 잠재의식적인 틀로서 미국이 어떤 사고를 하고 있느냐를 파악하는 것이 중요하다.

나이의 보고서를 보면서 제일 처음 흥미를 끌었던 점은 관여 정책에 포함되어 있는 국가와 확대 정책에 포함되어 있는 국가가 구분되어 있다는 것이었다. 그리고 포함 안 된 국가는 무엇이냐는 것이다. 관여는 기존의 동맹이나 우방 국가들의 관계를 더욱 유지, 강화하는 의미로 쓰고 있다. 반면 확대는 동맹, 우방국 관계를 넘어서서 관계를 확대하는 국가군을 대상으로 하는 정책이다. 관여 정책에 포함되어 있는 국가군으로는 일본, 한국, 아세안, 오스트레일리아, 뉴질랜드, 태평양 국가들이 있다. 확대 정책에는 중국, 러시아, 베트남을 포함하고 있다. 이를 기반으로 미국이 탈냉전의 동아시아 전략을 기본적으로 어떻게 구상하고 있는가를 연역해 보면 미국이 중국에 대해서 취하고 있는 입장은 선택적으로 기존

---

1) US White House. *National Security Strategy 1994.*

2) US Department of Defense, Office of International Security Affairs *United States security strategy for the East Asia-Pacific Region* (Washington, DC: US Dept. of Defense, Office of International Security Affairs, February 1995).

의 정치적·경제적·문화적 관계에 관여는 하나, 미국의 대중정책 저변에 깔린 것은, 중국이 기본적으로 시장민주주의로 확대돼야 한다는 것이다. 바꿔서 얘기하면 시장민주주의적인 전환의 모색이 이루어져야 포괄적 관여가 사실상 가능하다는 것이다. 이와 동시에 유사시 군사적인 대응 조치까지 포함한다면 소위 삼중의 대중정책 방향을 모색할 수밖에 없다는 것을 읽을 수 있다.

반면, 관여와 확대에 관계되지 않은 북한의 경우는 어떻게 되느냐는 것이다. 미국에 있는 친북 연구소의 최근 보고서를 보면 미국의 대북한 정책을 관여와 확대 정책의 틀에 맞추어 아주 세련되게 분석하고 있어서 주목을 받고 있다. 보고서의 내용은 미국의 관여와 확대 정책의 변화에 대응해서 북한은 대화와 협상 전략을 모색하고 있다는 것이다. 미국의 대북한 전략과 북한의 대응을 이러한 시각에서 분석하고 있는 국내 연구소의 보고서를 찾아보기 어렵다. 그런데 이 보고서는 미국의 관여와 확장 전략을 대단히 정확하게 읽고 있지만, 북한의 대화와 협상 전략은 지나치게 북한 시각에서 해설하고 있다. 나이 보고서는 북한과의 관계를 관여와 확대의 구체적 항목에 넣지 않고 있다. 별도의 항목으로 미국은 북한과의 제네바 합의를 실천해 나가는 것이 동아시아에서 미국이 당면하고 있는 중요한 과제로서 따로 다루고 있다. 그 얘기는 관여와 확대의 틀에 넣기에는 아직 제네바 합의서의 이행이라는 먼 길이 남아 있다고 하는 것을 의식적으로 또는 잠재의식적으로 미국의 정책 담당자들이 가지고 있다는 것이다.

일본의 경우는 예상대로 관여 정책으로 분류되는 국가 중에 가장 높은 우선순위를 차지하고 있다. 요즘 유행하는 지구적 파트너십으로서 미일 관계가 강조되고 있다. 얼핏 보면 그것은 대단히 좋은 의미로 해석될 수도 있지만 자세히 들여다보면 표면의 의미보다 더 깊은 의도가 있다. 미일 관계가 경제적인 차원에서 갈등 관계를 가지고 있지만 가장 우선순위의 우호정책을 펴는 것은, 미국의 지도력으로 충분히 일본을 끌고 갈 수 있으므로, 일본을 함께 품고 가는 것에 상당한 자신감을 가지고 있다는 얘기다. 그런 맥락 속에서 미일 관계는 일단 조정돼 나갈 것으로 생각된다. 따라서 1994년 말에 나온 일본의 "신방위대강"이나 또는 "신중기방위 5년계획"도 미일 동맹관계의 유지, 강화라는 틀 속에서 조정되는 모습으로 일단 파악해야 할 것 같다. 그렇게 보면 아직 자리 잡지 않은 개념이지만 차별적 삼각관계가 동아시아 지역에서 미국의 리더십이 모색하는 틀일는지 모른다. 다시 말해서, 미국은 미일을 기본 축으로 하고 중국과는 선택적 관여를 유지하면서 시장민주주의 개혁이 이루어지지 않는 한 갈등과 긴장 관계를 상당히 지속해 나갈 가능성이 높다는 것이다.

그렇게 되는 경우 동북아의 새로운 구조가 우리에게 어떤 의미를 가지느냐는 것이 첫 번째 검토해야 될 과제다. 미국의 상대적인 쇠퇴와 부활의 시각이 뒤범벅되어 현실적으로 표현된 것이 관여와 확대 정책이라고 할 수 있다. 그것이 동아시아에서 차별적 삼각관계의 모색으로 투영되는 경우에 우리에게 주어지는 기회와 위험은 무엇인지를 정확하게 파악할 수 있어야 한다. 동북아시아의 차별적 삼각구도의 환경 속에서 한반도 또는 한국은 어떻게 힘을 연계할 것이냐에 대한 해답을 구하는 것은 대단히 중요한 숙제이다. 19세기의 친중국, 결일본, 연미국 책략을 21세기에 맞게 수정해 친미, 결일, 연중국하면 문제는 해결될 것인가 등 여러 가지 생각을 하게 만든다.

2) 중국 위협론

두 번째 위협 또는 위험론은, 최근에 많이 논의되는 중국 위협론을 우리가 어떻게 보아야 할 것인가 하는 문제이다. 중국 위협론 논의는 특히 최근에 와서 활성화되고 있다. 그 내용은 1970년대 말 이래 등소평을 중심으로 한 개혁개방정책으로 1980년대의 고도성장과 1990년대의 지속적 고도성장이 이루어지게 됨에 따라, 주로 경제 변수를 중시하는 연구 또는 분석틀로 중국이 21세기 초에 초강대국으로 등장할 것이라는 대단히 낙관적인 미래예측론이 많았다. 이와 연관되어서 중국 위협론이 최근 3~4년 동안 대단히 유행하고 있다. 이 문제에 대해서 미국, 일본은 처음엔 보수적인 시각에서 의견을 제시해 왔다. 그런데 요즘은 중국 위협론에 대해서 더 구체적이고 다양한 시각에서 화두를 던지고 있다. 예를 들어 일본의 대표적 진보 잡지인 ≪세카이(世界)≫도 지난 3월에 "중국 위협론의 허와 실"을 특집으로 해서 대단히 활발하게 논의를 하고 있다. 반면 우리가 일본이나 미국의 동북아 전문가를 만났을 때, 왜 유독 한국만 중국 위협론에 대한 논의가 없는가라는 질문을 자주 받는다는 것은 중국 위협론에 대한 주변국의 반응과 관련해 흥미 있는 주제 중의 하나이다.

따라서 중국이 위협적이냐 아니냐의 이분법적 논의보다는 조금 더 신중하게 검토해야 할 필요가 있다. 이러한 논의 자체가 우선 중국의 경제에서 시작된 것이므로 중국 경제의 향후 10년, 20년 또는 50년의 장기전망을 하는 것부터 생각해 볼 필요가 있다. 중국 경제 전문가가 평가할 문제이지만 상식적인 차원에서도 또는 중국인 스스로도 고도성장이 언제까지 지속될 것인가에 대해 여러 가지 부정적인 측면을 걱정하고 있는 것이 사실이다. 가령 국영기업제의 비효율성 문제, 중앙과 지방 간 불평등의 문제, 또는 연안과 내부 간 경제성장의 격차 등 여러 가지 문제가 지적되고 있다.

만약 중국이 동북아의 위험 대상국으로 등장하려면, 첫 번째 필요조건은 지금의 고도성장이 상당한 기간 장기화돼야 한다는 것이다. 두 번째 중요한 문제는 중국 국내 체제, 특히 국내 정치체제가 이러한 고도 경제성장을 계속 유지해 나갈 수 있게 밑받침할 수 있느냐는 점이다. 이것은 정치경제학적인 연구들이 시급하게 다뤄줘야 할 필요가 있다. 특히 등소평 사후의 정치체제가 안정성을 가지고 이런 경제적인 활동을 계속 위에서 밀어줄 수 있는 기반을 유지해 갈 수 있느냐가 중요하다. 중국과 한국을 쉽사리 비교하기 어렵지만, 우리 경우도 1980년대의 상황을 보면 일정 기간의 권위주의 체제하의 고도성장이 어느 시기에 가서는 민주화의 딜레마를 가져왔으며 보다 구체적으로 광주사태라는 상징적인 사건을 불가피하게 겪었고, 또 그 문제를 어느 정도 품어나가는 데는 적어도 10년 또는 15년의 기간을 필요로 했다. 중국도 언젠가는 천안문의 유산을 풀어야 할 시기가 다가올 것이고, 따라서 이러한 문제를 정치적으로 어떻게 성공적으로 풀어나가느냐 하는 것이 두 번째로 대단히 중요한 숙제가 될 것이다.

이러한 두 가지의 필요조건이 비교적 성공적으로 충족될 때, 중국은 이 지역에서 보다 중심적인 힘으로 등장하게 될 텐데, 그것이 과연 패권국가적인 모습으로 등장할 것이냐 하는 것은 또 하나의 숙제이다. 만약 앞에서 언급한 두 개의 숙제가 어느 정도 해결돼서 지금보다 큰 힘으로서 중국이 이 지역에서 자리 잡게 될 때 전통적, 사회주의적 그리고 현실주의적 사고, 행위 및 제도의 새로운 조화를 모색하게 될 것이다. 19세기 서세동점 이후 중국은 유럽 중심의 근대 국제질서에 편입되어 가는 과정 속에서 또 하나의 독특한 유럽화라고 할 수 있는 사회주의적인 사고와 행위 및 제도를 동시에 받아들이게 되었고, 또한 오늘의 현실 속에서 힘을 통해 국가의 이익을 추구해야 하는 현실주의적인 국제정치의 눈도 동시에 마련했다. 여기에 중국의 생각, 그리고 제도 속에는 지나간 역사의 전통적인 세계질서를 보는 눈이 유전인자적으로 아직도 살아남아 있기 때문에 보다 근대적인 사회주의, 현실주의와 더불어 전통주의까지 세 방향에서 중국 패권의 모습을 그려야 한다. 특히 중국의 전통적 사고와 관련해서 현재 미국의 중국연구는 대단히 한계가 있다고 생각한다.

3) 일본 위험론

중국 위험론과 함께 검토해야 할 것은 우리의 경우에 많이 얘기하는 일본 위험론, 일본 대국론에 대한 문제다. 일본을 위협으로 보아야 할 것인가에 관한 문제는 이미 『조선책략』에서도 중요하게 논란이 되었으며, 동시에 결일해야 할 것이냐 방일해야 될 것이냐 하는 문제도 『조선책략』에서 신중히 다뤄지고 있다. 지금 우리가 당면한 상황은 100여 년이 지난 오늘의 시점에서 일본이라는 힘을 어떻게 읽어야 할까 하는 것이다.

일본은 1990년대에 들어서서 지속적인 정치 불안정과 경제 불황 속에서 스스로 상대적 쇠퇴론에 대한 불안, 또는 걱정을 진지하게 하고 있다. 경제대국으로 커온 일본이 정치, 군사, 문화 무대에서 종래의 일국 번영주의에서 벗어난 사고나 행동 양식, 새로운 제도의 모색을 하지 않고서는 명실상부한 대국이 되기 어렵다는 문제의식을 스스로 느끼고 있는 것 같다. 그러나 일본이 이러한 정책목표를 일사불란하게 달성할 수 있는 것이냐에 대해서는 개인적으로는 상당히 회의적이다.

조지프 나이가 자신의 책 *Bound to Lead: the Changing Nature of America Power* [3]에서 일본의 한세를 석절하게 지적하고 있는 것과 마찬가지로 일본 내부에서도 그런 얘기를 하는 사학자들이 있다. 다케우치

---

3) Joseph Nye, *Bound to Lead: the Changing Nature of American Power* (New York: Basic Books, 1990).

요시미(竹內好)는 일본이 19세기에 어설픈 근대국가 형성에 재빠르게 성공했기 때문에 결국 20세기에 실패할 수밖에 없었다는 것을 지적한다.[4] 오히려, 빨리 근대국가 형성에 적응하지 못했던 다른 나라가 보다 장기적인 관점에서는 성공의 씨앗일지 모른다는 얘기를 다케우치가 상당히 이른 시기에 했다. 이러한 평가는 21세기에 대단히 시사적이며 또 오늘의 시점에서 일본이 곰곰이 반추해 보아야 될 것이라 생각한다. 일본이 경제대국에서 포괄적인 의미의 대국으로 성장하기 위해서는 지금의 일국번영주의를 벗어날 수 있는 보다 강한 상상력을 기반으로 한 새로운 복합적인 단위체의 모색이나 새로운 복합적인 목표를 추진할 수 있는 힘을 필요로 하는데, 주관적인 느낌으로는 다행인지 불행인지 잘 모르겠지만 일본이 그런 역량을 충분히 축적하고 있지 못하다는 생각이 든다.

4) 북한 체제 불안론

마지막 네 번째는 역시 한반도 문제이다. 북한 체제 불안론 혹은 이와 연관된 북한 위험론이 한반도 또는 동아시아를 보는 많은 사람들의 위협분석에 가장 중심이 되는 위치를 차지하고 있다. 그러나 이러한 북한의 문제에 대해 국내의 합의 기반이 쉽사리 이루어지지 않고 있다. 북한 체제는 붕괴할 것이냐, 또는 붕괴하지 않을 것이냐는 질문이나 또 어떤 식으로 북한 체제가 전개되어 나갈 것이냐, 또 그것이 한반도 전체를 불안으로 몰고 갈 것이냐 아니냐라는 질문들에 대해 다양한 논의가 진행되고 있다.

내가 생각하는 시나리오는 대강 다음과 같다. 우선 북한이 탈냉전을 맞이하면서 삼중적 생존 전략을 모색하는 것 같다는 얘기를 해왔고 금년

---

4) 竹內好, 『日本とアジア』(東京 : 筑摩書房, 1966); 다케우치 요시미, 『일본과 아시아: 다케우치 요시미 평론선』, 백지운·서광덕 옮김(서울: 소명, 2004).

(1996)도 1월 1일 공동 사설문을 읽으면서 북한이 삼중적 생존 전략이라는 용어는 사용하지 않지만 주관적으로 생각했던 북한의 사고나 행동 양식의 틀이 현재까지는 그렇게 틀리지 않다는 느낌을 가지고 있다. 이러한 탈냉전 삼중 전략 중에 외세와의 관계 개선, 특히 미, 일을 중심으로 하는 선진자본주의 국가와의 관계 개선이 탈냉전 이후 최근 10년 가까운 기간 동안에 나타난 대표적인 변화라고 할 수 있다. 이것과 연관하여 우리식 사회주의에 기반한 국내 역량 강화를 위해 금년 1월 1일 공동 사설에서 삼대 진지강화를 강조하고 있다.

세 번째로는 대남이나 통일정책에서 현상유지, 장기적인 관점에서 시간차 개방을 할 수밖에 없다고 하는 것이 북한이 현 상황에서 모색하는 목표라고 할 수 있다. 이런 상황에서 북한 체제가 더 이상 유지될 수 있느냐 없느냐 하는 질문에 대해서 자본주의적인 시각이나 또는 근대 국제정치적인 시각에서 보면 부정적이다. 그럼에도 불구하고, 우리식 사회주의 방식으로 북한은 일단 체제가 유지되어 가는 것으로 보인다. 그러나 이러한 현재적 체제 유지와 정책목표가 지금 북한이 겪고 있는 어려움을 풀 수 있도록 설정된 것이냐에 대해서는 개인적으로 대단히 회의적이다. 북한이 현재의 정책목표를 가능한 한 빨리 바꾸지 않으면 북한 체제는 점점 더 어려워질 것이고, 이러한 상황이 심화되면 북한의 정치 주도 세력은 본격적인 어려움을 맞이할 수밖에 없고, 우리식 사회주의 체제의 체제 유지 방식으로도 체제를 유지할 수 없는 딜레마에 부딪히게 될 것이다. 그 시간은 아마도 지금 강화하려고 하는 국체 역량의 기대 효과가 나타나지 않는 시기쯤 가서 다가올 것으로 생각된다. 그러한 상황에 직면하면, 북한은 그 대안으로서 대남 관계를 개선할 것이냐 아니면 긴장 관계를 더 조성할 것이냐 하는 어려운 선택을 맞이하게 될 것이라 생각한다.

4. 21세기 신한반도 생존 번영 전략

미국 쇠퇴론과 역할변경론, 중국 위협론, 일본 위협론, 한반도 문제가 21세기 신한반도 전략을 고민하는 데 고려해야 할 4대 위험론 또는 위협론이다. 이런 상황에 동아시아 또는 동북아가 놓여 있다고 하는 경우 우리는 21세기의 생존 번영 전략을 어떻게 짜야 할 것인가. 19세기 황쭌셴의 『조선책략』에서는 19세기 생존 전략을 균세와 자강으로 짜라고 조언하고 있다. 그러나 21세기에 또 한번 균세와 자강이라는 목표로 우리가 살아남고 번영할 수 있을 것인가는 곰곰이 생각해 봐야 할 문제다.

1) 미일과 중국 품기

21세기 신조선책략이라는 숙제를 풀기 위해서는 19세기와 21세기는 같은 것과 다른 것은 무엇이냐에 대한 체계적 검토가 이뤄져야 한다. 우선 유사성을 보자면 20세기 말 불행하게도 동아시아는 또 한 번의 세력 재편기를 명백하게 맞이하고 있다. 유럽과 같이 세력 재편기에 이를 조정할 수 있는 지역적 질서나 단위체의 동시 창출이 이루어지지 않은 상태이기 때문에 동아시아에서는 개별 단위체가 각각의 힘을 모색하는 형태로 세력 재편의 모습을 보여주고 있다. 따라서 21세기의 동아시아 국제 관계가 19세기의 세력 각축과 유사할 가능성을 걱정할 필요는 있는 것 같다. 단, 세력이 재편되는 힘의 구성 내용 면에서 19세기와 21세기는 상당히 다르다는 것을 염두에 둬야 할 것이다.

힘의 구축 전개 방향을 보면 우선 러시아는 제외해야 할 것 같다. 소련이 러시아로 해체된 후 이 지역에서 러시아가 하나의 축으로서 작동하기까지 상당한 시간을 필요로 할 것이다. 따라서 짜이는 기본 축은 미일을 기조로 하고 아마도 한국이 보조 축 정도로 연계된 모습이다. 그리고 현 단계 힘의 면에서는 상대적으로 불균형하지만 중국이라는 또 하나의 축으로 짜이는 일종의 삼각관계를 상정해야 될 것이다. 그 경우에 어떻게 세력균형을 마련할 것인가 하는 문제에 직면해 있는데, 현실적으로 친중국을 우선적으로 설정하기에는 미일 축의 비중이 단·중기적으론 너무 크다.

따라서 일단 미일과 우선적으로 연계할 수밖에 없다. 그렇게 생각하면 지금 정부의 대미정책이나 대일정책도 더 신중하게 검토해야 한다. 21세기 동아시아의 역학 관계 속에서 미일의 축을 중심적으로 활용해야 한다면, 미일과 당면한 단기적 문제를 처리해 나가는 과정에서도 미일을 중장기적으로 활용하려는 장기적인 구상 속에서 그 문제를 풀어나가야 한다. 그런데 현재까지는 그런 면에서 성공적이지 못하다.

또 하나의 문제는 중국을 어떻게 다룰 것인가 하는 것이다. 19세기의 『조선책략』에서 청나라가 그들의 시각에서 방아를 우선 하고, 방일은 다음으로 해도 된다는 권유를 우리에게 했지만 지금 우리 상황에서는 어느 한쪽으로만 기울 수는 없다. 미국이 중국을 일정한 정도의 관여와 또 상당한 정도의 확대 정책을 강요하고 또 궁극적으로는 군사적 대응까지를 상정하는 삼중 대중국정책을 모색하는 경우, 한국이 취할 수 있는 대중정책과 미국 그리고 일본의 대중정책은 일정한 편차가 어쩔 수 없이 생겨날 수 있다. 그러나 우리가 취할 수 있는 길은 좋은 표현으로 하자면 미일을 오른팔로 좀 더 꽉 껴안고 동시에 왼팔로는 중국을 품는 것이며, 이러한 정책은 근대적으로는 바람직하지 않을 수 있지만 우리의 21세기적 현실에서는 양쪽을 다 품어나가는 방식을 모색하지 않고서는 대단히 어려운 상황에 놓일 수밖에 없다.

2) 21세기 지구적 세력 균형의 모색

거기에 덧붙여서 21세기 균세의 문제를 해결하기 위해서 21세기의 신한국 책략은 19세기의 『조선책략』을 넘어서서 새로 써야 할 부분이 있다. 19세기에 우리가 만났던 근대 국제질서와 20세기 말에 동아시아에 지금 통용되고 있는 근대 국제질서의 성격이 같은 점도 있지만 동시에 상이한 부분도 존재하기 때문이다. 그 상이한 부분은 바로 탈근대 지구 정치다. 근대와 탈근대의 양쪽을 품어나가는 방식의 균세를 어떻게 마련할 것이냐가 하나의 숙제인 동시에 어쩌면 우리는 동아시아에서 살아남기 위해서 동아시아를 탈출하는 길을 동시에 모색하지 않고서는 동아시아의 세력균형 딜레마를 궁극적으로 해결하기는 대단히 어려울는지 모른다. 왜냐하면 미, 일, 중, 러가 모두 우리보다는 훨씬 큰 공간과 인력을 가지고 그 나름의 힘을 축적해 놓은 제국이기 때문에 그 속에서 우리가 근대적 부국강병 의미에서 중심 국가가 된다는 것은 대단히 어렵다.

근대적 의미의 중심 국가가 되는 것이 우리의 조건상 어렵지만, 21세기 탈근대의 무대에서 삶의 선행 모델, 모범 모델의 역할을 추진할 수 있다고 생각한다. 그렇다고 한다면 제국을 모두 품으면서 동시에 힘은 또 하나의 다른 곳에서 또는 지구 전체에서부터 모아와야 할 것이다. 표현을 굳이 힘이라고 하는 이유는 단순한 력(力)이라는 의미의 힘이 아니라 기(氣)로 표현될 수 있는 힘까지를 축적하는 방안의 새로운 모색이 필요하기 때문이다. 력과 기를 우리가 익숙한 서양인 표현으로 하자면 나이가 구분하고 있는 경성권력(hardpower)이 다분히 력에 가깝고, 기는 연성권력(softpower)에 가깝다. 기는 연성권력적 측면에서 보이지 않는 또는 드러나는 힘의 이전 단계에 있는 힘까지를 우리가 어떻게 모을 수 있느냐 하는 것이다. 공간적인 차원에서는 유럽이나 동남아나 중남미를 포괄할 수 있는 힘을 어떻게 응축해 나갈 것이냐 하는 문제이다.

결국, 이것은 동아시아 지역에서 국제정치의 새로운 단위체를 건설해 나가는 방식과 연결된다. 한반도가 다가오는 미래에 지구 전체의 선행 모델이 되려고 한다면 국제정치에서 중요한 세력균형을 어떻게 적절하게 만들어나갈지 고민해야 한다. 세력균형은 기본적으로 개별 단위 국가를 설정하고 힘의 관계를 서로 비기게 만들려는 과정이므로 이를 추진하는 데 있어서 개별 단위와 힘의 응축에 대한 관점의 확장이 필요하다. 단순 경성권력이 아닌 연성권력의 기를 포함하는 힘, 공간적 차원에서 지역질 서나 지구 전체적인 차원을 포괄하는 힘을 개별 단위인 한반도 또는 한국 과 복합화시켜 나가야 한다. 그리고 이러한 복합 단위체의 활동도 군사, 경제적인 영역을 넘어 보다 넓은 영역을 연결하는 복합적 힘의 응축을 모색해야 할 것이다. 이와 같이 21세기의 새로운 돌파구를 마련하기 위한 신한국 책략이 새롭게 쓰이고 실천될 때, 한국 또는 한반도는 21세기 신 문명의 새로운 기준을 충족시키는 한 단위체로의 모습이 갖춰질 것이다.

19세기의 『조선책략』에서 우리에게 권유했던 균세나 자강의 의미를 21세기적 적실성을 가진 형태로 우리가 다시 고민할 시기임은 분명하다. 힘의 역학 관계를 고려해, 19세기의 친청, 결일, 연미와는 다른 형태로 주 변 제국과 균세를 추진해야 할 것이다. 동시에 국내적으로는 자강의 모 색이 이루어져야 하고, 다른 한편, 동북아를 넘어선 단위체와의 관계 복 합화라고 하는 신문명의 표준을 추진하는 신한국 전략 또는 신한반도 전 략이 보다 구체화되어야 한다. 이러한 전략들이 책략적인 의미에서 추진 될 때, 비로소 우리가 19세기의 『조선책략』을 성공적으로 추진하지 못하 고 맞이했던 역사적인 비극을 반복하지 않게 될 것이다.

〈질문과 토론〉

사회자: 감사합니다. 먼저 황쭌셴이 『조선책략』을 쓰면서 친중국, 결일본, 연미국이라는 용어를 사용하고 있는데 거기서 '친'과 '결'과 '연'을 어떻게 구분하고 있는지 궁금합니다.

하영선: 처음부터 어려운 질문으로 시작하게 되네요. 한국 외교사를 뒤늦게 가르치고 있기는 합니다만 초보적 한문 실력으로서 이렇게 생각할 수 있습니다. 『조선책략』에서 말하는 친중국(親中國)이라는 의미는 사대 관계를 부연 설명하고 있는 것이기 때문에 작은 나라는 큰 나라를 섬기고 큰 나라는 작은 나라를 품고 아낀다는 것이 어쩌면 부모 자식이나 형제자매의 가족관계에서 볼 수 있는 대단히 친밀한 형태의 관계라고 할 수 있습니다.

다음으로 결일본(結日本)입니다. 조선이 일본과 사이가 나쁜 것을 중국도 잘 알고 있었고 청이 파악하고 있는 것보다 우리에게 일본이 훨씬 위협의 대상이었던 것도 확실합니다. 이미 1876년 조일수호조규 때부터도 문제가 됩니다만 청이 왜 결일본을 그래도 권고했을까를 유심히 살펴보아야 합니다. 우리 내부에서도 일본과 수호조규를 맺어야 되나, 말아야 되나에 대해 많은 논란이 있었습니다. 현실은 국제적 힘의 각축이 상대적으로 완화된 속에 청일전쟁이 벌어져서 결국 청이 패배하는 결과를 가져왔습니다. 이런 속에서 조선이 일본과의 관계를 결로 맺으면 어떻게 되느냐는 어려운 질문입니다. 그때 결이라는 의미는 일단 전통적인 의미에서 소위 교린 관계의 회복이라는 의미로 받아들여집니다. 그러나 조선이 현실적으로 자강만으로 일본을 상대하기 어렵고, 청도 자신 있게 일본을 견제하기 어려운 속에서 청은 조선으로 하여금 일단 일본과 관계를 정상화하고 구미 열강과 조약을 맺어 균세를 모색하기 바랐던 것입니다.

연미(聯美)의 문제는 성격이 상당히 다릅니다. 연을 맺어야 하는 미국과 유럽 세력들은 전통적으로는 사대교린의 기본 행동 양식을 따르지 않았던 행위 주체들입니다. 조선이 이 국가들과 연한다는 것은 전통적인 친이나 결의 관계와는 상당히 다른 의미에서 현실적인 균세의 필요성 때문에 불가피하게 관계를 설정하는 것입니다. 따라서 근대적인 국제관계의 연계 모습을 일단 상정해야 합니다.

질문: 아주 재미있는 얘기를 잘 들었습니다. 다름이 아니고 현재 동북아 국제관계의 위험 요인으로서 일본, 중국을 말씀하고 또 힘의 중심 또는 주체로서 미, 일, 중을 말씀하셨습니다. 그러나 러시아는 구소련이 붕괴된 이후 새로운 힘의 주체로서 국제 무대에 나서기는 힘들 것이라는 뜻으로 이해를 했습니다. 선생님뿐만 아니라 국제관계 전문가들이 러시아를 분석 대상에서 빼고 있습니다. 러시아를 전혀 없는 것처럼 다루는 것에 대해서 나는 아주 의문을 갖고 있는 사람입니다.

과거 러시아가 위험의 요인으로서 인정되고 있을 때 일본 사람들은 경제력이 아니라 이념과 군사력을 보고 러시아를 무서운 나라로 인정했습니다. 즉 안보 면에서입니다. 그런데 지금 러시아는 군사 면에서 아직도 핵 대국입니다. 러시아가 변했다면 주로 이념 차원에서 외교 자세, 외교 독트린이 달라졌습니다. 체제 변화 과도기에 러시아는 대외적으로 적극 외교 또는 팽창주의를 그만두고 주변 국가에 대해서 힘을 과시하지 않고 있기 때문에 힘을 인정 못 받고 있는 것이 아닌가 합니다. 그런데 외부에서 러시아를 그렇게 보는 것이 과연 옳은 것인가라는 문제입니다.

왜냐하면 러시아가 지금 국내의 여러 문제에 손발이 묶여서 못 나가지만, 생각만 달리해도 어느 정도 적극 외교를 추진할 수 있다고 봅니다. 만약 보다 적극 외교를 추진하면 동북아에서 러시아의 존재가 좀 더 부각될 겁니다. 한반도나 중국, 일본에 대해서도 그렇습니다. 러시아는 없는 것처럼 무시해 버려도 되는 존재가 아니라 적어도 중장기적으로 우리가 국가전략을 생각할 때 반드시 포함시켜야 한다는 것이 나의 주장입니다.

다른 하나는 "현재 러시아가 아주 혼란 상태에 있고 그렇기 때문에 국력이 약화되어 외부의 위협이 되지 않기 때문에 안심이다"라는 견해가 있지만 러시아가 긍정이 아니라 불안정 요인이 될 수도 있다는 점입니다. 특정 국가의 내부 혼란 상태에서 파생된 불안정성도 하나의 위험 요인입니다.

하영선: 글쎄요. 제가 평생 러시아와 함께 살아오신 유 선생님 의견을 평할 수 있는 입장은 아닌 것 같습니다. 단지 위협 요소 분석에서 러시아를 포함하지 않는 문제에 대해서는 선생님이 요약하신 대로 두 가지 문제를 고민해 볼 필요가 있습니다. 우선 지역 차원에서 본다면 러시아 극동군을 어떻게 평가할 것이냐 하는 문제가 단·중기적으로 있습니다. 동북아 국가들의 국방백서 수준의 자료를 중심으로 얘기하자면, 일본 경우는 방위청이 보다 신중하게 이 지역의 러시아 극동군의 군사력을 평가해 온 것으로 보이는데, 작년 말 신방위계획 대강이나 그와 연관된 신중기방위계획을 마련하는 과정을 살펴보면 소련의 위협을 핵심으로 잡는 것은, 일본 내부를 설득하는 데 상당히 어려움을 겪고 있는 것 같습니다. 따라서 러시아 군사력의 직접적인 위협 대신에 다양한 위협의 가능성들이 이 지역에 존재하므로 일본 군사력을 어떤 식으로 재편, 또는 계속해서 유지, 강화해 나가야 할 것인가라는 형식을 취하고 있습니다.

러시아의 동북아에서의 역할에 대해서 비전문가 입장에서 이런 생각은 듭니다. 선생님 말씀하신 대로 러시아 극동군이 완전히 해체 상태에 있는 것은 분명히 아닙니다. 그러나 그런 군사력이 국제정치에서 본격적으로 힘의 수단으로써 작동하려면 상당한 시간을 필요로 하며, 동시에 노력을 필요로 합니다. 군사력이 국제정치 관계에서 힘으로 작동하기 위해서는 군사력이 효율적으로 유지, 강화되어야 하는데, 러시아의 국력이 빠른 시기에 회복되지 않으면 점차적으로 러시아 극동군은 어려움을 겪게 되리라는 것이 지금 현재 상황이 아닌가 합니다. 숫자적으로는 적어도 증강되는 모습을 보이지 않고 상대적으로는 축소 지향적인 모습을 띠고 있습니다. 내부적으로는 시간이 갈수록 상당히 어려움을 겪을 위험성에 직면하고 있는 것이 아닌가 하는 생각이 듭니다.

또 하나 더 큰 문제는 러시아 군사력이 단·중기적으로 이 지역에서 국제정치력으로 전환되기에는 상당히 애로가 있는 상황에서, 국내 정치 문제는 어떻게 진행될 것이냐 하는 것입니다. 유 선생님이 두 가지 지적을 하셨는데 하나는 중앙과 지방과의 관계로, 이 지역의 상대적인 자율성이 더 강화되는 경우의 불확실성은 어떻게 할 것이냐 하는 문제와 중앙 차원에서 러시아 민족주의나 러시아 국가주의의 부활이 이루어지는 경우에 사태는 상당히 달라질 것이라는 것입니다. 그런데 러시아 국가주의의 상대적인 강화가 이루어지고, 군사력을 대외 정책의 핵심 수단으로 채택하는 경우에 러시아 국가주의의 생명은 대단히 짧아지고 오히려 문제는 해결되는 것이 아니라 더 어렵게 되리라는 생각입니다. 그렇더라도 그 상황 속에서 대단한 혼란이 오지 않으리라고 예상할 수도 있겠습니다만 만약 러시아 국가주의가 지금 현재 러시아가 겪고 있는 어려움을 풀려고 군사력을 대외관계의 핵심 수단으로서 다시 채택하고, 경제적인 배분이나 그동안 급격히 줄어가는 추세를 보였던 군사비를 대폭 강화해서 문제를 풀려는 경우에 문제는 더 어려워질 것입니다.

또 하나 러시아의 동북아 지역이 상대적 자율성을 강화하거나 독립적인 행동 단위 주체로서 등장할 가능성과 그에 따른 불안정성에 대해서는 자신 있게 얘기하기는 어렵습니다. 중국 경우는 등소평 이후 체제에서 중앙과 지방 관계에 대해 극단으로 보는 입장에서는 분리될 가능성을 전망하는 소수 분석도 있습니다마는 러시아의 경우, 중앙과 시베리아와의 관계에서 그 고리가 끊어져서 이 지역이 독자적인 단위체로서 활동할 가능성이 있느냐는 것을 물으셨으나, 러시아 전문가가 아닌 저로서 자신 있게 답변하기는 어렵습니다.

질문: 19세기의 조선책략이 러시아의 위협을 상정하고 그것을 대처하기 위한 것으로 제시된 것이었다면 21세기의 조선책략은 위협의 주체를 분명하게 상정하지 않은 것이라는 느낌이 듭니다. 우리의 상황을 고려할 때 군사적으로는 어느 나라도 자극하지 않도록 동맹에 가입하지 않되 경제적으로는 번영을 하기 위해서 모든 나라들과 연립하거나 협조하는 것이 실질적으로 가능한지, 그리고 그것이 이론적으로 어떻게 뒷받침이 될 수 있는지 말씀해 주셨으면 합니다.

질문: 선생님께서 잡은 비교사적 맥락이 19세기 말과 20세기 말 100년 간의 차이입니다. 세계화 진행과 더불어 국민국가들이 완성된 단계와 국민국가가 시장 개척을 통해서 치열하게 각축하는 단계와는 커다란 차이가 있다고 생각합니다. 역사적으로 봤을 때 전혀 다른 시점에서 나타났던 현상들을 비교 가능한 것인지에 대해 질문드리고 싶습니다. 다시 말해서 지금은 냉전 시대의 군사적 대결을 통해 열강과 연합을 모색하기보다는 보다 독자적인, 탈민족 국가적인 국가전략이 보다 장기적인 살길이 아닌가 하는 의문입니다.

하영선: 제가 우선 전달하려고 했던 얘기는, 19세기 중반의 동양 3국들이 전통적인 천하질서부터 유럽 중심의 근대국가질서를 받아들이게 되는 일련의 과정에서 어떤 어려움을 겪었는가 하는 것입니다. 근대국가 형성의 완성, 또는 건설이 이루어진 모습을 말씀드리는 것은 아닙니다. 잘 아시다시피 일본의 경우도 1868년 메이지 유신 이후에 근대 국민국가의 모델을 받아들이기 위한 역사적인 노력을 하게 됩니다. 구체적인 모델로 얘기하자면 일본의 근대국가 형성 과정에서 국가라는 표현을 많은 사람

들이 쓰고 있습니다만 후쿠자와 유키치가 얘기하는 국가와 카토 히로유키(加藤弘之)가 얘기하는 국가의 모습이 상당히 다릅니다. 후쿠자와 유키치의 경우에 적어도 초기의 글들을 보면 전형적으로 영국의 시민사회 국가 모델을 상정하고 있고, 반대로 카토 히로유키의 경우는 프러시아의 국가학 모델을 상정하고 있습니다. 실제 일본 근대국가 형성의 역사는 초기의 영불 모델에서 독일 모델로 전개되었습니다.

조선의 당시 상황을 보면, 대원군 섭정기인 1864년부터 1873년의 10년 동안은 전통 질서의 개혁안들, 바꿔서 얘기하자면 후기 실학이 모색했던 개혁안으로 당시 처해 있었던 대내외적인 위험과 어려움을 극복해 보려는 노력을 합니다. 결과적으로 그것이 성공할 수 없는 현실 속에서 고종 친정이 시작되는 1870년대 중반 무렵부터는 서서히 모델에 대한 고민이 시작된 것 같습니다. 그중에 초기에는 청과 일의 모델 싸움이 있었고 개화 세력들은 더 이상 청의 모델로는 당시 조선의 문제가 해결 불가능하다고 결론을 내립니다. 청은 아시다시피 1840년 아편전쟁 이후의 양무운동에서 본격적인 변법자강으로 기울어지는 과정에서 청일전쟁에서 패배하고 서양 모델의 아류인 일본도 더 이상 싸워서 이길 수 없다는 자기 확인을 할 때까지 적어도 50년 동안의 과도기를 겪게 됩니다. 그에 비해서 일본은 비교적 빠른 속도로 서양 근대국가 모델을 수용하려는 노력을 시도했으나, 결과적으로 지역제국주의의 덫에 걸려서 실패하게 됩니다. 따라서 우리 경우에 근대 국민국가의 형성사를 본격적으로 쓰려면 상당한 기간 뒤로 가야 될 것 같습니다.

제가 말씀드리고자 하는 것은 19세기의 이러한 모색과 21세기의 새로운 모색을 비교사적으로 볼 수 있는 부분이 있다는 것입니다. 제가 그동안 탈근대 지구 정치질서를 얘기하다가 비판도 많이 받았습니다만, 최근에 와선 비판하던 분들도 탈근대라는 말을 다 쓰고 계십니다. 제가 탈근대 지구 질서에 관한 세미나를 여기서 하면서 여러분들과 같이 고민을 했던 시절에도 이런 얘기를 했었습니다. 중세의 딜레마에 부딪혀서 새로운 질서의 사고와 행동 양식, 그리고 제도에 대한 모색이 유럽을 중심으로 서서히 전개된 근대 초기의 200~300년 기간을 살아간 사람들은 사실은 근대가 아닌 중세를 살았다고 생각합니다. 그래서 오늘의 역사적 성격을 규정하는 게 대단히 어려운 문제인데, 유럽과 동아시아로 나눠서 본다고 한다면 동아시아나 동북아질서에서는 근대적인 모습이 상당한 시간을 아직도 주도할 것으로 보입니다. 물론 그중에 일정 부분은 탈근대적인 요소가 들어오는데 그 비중은 유럽에 비해 상대적으로 대단히 낮을 것으로 예상됩니다.

한편 근대 국제질서의 노쇠기에 들어선 유럽은, 다시 회춘해 보려는 절실한 몸부림으로 탈근대 지향적인 사고, 행동 양식, 제도적인 모색의 구체적 표현인 유럽연합을 본격적으로 추진하고 있습니다. 정말 회춘이 될지는 모르겠습니다. 반면에 동아시아는 전통적인 세계질서 속에서 살다가 뒤늦게 19세기 중반부터 서양의 근대 국민국가나 국제질서를 받아들이기 시작한 이래, 아직도 근대 질서의 청년기에 있다는 생각이 듭니다. 따라서 상당한 시간 동안 근대국가들의 각축전이 진행된 다음에, 비로소 또 하나의 변모를 모색하게 될 것입니다. 그러므로 동아시아 질서에서 19세기의 모습과 21세기의 모습에 비교 가능한 부분이 존재한다는 얘기입니다.

냉전의 뚜껑을 벗기니까 나타난 탈냉전의 질서가 유럽에서는 탈근대적인 모습이 상당히 강하게 표출되어 갈등과 협조가 공존하는 모습을 나타내는 데 반해서, 동아시아에서는 미소가 중심이 되어 형성된 냉전질서 이후의 모습은 근대적인 각축을 그대로 하면서 제한적으로 협조하는 형태를 보여주고 있습니다. 이 경우에 훨씬 어려운 질문으로 위협의 내용이 명확하지 않고 애매하다는 문제가 등장하게 됩니다.

제가 말씀드리려고 했던 것은 19세기의 유럽 세력이 군사 국가나 경제 국가의 모습을 완성하고 식민지 국가의 형태로서 전 세계로 확산되어 마침내 아시아까지 와서 각축을 벌였던 양상과 비교해, 21세기에는 탈냉전 질서가 지구적으로 확산되고 있음에도 불구하고 동아시아에서는 탈냉전의 모습으로 진행되지 않고 또 하나의 변형된 세력 각축의 위험이 명백히 존재하고 있다는 점입니다.

그중에 19세기의 분석에서 영국의 영향 속에 청이나 일본이 방아를 핵심적인 위협으로 삼았던 경우와 대비해 본다면, 21세기의 세력균형에 따라 어느 세력이 특히 한반도의 상대적인 자율권을 제약하는 힘으로서 작동하게 되겠는가 하는 문제가 제기됩니다. 이러한 경우에, 어느 한 특정 세력 대신에 미국, 일본, 중국이 그 나름의 영향력 확대를 모색할 위험성이 상당히 존재한다는 것입니다. 장기적으로는 러시아까지 포함해서, 힘의 각축 상황의 전개가 다가올 위험성이 있다면, 주적이 당장 등장하지 않더라도, 그 속에서 우리가 활동할 수 있는 공간과 쓸 수 있는 영향력을 확보하는 것이 생존 번영 전략의 핵심이 돼야 합니다.

그 경우에 가령 군이 미일 축을 보다 강하게 품고 중국을 상대적으로 약하게 품는 형태로 막연하게 설명하기보다 군사적으로는 중립하고, 경제적으로는 상대 국가들을 활용하는 다양한 방안을 상정해 볼 수 있지 않겠는가 하는 지적이 있었습니다. 제 생각으로는 21세기의 각축의 모습은 물론 19세기와 비교하면 일정한 차이가 있을 겁니다. 아까 말씀드린 대로 '19세기가 20세기 말에 반복된다'는 극단론도 있습니다만, 좀 더 꼼꼼히 역사적인 전개를 들여다보면 그렇게 도식화하기는 대단히 어렵고 동질성과 이질성들을 조심스럽게 발라내야 할 것으로 생각합니다. 21세기 행위 주체의 움직임을 유심히 보면, 19세기보다는 훨씬 복잡한 것이 명백합니다. 21세기의 유럽에서는 이중적인 행위 주체를 만들려는 모습으로 드러난다고 했는데 불행하게도 동아시아는 일차적으로 개별 국가가 상대적으로 눈에 두드러지되, 제한적으로 경제적인 차원의 APEC이나 또는 군사적 차원의 다자안보협력을 강화하자는 논의가 이루어지고 있습니다. 단위체의 활동 영역도 19세기에는 식민지 국가가 앞에는 군사력을, 그 뒤에는 경제력과 또 이념력을 세우고 들어왔다면, 21세기 활동 영역의 갈등이나 쟁패는 과거보다 좀 더 다양하고 복합적인 것으로 정치, 군사, 경제, 사회, 문화의 전반적인 면에서 벌어질 것입니다.

그런데 이러한 상황에서 상대방을 품거나, 때로는 활용해야 한다고 말한 군사 영역에서 중립이라는 문제는 간단하지 않습니다. 동아시아 지역에서는 불행하게도 이런 각축의 모습이 탈근대가 아닌 근대적 성격을 지니면서 19세기적인 양상과 유사하게 가시화되고 있습니다. 일부 비판론자들은 이미 동아시아는 군비경쟁으로 들어갔다고 말하는데 전 세계적으로 군사비가 상당히 빠른 속도로 줄어드는 추세를 보이고 있는 데 비해, 이 지역의 군사비는 다시 늘어나고 있습니다. 미국의 군사비는 상대적으로 줄어들고, 일본의 군사비는 현상 유지되는 상황이며, 중국의 군사비는 상당히 늘어나고 있습니다. 또한 남북한의 군사비가 모두 증가하는 추세이고, 대만의 군사비는 급격히 늘고 있으며, 심지어 동남아의 군사비도 현상유지 내지 강화되는 모습을 보이고 있습니다.

이러한 여건 속에서 우리가 군사적 중립의 길을 통해서 효율적으로 상황을 타개할 수 있는가에 대해서는 저는 조금 자신이 없습니다. 결국, 지구주의적 민족주의, 즉 군사, 경제, 기술, 정보, 환경, 교육 등의 여러 영역에서 자강적인 요소를 갖춰야만 할 것입니다. 내부적인 힘의 기초는 국민이 갖춰야 하고, 외부적으로 군사적인 차원에서 얘기하면 통일 이후의 한반도 차원에서 방어적 형태의 군사력을 견실하게 유지, 강화해야 할 것입니다. 현재와 같이 빠르게 증가하는 주변 국가들의 군사력을 어떻게 상호 견제시킬 것인가 하는 문제는, 주변과 격리되어 힘의 균형을 이루는 중립이 아니라 다자안보협력을 통해 주변 국가와 상호 균형을 모색하는 방향으로 풀어야 할 것입니다. 그러나 세력균형적 차원에서 이 문제들을 효율적으로 조정하는 것이 쉽지 않으며, 또 단·중기적으로 지역 군사 차원의 조정 방식이 동아시아 지역에서 커다란 역할을 하기에는 어려운 일면을 가지고 있다는 생각이 듭니다.

총체적으로 말씀드리면 지구주의적 민족주의라는 표현은 근대적인 시각에서 본다면 명백히 모순입니다. 즉, 지구주의는 지구 차원의 열린 공간 속에서 자신을 키워나가려는 개방적 접근 방식인 데 비해 민족주의는 상대적으로는 배타적 공간을 자기 것으로 갖춰나가려는 모습이며, 이 두 개념은 서로 상반된 모순에 부딪히게 됩니다. 제 개인적인 생각으로 지구주의와 민족주의를 양분법으로 생각하게 만들었던 것이 근대적 사고의 핵심이라고 한다면, 다가오는 시기에 새로운 문명의 기준으로서 등장하는 주도 세력의 사고, 행동 양식, 제도는 지구주의와 민족주의를 상호 모순되지 않게 작동할 수 있을 것으로 봅니다. 그런 의미에서 상대적으로 힘이 약한 우리가 주변 국가와의 힘겨루기에 맹목적으로 뛰어들면 중립이 아니라 종속을 결과하게 될 것입니다. 따라서 뛰어들면서 동시에 자기 자율성을 획득하는 묘안을 개발하지 않고서는 21세기를 성공적으로 살아가기 어려울 것입니다.

좀 비관적으로 이야기하자면, 중요한 예로서 한반도의 남북한을 보는 경우에 북한이 적어도 상당 기간 추구해 왔던 것은 21세기의 위정척사적인 모색이었습니다. 이러한 북한의 위정척사는 그 나름의 명분을 분명히 가지고 있습니다. 그러나 북한의 경우도 시간의 흐름에 따라서 북한 나름의 국제화, 세계화라는 문제를 생각하지 않을 수 없는 현실에 직면하고 있습니다. 최근 김정일의 논문들에서도 누누이 강조되고 있는 것이지만 북한이 직면하고 있는 최대의 고민은 개방을 하면서도 그 부작용을 어떻게 차단하는가 하는 것입니다.

우리의 경우는 모든 활동 영역에서 북한보다 훨씬 열린 형태로 대외적인 정책 방향을 설정하고, 특히 경제적인 차원에서는 WTO 체제하에서 활동할 수밖에 없습니다. 그러나 국제정치의 위상으로 보면 아직까지는 중진국의 위치에 놓여 있는 한국은 일방적으로 개방한 상태에서의 종속적인 위험성을 배제하기 어렵습니다. 따라서 북한과는 상당히 다른 정도의 배합률로 민족주의와 지구주의를 어떻게 조화시키느냐 하는 것이 21세기 신한국 책략이 풀어야 할 최대의 화두라고 생각합니다. 동시에 정책적인 차원뿐만 아니라 한국의 정치학이나 국제정치학이 당면하고 있는 최대의 화두로 생각합니다만 학계에서 본격적 논의가 이루어지지 못하고 있습니다.

사회자: 감사합니다. 시간 문제도 있고 해서 한 분만 더 질문을 받겠습니다.

질문: 이 주제에 관련해 선생님 말씀을 몇 번 들을 기회가 있었는데 논지가 점점 구체화되는 것 같습니다. 결론적으로 말씀드린다면 오른팔로 미일을 꽉 껴안고 왼팔로 중국을 품으라는 말씀을 하셨습니다. 19세기 말에 『조선책략』의 요지가 친중국, 결일본, 연미국이라고 하셨는데 선생님의 말씀은 21세기의 책략은 친미국, 결일본, 연중국으로 이해가 됩니다. 19세기 『조선책략』에서 말하는 친중국의 친이 가족관계같이 친밀한 것을 뜻하지만 동시에 위계적인 사대 관계라고 말씀하셨습니다. 19세기 중국과의 사대 관계와 오늘날 한미동맹은 기능적인 역할에서 같기 때문에, 우리가 취할 수 있는 책략이 100년 전에 친중국, 결일본, 연미국했다면 지금은 친미국, 결일본, 연중국할 수밖에 없는 것 같습니다.

그런데 제가 항상 선생님의 말씀을 들으면서 한편으로는 멋있으면서도 다른 한편으로 실천 가능성에 대해 의문이 있습니다. 선생님께서는 우리가 취해야 할 새로운 전략의 근대적 그리고 탈근대적 측면을 동시에 강조하고 계십니다. 근대적인 측면에서 한반도를 포함한 동북아는 여전히 부국강병을 기반으로 자강과 세력균형을 추구하고 있으므로, 우리도 군사력을 포기하거나 중립으로 가기 어렵다고 말씀을 하십니다. 동시에 탈근대적인 요소로서 전략 구상의 단위를 복합적으로 상정해서 동북아에서 탈출하기 위한 탈근대 지구 전략이 필요하고 동시에 소프트웨어 측면에서 기(氣)까지 말씀하셨습니다.

가령 일본의 경우에는 명실상부한 군사적, 정치적 리더십을 이야기하는 '보통국가론'과 경제적, 문화적 국제 공헌을 강조하는 '평화국가론'을 들 수 있습니다. 이들 전략은 어느 정도 상호 배타적이기 때문에 선택하기 쉬운데 선생님께서는 군사와 비군사, 근대와 탈근대 모두를 포함하는 전략을 제시하고 계십니다. 다자 체제적인 군사로 나가는 탈근대적인 방향을 지적하시면서도 현재의 한미 관계의 기본 틀과 한미일 공조 체제를 공고히 유지해야 한다는 현실론적 입장을 취하고 계십니다.

예를 들어서 대만을 쟁점으로 미국과 중국이 충돌하는 상황을 가정했을 때 우리는 군사적으로 아마도 미국에 동조해야 할 입장에 처할 것입니다. 냉전 동맹 체제의 성격상 한쪽으로는 기존 체제에 발을 딛고 있으면서도 또 한쪽으로는 우리에게 이로운 방향으로 변화를 모색하려고 하는 것이 제안하시는 향후 우리 전략의 기본 성격 같습니다. 그러나 현 체제의 이득을 취하면서도 위험부담 없이 변화를 동시에 모색한다는 일은 매우 어려운 과제입니다. 여러 시나리오를 상정할 수는 있지만 장기적인 비전으로서의 전략에 대한 선생님의 입장은 너무 모든 것을 끌어안고 있지 않은가 하는 생각이 듭니다.

하영선: 제가 비교적 자유스럽게 한 얘기의 내용들을 꼼꼼히 들으시고 상당히 모순된다고 말씀하시니까 반론할 여지는 별로 없습니다. 다만, 몇 가지 분명히 할 것은 21세기적인 차원에서 친미라는 개념에 전 별로 동의하지 않습니다. 1980년대 대논쟁에서도 제가 회색인이라는 비난을 받으면서도 친미, 반미의 와중에서 용미(用美)를 하자는 얘기를 계속 해왔습니다. 얼른 보면 친미와 용미가 비슷할 수도 있지만, 미국 사람들은 반미보다 용미가 더 다루기 힘들다고 얘기를 하고 있습니다. 따라서 굳이 조선책략적으로 표현한다면 용미일하고 연중하자는 정도가 되지 않을까 생각합니다.

두 번째로 근대적인 요소와 탈근대적인 요소의 혼란은 이렇게 정리할 필요가 있습니다. 그 혼란이 바로 우리가 겪고 있는 어려움입니다. 우리가 살고 있는 아시아 공간에서 겪고 있는 숙제가 분명히 근대와 탈근대의 요소를 동시에 포함하고 있습니다. 특히 우리 경우에 불행하게도 역사적으로 숙제들이 순차적으로 다가오지 않고, 전통적인 문제의 해결도 이루어지지 않은 속에서 근대의 숙제를 풀어야 되고, 또 근대의 숙제를 채 풀지 못한 속에 다시 탈근대적인 숙제가 다가오는 상황에 있기 때문에 삼중적인 숙제를 동시에 풀어야 할 수밖에 없는 어려움에 빠져 있다는 것입니다.

따라서 선택지를 마련하는 경우에, 예를 들어서 일본에 대한 논의도 소위 보통국가론 대 지구시민세력론의 논쟁들이 진행되는 속에서 일본 문제를 보다 구체적으로 대응할 수 있는 신한국 전략을 쓰려면, 보다 장기적인 시간의 축에서 일본의 장래를 전망하고, 그 대응책을 모색해야 합니다. 단·중장기 계획에서 근대와 탈근대의 숙제를 풀어가는 비중의 배분에 있어서도 배분율을 어떻게 설정해야 할 것이냐 하는 문제가 나옵니다. 그런데 혼란스럽게 이중 목표를 설정해야 하는 이유는 동아시아 질서 자체가 근대적 역사의 후유증을 상당 기간 거칠 상황이기 때문에, 근대를 넘어서는 목표를 설정하는 동시에 근대적인 문제의 딜레마에 대한 대비가 없이는 미래를 헤쳐나갈 기회가 마련되지 않는 어려움에 봉착하게 되기 때문입니다. 반대로, 19세기적인 목표를 완성하기 위해 근대 국민국가의 부국강병 모델을 신한국 책략으로 설정하는 경우, 그것의 완성이 이루어질 즈음에는 그것 자체의 모순 때문에 나타나는 새로운 목표들을 추구해야 하는 더 큰 어려움을 겪게 될 것입니다. 그래서 상당히 어려운 얘기입니다만 양 눈 중 왼쪽은 근대적인 숙제를, 오른쪽은 탈근대적인 숙제를 바라보는 사팔뜨기의 어려움 속에서 문제를 풀어나가야 한다는 생각이 듭니다.

마지막으로 구체적으로 현안 문제에 대해서 어떤 입장을 취할 것이냐 하는 문제입니다. 요즘은 신문에 글을 자주 쓰지 않으니까 정부 정책에 대해서 비판할 기회가 별로 없습니다만 답답한 것은 일본이나 미국이나 중국과 연관된 이슈가 제기될 때 과연 우리가 장기 전략 구상이 있는가 하는 것입니다. 동아시아의 세력 판도가 어느 쪽으로 짜여져 간다고 생각하고 있으며, 또 보다 장기적으로는 근대와 탈근대의 숙제가 뒤범벅 된 상황에서 어떻게 주변의 힘들을 활용하고, 미국, 일본, 중국을 다루려는 것이냐 하는 면에서는 여러 가지 정리할 것이 있다고 생각합니다. 가령 국내에서 미중 등거리 외교가 필요하다는 지적도 있었고, 중국 붐도 있었습니다. 그에 대해서 제가 말씀드리고자 하는 것은 단·중기적인 시간 축으로 보면 중국을 노골적으로 꽉 품는 경우에, 우리가 미일과 연계되어 있는 근대, 탈근대의 공간에서 미일을 활용할 영역에서 상당한 타격을 받을 위험성을 가지고 있습니다. 따라서 단·중기적으로는 동시에 미일과 중국을 품도록 노력하되, 적절한 불균형이 필요할 수밖에 없습니다.

이러한 품음의 강도를 판단하는 데에는 세종연구소의 역할이 굉장히 중요하다고 생각합니다. 우선 21세기의 미국, 중국, 일본 그리고 러시아에 대한 우리 나름의 조심스러운 평가가 필요하고 그에 따라서 조심스럽게 품는 정책을 추진해야 할 것입니다. 현안 문제로 시끄러운 일본과의 관계도 마찬가지입니다. 역사 문제 발언이나 독도문제를 다뤄나가는 과정에서 어느 선까지 일본을 몰아갈 것이냐, 그것으로 일본에게 앞에서 이기고 뒤에서 지는 사태에 대한 준비가 얼마나 되어 있는가, 또 일본과의 관계를 중장기적으로 어떤 구도하에 설정할 것이냐 하는 고민을 깊이 있게 해야 합니다. 버르장머리를 고칠 것이라는 식의 감정적 대응보다는 한일 관계의 중장기적 구상을 염두에 두고 역사 문제 발언이나 독도문제를 대응하는 방식이 동일하게 비판적으로 문제를 끌고 가더라도 훨씬 효과적일 것입니다. 대미 관계도 마찬가지입니다. 대미 관계는 점점 복잡한 문제가, 특히 남북한 문제와 연관되어 다가올 것이라고 생각합니다. 왜냐하면 아까 말씀드린 대로 북한의 입장에서는 미국이 대단히 적극적으로 관여와 확장 정책의 틀에 북한을 이미 포함시킨 것으로 읽고 있는 것 같고 따라서 북한의 유연성에 따라 대단히 빠르게 관계 개선이 이루어질 수 있다는 낙관적 상황판단을 하고 있는 것 같습니다. 따라서 북한은 주한미군 문제를 선행조건에서 병행 조건으로 또는 조건부 병행 내지는 후행 조건으로 전환시키는 대신에, 미국과의 경제 관계나 정치 관계 더 나아가서는 군사 관계에 새로운 돌파구를 찾아보려는 노력을 기울이게 될 것입니다. 이러한 과정에서 한미 관계의 갈등이 생기는 경우에 미국을 어떻게 다룰 것이냐의 판단은, 단기적으로 다가오는 문제만으로 다루어질 것이 아니라 미국이 중장기적으로 동아시아 지역에서 어떤 역할을 할 것이냐라는 보다 장기적 전망 속에서 이루어져야 합니다. 추상적 대답인지는 모르지만 최근 진행되는 우리 외교의 2차원적 사고의 수준에서 한미 관계를 단기적인 양자관계의 문제로서 대응하려는 한계를 넘어서서, 한미 관계의 문제를 지역 공간의 장기적이고 동태적인 틀의 일부로서 보아야 하며, 더 나아가서는 지구 전체 공간의 틀에서 파악해야 할 것입니다.

 마지막으로 얘기를 하나 더하면 일본의 상대적인 쇠퇴 논의와 연관해 일본이 겪고 있는 최근 어려움들의 중요한 이유는 19세기의 표면적 성공이 21세기에 부담이 되고 있다는 것입니다. 특히 재미있는 얘기는 국제화나 세계화와 연관되어서 '하는 국제화'와 '되는 국제화' 바꿔 말해서 '이끄는 국제화'와 '따라가는 국제화'의 갈림길에서 일본은 이미 '이끄는 국제화', '만드는 국제화'를 추진해야 할 단계에 직면했다는 것입니다. 바꿔 말하자면, 지역적 또는 지구적 차원에서 새로운 모델을 일본 스스로가 발상해야 할 상황에 놓여 있습니다. 그것은 분명히 단순한 경제력이나 군사력으로만 이루어지는 것이 아니라, 무엇보다 필요한 것은 창조적인 상상력입니다. 그러나 이러한 창조적 상상력의 공간에서 일본이 최고 선진국의 위치에 있다고 생각되지는 않습니다. 우리 경우는 아직은 모델을 따라가는 국제화, 세계화를 주로 논의하고 있습니다. 19세기의 국제화도 단순한 지리적인 확대 개념으로 파악하는 것이 아니라 전통적 세계질서에서는 야만으로 불렀던 삶의 모습을 근대 문명, 바꿔 말하자면 밝은 문화라고 부르고 그것을 모델로서 받아들였던 것입니다. 지금 21세기를 맞이하면서 또 한번 새로운 문명이 어디엔가 존재할 것이라고 생각하고 이를 따라가 보려는 세계화의 모습을 보게 됩니다. 그러나 한반도도 언젠가는 새로운 문명의 표준을 만들려는 노력을 본격화해야 할 것입니다. 이러한 새로운 문명의 표준을 만드는 과정에서는 역사적인 현실이 근대와 탈근대로 쉽사리 구분된다고 생각하는 것 자체가 대단히 근대적인 접근이기 때문에 근대적인 모습과 탈근대적인 모습의 목표를 동시에 설정할 수밖에 없을 것입니다. 이러한 목표가 어느 정도 달성될 수 있다면, 우리의 생각, 행동, 그리고 제도가 지구 차원에서 문명 표준으로 받아들여질 수 있으리라는 기대를 가지고 있습니다. 언젠가 세종연구소에서 또 얘기할 기회가 있으면 현재와 같이 따라가는 세계화를 넘어선 다음에 우리에게 다가올 숙제라고 할 수 있는 문명의 국제정치학에 관한 얘기를 조금 더 자세히 풀어보도록 하겠습니다.

사회자: 장시간 동안 감사합니다. 오늘 발표와 토론에서 제기된 문제들에 대한 논의가 본격화돼야 한다는 생각이 들고, 우선 세종의 ≪국가전략≫에 실려서 학계의 관심과 논의가 계속 되었으면 하는 바람입니다. 다시 한번 감사드립니다.

21세기의 서유견문: 국제화와 세계화*

"21세기의 서유견문(西遊見聞): 국제화와 세계화"라는 주제는 세분된 전공 분야로 보자면 21세기는 미래학자가 다룰 영역이고, 『서유견문』은 19세기 한국 근대사 학자가 주로 연구할 주제이다. 따라서 엄밀한 의미에서 어느 분야에 대해서도 고도의 전문성을 가지고 발언할 수 있는 위치에 있지는 않으므로, 조금 자유롭게 주제를 다룰 수 있으리라는 생각도 든다.

'19세기 속의 21세기', '21세기 속의 19세기' 또는, '과거 속의 미래', '미래 속의 과거'라는 시도는, 19세기 『서유견문』의 연구자에게는 21세기적인 차원에서 19세기를 보게 하고, 또 반대로 21세기를 보는 미래학자에게는 19세기의 역사적 기반 위에서 21세기를 바라보도록 하려는 것이다. 이러한 접근이 경우에 따라서 해당 분야를 골똘히 들여다보는 전문가에게 의외의 자극을 줄 수 있지 않은가 하는 생각에서 이야기를 시작하고자 한다.

* 이 글은 한림대학교 한림과학원 제108회 수요세미나(1997년 10월 8일)에서 발표한 내용을 재구성한 것이다.

1. '세계화' 개념의 혼란

"21세기의『서유견문』"의 부제로 "국제화와 세계화"의 제목을 붙인 것은 개인적으로 19세기에 대한 공부를 시작하게 된 요인과 관련이 있다. 국제정치학자로서 역사에 대한 일반적인 관심을 넘어서서, 21세기 국제정치를 공부하면서 보다 구체적으로 19세기 국제정치에 관심을 가지게 되었기 때문에, 나의 19세기에 대한 문제의식의 출발은 21세기였다. 21세기 세계질서의 새로운 변화와 관련해, 최근 3~4년 동안 국내적인 차원에서도 뒤늦게 세계화라는 말이 일종의 정치적 슬로건으로서 유행하고 또 그에 따라서 학계에서도 세계화에 대한 다양한 토론이 진행되어 왔다. 국제적인 차원에서도 지구화(globalization)에 관한 연구 작업이 급격히 늘어나고 있다.

그러나 국내의 세계화 논의나 해외에서 진행되고 있는 지구화 논의를 검토해 보면, 논의하는 사람 간에 상당한 혼란을 겪고 있다는 것이 느껴진다. 이는 진정한 의미의 세계화에 대한 이해와 합의는 이루어지지 않은 상황 속에서 논의가 무분별하게 진행되고 있기 때문이다. 특히 국내의 세계화 논의는 다음과 같은 세 가지 오해가 존재하고 있다.

세계화에 대한 첫 번째 오해는 세계화를 단순히 삶의 지리적 공간 확대 차원의 지구화로서 받아들이는 것이다. 이러한 경우에 근대적 삶의 중심 단위체인 국가가 21세기 신문명의 표준을 따라잡을 수 있는 구조 재조정의 필요성을 망각한 채, 활동 공간의 무분별한 확대를 시도함으로써 국가 자체의 부실화를 초래하게 된다.

두 번째 오해는 세계화를 19세기 중반 이래 우리가 모색해 왔던 국제화의 단순한 연장으로 보는 것이다. 19세기의 국제화는 근대 국민국가의 부국강병 추구로 요약할 수 있으나, 이러한 노력만으로는 21세기 신문명의 중심 국가가 되기는 매우 어렵다.

세 번째 오해는 세계화를 미국이 주도하는 세계 자본주의 체제의 이데 올로기로서 규정하고, 이에 따라 세계화를 세계 자본주의 체제의 주변국이 중심 세력에게 종속화되는 것으로 받아들이는 소극적 태도이다. 그러나 이러한 입장에 따른 21세기적 쇄국정책으로는 21세기 신문명의 새로운 변화를 따라잡기가 현실적으로 불가능하다.

이러한 세 오해를 넘어서서, 지구화, 세계화, 또는 세방화라고 부르는 21세기적인 현상을 제대로 이해하기 위해서는 기존 논의를 넘어서는 새로운 개념 규정으로서 '복합화로서의 세계화'가 필요하다. 새로운 세계화의 의미를 분명히 하기 위해서 한반도의 국제화사(史)를 추적해 19세기의 국제화와 21세기의 세계화를 명확히 구분하려고 한다. 이를 위해서, 우선 21세기적인 문제의식에서 19세기를 분석하는 초보적인 작업부터 시작하고자 한다.

2. 19세기의 국제화: 근대 국민국가의 부국강병 추구

19세기는 유럽의 근대 국제질서가 전 세계로 확산됨에 따라 전통적으로 중국을 중심으로 하는 천하질서 속에 살아왔던 조선은 커다란 충격을 받을 수밖에 없었던 시대였다. 새로운 삶의 질서와 부딪히는 과정에서 그것을 어떻게 받아들여야 하는가 하는 고민은 우리가 21세기에 새롭게 변화하고 있는 삶의 질서를 어떻게 개념화하고 받아들여야 할 것인가 하는 고민과 유사한 모습을 띠고 있다.

19세기의 변화는 21세기의 세계화와 구별해 국제화라고 부르는 것이 적절하다. 이러한 국제화의 의미를 바르게 이해하기 위해서는 19세기 동아시아의 국제화를 담기 위해 당시 새로운 언술 체계로서 등장한 '문명개화'에 대한 심층적 분석이 필요하다. 오늘날의 입장에서 보면, 그리 대단해 보이지 않지만, 19세기 당시 상황에서 동양이 전통적으로 야만으로 불렀던 서양을 밝은 문화, 즉 '문명(文明)'으로서 받아들인 것은 혁명적인 변화라고 할 수 있다. 따라서 동아시아에서 '문명' 또는 '문명개화'라고 하는 말이 어떻게 쓰이기 시작해, 보다 본격적인 언술 체계로 자리 잡게 되었는가를 주목해 볼 필요가 있다.

1) 'Civilization'과 문명(文明)

문명은 civilization의 번역어이다. 이 용어는 프랑스 혁명의 주요 인물이었던 미라보 백작의 아버지인 빅토르 드 리케티 미라보 후작(Victor de Riqueti, Marquis de Mirabeau, 1715~1789)이 1757년에 처음으로 사용한 것으로 알려져 있으며, 프랑스 혁명 전후에는 폭넓게 전파되는 기회를 맞이한다. 원래 civilization의 어원은 도시 밖의 야만인에 대비되는 도시민을 뜻하는 라틴어 civis의 형용사인 civilis에서 찾을 수 있다. 그렇다면, 왜 18세기 당시에 프랑스 지식인들이 자신들의 문화를 도시인화한다(civilize)의 명사형(civilization)으로 부르기 시작했는가 하는 것이다. 자기들의 사고, 행동, 제도의 표준성에 대한 자신감의 표현으로서 로마에서 도시의 밖과 안을 기준으로 야만과 문명을 구분하는 데 사용하던 용어를 빌려 당시 프랑스적인 삶의 모습을 부르기 시작했던 것이 점차 확대된 것이다.

문명사적 시각의 선구자로서 일본의 후쿠자와 유키치에게 커다란 영향을 미친 프랑스의 프랑수아 기조(François Pierre Guillaume Guizot, 1787~1874)는 『유럽문명사(Histoire de la civilisation en Europe)』(1828)에서 프랑스의 역사를 일국사가 아닌 문명 표준사의 시야에서 새롭게 조명

해 프랑스 젊은이의 커다란 호응을 불러일으켰다. 한편 유럽 내에서도 근대국가 형성 과정에서 상대적으로 뒤늦었던 독일에서는 자기 삶의 표준성을 강조하는 문명 개념과 대비해 자기 삶의 특수성을 강조하는 문화(Kultur)라는 개념이 19세기 중반에 자리를 잡게 된다. 프랑스와 영국의 문명과 독일의 문화 간에 개념 전쟁이 시작된 것이다. 이런 현실을 동양 3국이 바라보면서 전통적으로 '야만'이라고 불렀던 서양을 '문명'이라는 번역어로서 가장 먼저 부르기 시작한 것은 일본이었다. 그 대표적 예로서 후쿠자와 유키치를 들 수 있다. 그는 『서양사정(西洋事情外編)』(1868), 『세계국진(世界國盡)』(1868), 『장중만국일람(掌中萬國一覽)』(1869), 『학문의 권장(學問のすすめ)』(1872~1876), 『문명론의 개략(文明論之槪略)』(1875) 등에서 서양 문명을 다루고 있다. 그는 『서양사정외편(西洋事情外編)』에서 단순한 서양 사정의 소개에 그쳤다고 한다면, 『문명론의 개략』에서는 비교적 본격적인 서양 문명의 상대화를 모색한 다음에, 일본 문명의 위상 설정에 대한 자기 나름의 논리 전개를 하고 있다.

그는 구체적으로 지덕(智德)의 개화, 정법(政法)의 개화, 그리고 의식주나 기술의 개화를 통해서 안에서는 국민이 탄생하고 밖으로는 일국 독립이 이루어져야 일본이 하나의 문명으로서 자기 자리를 잡을 수 있다는 일본 문명론을 전개하고 있다. 일본에서 이렇게 수용된 서양의 문명 개념은 19세기 말 조선에서는 유길준의 글에서 다시 한번 변용되어 모습을 나타내고 있다.

2) 전통과 근대의 복합화 모색

19세기 조선에서 서양을 문명이라는 표현으로 본격적으로 받아들였던 대표적인 사람은 유길준(1856~1914)이었다. 그는 1882년 4월 일본 유학 중에 후쿠자와 유키치가 발행하는 신문인 ≪시사신보≫에 썼던 "신문의 기력을 논함"에서 문명이라는 단어를 처음 사용했다. 일본에서는 1870년대에 이미 문명이라는 용어가 유행어로서 널리 사용되었다. 유길준은 『세계대세론(世界大勢論)』(1883), 그리고 보다 본격적으로 『서유견문』(1887~1889)에서는 그 나름의 문명론을 전개하게 된다. 이에 관한 사학계의 연구들을 보면 유길준의 글은 독창적이라기보다 관련된 글들을 모아서 서술한 것이며, 그중 상당 부분은 일본의 대표적 문명론자였던 후쿠자와 유키치의 글들을 번역한 것이라고 지적하고 있다. 그러나 보다 주목해야 할 것은 단순한 유럽 문명론의 번역 경로를 찾는 것보다도 당시 일본보다 훨씬 심하게 전통과 근대의 갈등을 겪고 있던 조선에서 유길준이 서양을 '야만'이 아닌 '문명'으로 조심스럽게 부르게 되는 과정에서 후쿠자와 유키치와 비교하면 훨씬 더 깊은 지적 고민을 했다는 것이다.

동아시아를 오랫동안 지배했던 중국적 천하질서 속에서 상대적으로 주변에 놓여 있던 일본은 우리보다는 훨씬 자유로운 상황에서 서서히 '서양'을 '문명'으로 부르고 그 길로 접어들었다. 그러나 유길준은 미국 유학에서 돌아오자마자 한규설 집에 가택 연금되어 비공식적으로 외교 자문의 역할을 하다가 결국 민영익의 도움으로 취운정 별장에 자리 잡은 후 2년 가까운 기간 동안 『서유견문』을 써야 했다.

요약하자면, 19세기의 국제화 과정에서 우선, 서양인이 자신들의 삶을 스스로 문명(civilization), 즉 밝은 문화라고 자신 있게 쓰기 시작하고, 서세동점과 함께 드디어 일본이 civilization을 '문명(文明)'이라는 한자어로 번역해 받아들이고, 다시 조선에서는 유길준 등의 개화 세력이 조심스럽게 문명 개념을 도입하게 된다.

이러한 도입 과정에서 일본과 조선은 상당히 다른 상황에 놓여 있었기 때문에 유길준은 『서유견문』을 비롯한 저작을 통해 일본의 메이지 지식인들과는 다른 고민을 해야 했다. 그는 서양과의 만남에서 '전통과 근대의 딜레마'를 강하게 느끼고, 이 딜레마를 '조화' 또는 '복합화'를 통해 풀어보려는 힘든 노력을 했다. 물론,『서유견문』20편 중 상당 부분은 서양 사정을 소개하고 있지만, 자신의 서양관을 드러내는 장절(章節)들을 주목할 필요가 있다. 그는 개화를 실상 개화(實狀開化)와 허명 개화(虛名開化)로 나누고, 직설적인 표현으로 '개화의 죄인', '개화의 원수', '개화의 병신' 이야기를 하고 있다. 현대적 표현으로 바꾸면, 전통 없는 근대를 사는 사람들을 '개화의 죄인'으로, 이와 반대로 근대 없는 전통을 사는 사람들을 '개화의 원수'로, 그리고 자신의 좋은 것을 버리고 남의 나쁜 것만 받아들이는 사람들을 '개화의 병신'이라고 부르고 있다. 유길준의 이러한 견해는 흔히 알려져 있는 개화론과는 상당한 편차가 있으며 '개화'나 '수구'를 넘어선 자기 모색의 모습을 진지하게 보여주고 있다.

그러면, 유길준은 무슨 기준으로 서양을 밝은 문화 즉 '문명'이라고 불렀는가 하는 것이다. 다시 말하면, 당시 문명의 표준을 무엇으로 보았느냐 하는 문제이다. 19세기의 국제화를 단순한 지리적 공간 개념으로 이해할 것이 아니라 문명 개념으로 이해해야 한다. 19세기의 국제화는 국제질서 속에서 독립된 단위체로서 살아남기 위한 모델을 선택해서 추진하는 것이며, 동시에 그것은 정치 단위체의 생존 전략을 의미한다.

그렇게 볼 때, 당시 일본보다 국내외적으로 훨씬 어려웠던 조선에서, 유길준은 고민하면서 '문명'이라는 말을 받아들이면서 어떤 개혁 모델을 설정하고, 무엇을 고쳐야 한다고 생각했는가를 살펴볼 필요가 있다. 유길준은『서유견문』에서 여섯 분야의 개화를 말하고 있다. 우선, 행실의 개화와 학술의 개화가 이루어져야 하며, 다음으로, 정치의 개화와 법률의 개화가 필요하며, 마지막으로, 기계의 개화와 물품의 개화를 제시하고 있다.
『문명론의 개략』의 집필에 커다란 영향을 준 프랑스의 프랑수아 기조나 영국의 헨리 토머스 버클(Henry Thomas Buckle, 1821~1862)은 19세기에 각각 프랑스와 영국의 역사를 문명사의 시야에서 쓰면서 프랑스와 영국의 삶을 문명(civilization)으로 부르고 있다는 준거의 틀을 설정하고 있다. 후쿠자와 유키치는 두 사람의 문명사에 크게 영향을 받아『문명론의 개략』에서 지덕의 개화, 정법의 개화, 의식주나 기술의 개화라는 3대 개화의 필요성을 강조한다. 이러한 후쿠자와의 3대 개화론과 유길준의 6대 개화론은 구성면에서 행실과 학문을 지덕으로, 정치와 법률을 정법으로, 그리고 기계와 물품을 의식주와 기술로 대비시켜 보면, 두 모델은 상당히 유사하다. 그러나 유길준이 6대 개화를 서술하고 있는 내용을 보면, 전통과 근대의 딜레마가 일본보다 훨씬 뿌리 깊고, 또 유길준이 겪어야 했던 국내외 정치 환경의 어려움 때문에, 일본과 상당히 다른 모습을 보여주고 있다.

구체적인 예로서, 행실의 개화 경우에 후쿠자와 유키치는 유학에 대해 전형적인 비판을 하고 있지만, 유길준은 오륜(五倫)을 대단히 높게 평가하고 있다. 오륜의 보편성을 강조하면서, 동양의 행실을 변형하거나 서양의 행실을 받아들여야 할 필요는 없다고 지적하고 있다.

정법의 개화 경우에, 유길준은 서양 모델의 수용과 변모를 모색하고 있다. 정법의 개화에서 우선 중요한 것은 국제정치 공간에서 살아남기 위해 당시의 조선이 국가의 권리, 또는 일국의 자주성을 어떻게 모색하느냐 하는 문제이다. 이와 관련한 글인『세계대세론』(1883)이나『중립론』(1885),『서유견문』(1887~1889)은 1880년대 긴박하게 변화하고 있는 시대적 상황을 예민하게 반영하고 있었다. 특히『서유견문』은 당시 조선이 임오군란(1882)과 갑신정변(1884) 이후에 양절체제(兩截體制)의 어려움을 겪던 시기에 쓰여진 것이다. 우리가 근대 국제질서를 받아들일 수밖에 없는 상황 속에서 서양 제국과 개국 통상을 이루어나가지만, 또 한편으로는 청국의 강한 영향력이 전통적인 사대질서를 넘어서서 작동하고 있었다. 청의 직접적 영향이 심한 경우는 고종 폐위론까지 주장할 정도의 긴박한 상황 속에서 유길준은 방국(邦國)의 권리, 혹은 국가 생존을 어떻게 추구해야 하는가를 써야 했기 때문에 대단히 조심스러울 수밖에 없었을 것이다. 이런 상황 속에서 유길준은 이중적인 모색을 시도하고 있다. 우선 청에서 자유로우면서 동시에 근대 국제질서 속에서 어떻게 살아남느냐 하는 어려움에 처해 있었기 때문에, 당시에 새롭게 전해진 서양의 국제법 논리를 빌려서 자주 독립의 권리를 주장하되 동시에 청과의 관계를 전통 관계에서 근대 관계로 전환하려는 노력을 했다. 따라서 사대질서 속에서 조선이 중국과 조공 관계를 가졌다고 하지만, 이러한 증공국과 수공국의 관계는 속방을 의미하는 것이 아니라는 것을 강조하고 있다. 유길준은 양절체제의 어려움 속에서 일국의 독립, 또는 자주를 모색하기 위해 근대적 만국공법 질서와 제대로 된 전통 천하질서를 기반으로 하는 복합세계정치론을 강하게 주장한 것이다.

정법의 개화에서 두 번째로 지적하고 있는 것은 인민의 권리 즉, 민(民)의 권리에서 나타나는 전통과 근대의 딜레마다. 유길준은 자유와 통의(通義)라는 두 개의 개념 위에서 인민의 권리가 행사되어야 한다고 지적한다. 후쿠자와 유키치가 서양의 자유 개념을 직접 도입한 반면, 유길준은 보다 전통적인 통의 개념에 의해 자유가 방종으로 흐르는 것을 규제하고 자유와 통의를 인민의 권리라고 부르고 있다.

세 번째로 정치체제의 개혁을 위해 유길준은 후쿠자와 카토와 같은 메이지의 개명(開明) 지식인의 글에 힘입어 서양의 정치체제를 군주제부터 공화제까지 나누어 소개하고, 갑신정변 이후의 국내외 상황 속에서 군주제의 강화, 인민의 계몽이 더 이루어져야만 개화가 가능하므로 조선형의 군민공치(君民共治)의 필요성을 주장하고 있다. 그리고 네 번째로 공법의 개화에서 유길준은 정부의 역할을 전통과 근대의 갈등 속에서 어떻게 재규정하느냐 하는 논의를 전개한다.

얼핏 보기에는 『서유견문』은 단순히 서양의 삶을 소개하는 것으로 보일지 모르나, 자세히 들여다보면 서양이라는 새로운 문명 표준을 받아들이는 과정에서 전통과 근대의 딜레마를 어떻게 극복하느냐 하는 문제를 다루고 있다. 당시 전통적 삶을 국제질서 차원에서 보면, 천하(天下)라는 단원적 단위체가 예(禮)라는 명분에 따라 조공 제도를 유지하고 있었다. 이러한 속에서, 서양의 근대 국제질서는 근대 국민국가라는 단위체가 부국강병(富國强兵)이라는 목표를 추구하는 모습으로 우리에게 다가왔다. 따라서 이러한 새로운 문명 표준을 당시 한국이 어떻게 받아들여야 하느냐에 대한 유길준의 고민을 제대로 이해할 필요가 있다. 그것이 19세기의 국제화의 모습이다.

3) 국제화의 모색과 좌절

19세기 국제화는 전통적이고 단원적인 질서 속에 예(禮)를 추구해 왔던 정치단위체가 근대 국민국가의 부국강병 추구라는 새로운 삶의 양식을 어떤 형태로 접합시킬 것인가 하는 자기 모색의 과정이다. 조선의 국제화 노력은 19세기 말의 어려운 현실 속에서 결국은 좌절할 수밖에 없었다. 아마도 그것이 성공했다면 우리는 20세기의 역사를 식민지의 모습으로 맞지는 않았을 것이다. 유길준도 갑신정변 이후 1894년의 갑오개혁의 짧은 기간을 통해서 개혁 프로그램의 추진에 대단히 중요한 역할을 담당하면서 여러 시도를 해보지만, 결국 좌절했다.

국제정치학도로서 19세기 후반을 들여다보면서 이러한 개혁의 시도들이 성공하지 못하고 좌절할 수밖에 없었던 것은 다음과 같은 3중의 어려움 때문이었다. 첫째, 국제정치 공간에서 조선이 청일 전쟁 이후 양절체제의 한 축이었던 청에서는 벗어났으나, 일본의 영향력 확대를 견제할 수 있는 새로운 체제의 창출에 실패했으며, 두 번째는 국내 정치 세력이 청일전쟁 이후에 친러파, 친일파, 친미파 등으로 다양하게 분열되는 속에서 통합에 실패했으며, 셋째, 보다 근원적으로 사회나 인민이 전통 질서가 서양의 근대 모델을 받아들이는 과정에서 부딪치는 갈등을 쉽사리 극복할 수 없었다. 이러한 속에서 삼중고를 뛰어넘을 수 있는 고도의 실천 전략이 충실하게 마련되지 않은 개혁 프로그램은 한계를 가질 수밖에 없었다. 따라서 조선의 국제화는 결국 좌절하고 일본화의 길을 걸을 수밖에 없는 20세기 상반기를 맞이하게 되었다.

3. 21세기의 세계화: 탈근대 복합국가의 복합 목표 추구

비교적 자세하게 19세기의 국제화를 이야기한 궁극적인 목적은 21세기의 세계화의 의미를 제대로 받아들여 19세기의 좌절한 국제화의 역사를 반복하지 않고, 21세기의 성공하는 세계화 모델을 설정하여 그것을 추진하도록 하기 위한 것이다. 21세기의 성공적인 세계화는 복합화로서의 세계화가 단순히 한 정권의 단기적인 정치 구호가 아니라 21세기 또는 22세기 한반도의 삶의 목표가 되게 함으로써 새로운 문명의 표준을 충족할 수 있게 될 때 비로소 가능하게 될 것이다.

이러한 목적을 위해서 유길준이 19세기 후반에 서양을 보고 듣고서 『서유견문』을 썼던 것처럼, 우리는 21세기의 세계를 내다보면서 『신서유견문』을 구상할 필요가 있다. 이러한 『신서유견문』의 내용이 유길준의 『서유견문』의 20편 장절과 비교해서 어떻게 구성되어야 하며 전략적으로 추진되어야 하는가가 문제의 핵심이다.

한마디로 19세기의 국제화는 '근대 국민국가의 부국강병 추구 모델'이라고 정리할 수 있다면, 21세기의 세계화는 '탈근대 복합국가의 복합 목표 추구' 모델로서 설정할 수 있을 것이다.

1) 행위 주체의 복합화

21세기에 등장하고 있는 새로운 세계사의 변모를 어떤 언술 체계나 담론으로 담을 것이냐에 관해서는 많은 논란이 있을 수 있다. 오늘날 마키아벨리(Niccolo Machiavelli, 1469~1527) 시절을 근대의 단초로 부르게 된 것도 거의 300년의 세월이 흐른 뒤에야 중세와 구분해서 근대로 부르는 쪽으로 합의가 이루어졌다.

따라서 냉전이 끝나고 탈냉전의 지구사적인 변화 속에서 21세기를 맞이하는데, 과연 이 시기가 문명사적인 구분을 할 시기인가에 대한 판단은 아마도 1~2세기가 지난 후에 비로소 가능할지 모르겠다. 다만, 국제정치를 공부하는 사람으로서 우리가 부딪히고 있는 오늘의 현실 변화는 과거와는 다른 새로운 언술 체계로 담아야 할 것이라는 나름의 느낌을 가지고 있다.

이러한 시각에서 보자면, 우선 행위 주체에 새로운 변화가 일어나고 있는 것을 주목해야 된다. 근대의 새로운 행위 주체로 등장했던 근대 국민국가가 21세기를 맞이하면서 밖으로는 지역화와 지구화, 그리고 안으로는 지방화와 개별화의 새로운 변화를 겪으면서 행위 주체의 복합화라는 새로운 변모를 보여주기 시작하고 있다. 서양 중세에는 지방단위체인 봉건 체제와 초국가 단위체인 로마 교황청이나 신성로마제국으로 이중화된 가운데 근대적 의미의 국가가 존재하지 않았다가 근대에 들어서면서 근대 국민국가라는 새로운 단위체가 창출되었듯이, 21세기를 맞이하면서 지난 400~500년 동안 건강을 자랑했던 근대 국민국가가 탈근대 복합국가로의 새로운 변형을 겪게 되지 않는가 하는 생각이 든다. 물론 근대국가가 쉽사리 해체되리라는 이야기는 아니다. 근대국가가 변형의 차원에서 통합과 분열 또는 지구화와 지방화를 품게 되리라는 것이다.

근대국가가 겪고 있는 전형적인 변화의 하나는 유럽연합(EU) 같은 지역화 추세이다. 좁은 의미의 국제정치를 공부하는 미국 학자들은 EU의 장래에 대해서 상당한 견해의 차이를 보이고 있다. 특히 현실주의자들과 자유주의자들은 EU를 상대적인 자율성을 가진 단위체로써 분석해야 할 것인가 아닌가에 대해 많은 논란을 벌이고 있다. 나의 입장에서 보자면, 근대 국민국가가 외적으로 어느 정도의 통합적 변화를 필요로 하고 있기 때문에 EU는 장기적인 시각에서 근대 국민국가의 긍정적인 요소를 유지하되 부정적인 요소를 완화 또는 조절하기 위해서 새로운 모델의 이중 구조적인 단위체로 서서히 변화할 것이라는 생각이 든다. 바깥으로는 지역화와 더불어 지구화로 개념화되는 변화에 대응하는 단위의 변화를 모색할 것이다. 지구화 수준에서 바깥의 변화는 특히 경제적 차원의 전형적 변화로서 WTO의 형성이나, 또는 대표적인 국제기구인 UN의 역할이 탈냉전기에 강화되는 모습들에서 볼 수 있다.

안쪽의 모습을 자세하게 보면 근대 국민국가는 상당한 변모를 겪고 있다. 그중 대표적인 것이 지방화의 변화이며, 더 나아가서는 개별화, 즉 개인의 단위체로서의 역할 증대도 관찰할 수 있다. 근대에 들어서서 국민국가가 그 나름의 역사적 사명을 성공적으로 수행해 왔으나 동시에 근대의 자기모순이 축적되어 왔다. 가령 전쟁의 강도가 더 강화되어 마침내 핵무기까지 등장하게 되는 안보적인 차원의 딜레마, 경제적 차원에서의 일국 중심의 번영을 추구하는 부국이 만들어내는 국제경제질서의 문제,

문화적인 측면에서의 민족문화 갈등, 환경문제 등의 어려움을 겪고 있다. 이에 따라 근대국가는 자기 변모가 불가피한 상황에서 바깥으로 일어나는 지역화와 지구화와 같은 통합적 변화를 품어야 하는 현실에 처해 있다. 동시에 근대 국민국가는 안에서 생겨나는 정치, 경제, 사회, 문화적 갈등의 문제를 해결하기 위해서 지방화, 그리고 개별화라는 새로운 변화들을 품어야 하는 상황에 놓여 있다.

이러한 근대국가의 자기모순을 극복하기 위해서는 탈근대 복합국가의 건설이라는 새로운 안목이 필요하다. 세계화를 국제화로 해석하는 것은 19세기 모델을 21세기에 실천하려는 자기 한계를 가지고 있고, 또 다른 면에서 세계화를 단순히 국경 없는 경제 형태의 지구화로서 받아들이는 경우에는 유길준의 표현을 빌린다고 한다면, 다시 한번 개화의 죄인의 잘못을 범하게 될지 모른다. 왜냐하면, 특히 한반도의 상황 속에서는 우리가 19세기 국제화의 좌절 속에 21세기의 새로운 세계화의 모델을 받아들여야 하기 때문에, 19세기의 전통과 근대의 숙제를 다 풀지 못한 것을 잊어버리고 성급하게 21세기의 숙제를 풀어보려는 무모한 시도를 할 위험성이 있기 때문이다.

따라서 19세기의 숙제와 21세기의 숙제를 동시에 풀기 위해서는 행위의 기본 단위체로서 근대국가라는 기반을 통해 안과 밖으로 일어나는 변화를 효율적으로 수용할 수 있는 단위체의 복합화가 세계화의 모델 설정에서 첫 번째로 중요하며, 21세기 『신서유견문』의 핵심적인 장절(章節)을 차지할 수밖에 없다. 두 번째는 복합국가화된 단위체가 추구해야 할 목표 자체도 국제화에서 설정했던 것과는 상당히 달라질 수밖에 없다는 것이다.

2) 활동 목표의 복합화

국내에서 세계화의 상식적인 이해는 우리 물품이 세계적으로 잘 팔리는 것이며, 이러한 인식의 저변에 깔려 있는 것은 부국강병을 통한 국제경쟁력 강화이다. 대학 차원에서는 세계화라는 명목으로 상당수의 국제대학원이 신설되었는데, 이들의 강의 과목과 내용을 보면 그것은 21세기의 세계화가 아니라 19세기의 국제화를 위한 것이다. 교육 내용을 국가 중심의 경제 제일주의로 짜는 것은 19세기 유길준이 다니는 대학원이라면 바람직할지 모르지만, 21세기의 새로운 인재를 기르기 위해서는 새로운 문명 기준을 따라잡도록 짜야 하며, 더 나아가서는 신문명의 기준을 언젠가는 한반도가 설정해야 한다는 장기적인 포부를 가지고 교육 내용을 짜야 한다. 특히 강조할 것은 부국강병이라는 19세기 국제화의 목표 자체가 21세기의 세계화에 맞게 복합화되어야 한다는 것이다. 19세기의 국제화 숙제를 다 풀지 못한 우리에게 부국강병은 분명히 필요조건이긴 하지만, 그것을 넘어선 새로운 활동 목표가 충분조건으로 거의 대등하게 또는 보다 절실하게 추진되어야 한다.

21세기의 세계화를 위해서는 새로운 형태의 부국강병을 포함한 다음의 복합 목표가 설정되어야 한다. 강병 모델은 단순히 근대적 의미의 모델로서는 더 이상 살아남기 어렵다. 군사적인 기반은 탈근대국가에서도 대단히 중요하지만, 세월이 흐를수록 일국의 개별 안보만을 추구해서는 대단히 어려운 딜레마에 부딪히게 될 것이다. 유럽에서 이미 현실로서 보고 있는 것과 같이 국제안보와 국가안보를 차질 없이 상호 보완시키려는 공동 안보의 고민을 우리도 하루빨리 시작해야 한다. 한반도는 지금 남북분단의 어려움을 겪고 있어서 단기적으로는 근대적인 목표로서 남북의 문제를 풀 수밖에 없지만, 중장기적으로 보면 동아시아의 지역 안보와 한반도의 개별 안보를 어떻게 조화시킬 것이냐 하는 문제를 고민할 수밖에 없다. 또한, 부국강병의 부국도 바깥으로는 이미 지역이나 세계의 번영과 갈등하지 않는 속에서 그것을 추구할 수밖에 없는 상황에 처해 있다. 우리의 경제적 삶이 현실적으로 세계무역기구(WTO)나 국제통화기금(IMF) 체제와 직접적으로 연계될 수밖에 없다는 것이다. 그리고 국내적인 차원에서도 부민(富民), 즉 복지와 연결되지 않은 부국은 21세기에 더 이상 살아남기 어렵다. 따라서 21세기 부국강병의 모델은 19세기의 부국강병 모델과는 다르게 설정되어야 하고, 그것을 넘어선 새로운 목표들을 추구해야 한다.

이를 위해서 부국의 일부로서 취급되어 왔던 첨단 과학 기술화의 상대적인 자율성을 높여서 보다 핵심적이고 독립적인 목표로 설정해야 하며, 동시에 최근에 많은 논의가 진행되고 있는 정보화, 최근 국제정치학에서 활발하게 논의가 시작되고 있는 다문화주의 또는 복합 문화주의를 필수적으로 검토해야 한다. 보다 구체적으로, 복합 문화화의 논의는 각 개별 단위체의 문화와 지구적 차원의 삶의 양식이 어우러져서, 전통과 근대 또는 그것을 넘어선 탈근대가 하나로 되어 단순히 과거의 전통문화도 아니고 그렇다고 외래문화를 일방적으로 수용하는 것도 아닌 문화의 복합화는 무엇이냐라는 질문을 중심으로 진행되어야 한다.

21세기의 세계화를 위한 또 하나의 중요 과제로 등장하고 있는 것은 생태 균형이다. 생태 균형의 대국이 되지 않고서 21세기 문명의 중심권에 서기는 불가능하다는 것이다. 그리고 또 하나의 과제로서 인적자원을 고급화하기 위한 남녀, 노소, 교육의 문제 등을 들 수 있다. 마지막으로, 이상의 영역에서 나타나는 갈등을 해소해 나가는 국내 체제가 민주화되지 않은 단위체는 21세기의 대국으로서 살아남기 어렵다. 그 대표적인 예로서 우리는 소련의 해체를 들 수 있다.

이러한 문제에 대한 공부를 시작하는 단계에서 우선 평화화, 번영화, 첨단 과학기술화, 정보화, 복합 문화화, 생태 균형화, 고급 인력화, 민주화라는 8대 과제의 복합 모델을 만들기 위한 기초 작업을 하고 있다. 다음 단계로서, 이러한 모델을 입체적으로 어떻게 구조화하고 작동시키느냐 하는 것은 생각할 시간이 더 많이 필요로 할 것으로 생각된다. 그럼에도 불구하고 '단위체의 복합화'와 '활동 목표의 복합화'로서의 세계화라는 초보적 문제 제기를 하는 것은 21세기의 세계화를 19세기 유길준의 국제화로 오해하고 있는 우리의 현실을 하루빨리 고쳐나가기 위한 것이다.

4. 자주적 세계화를 위한 지구주의적 민족주의

19세기의 유길준이 『서유견문』과 일련의 저작을 통해서 서세동점 속에서 서양의 좋은 것, 효율성이 있는 것을 전통과 접목시켜서 받아들여 서양을 따라잡지 않고서는 살아남기 어렵다는 주장을 한 것이라고 한다면, 21세기의 문명 기준이 새롭게 바뀌는 속에서 그것을 정확하게 읽어내고, 또 추구해야 한다. 유길준은 새로운 모델의 가능성을 보였음에도 불구하고 19세기 현실 정치공간에서 모델의 현실화에 실패했다. 관악산에서 21세기 모델을 구상하더라도, 그 모델이 바로 현실의 전개에 직접적 영향을 미치기는 어렵다. 따라서 21세기를 맞이하고 있는 우리나라가 활동 목표를 새롭게 설정하고, 추구해 나가는 과정에서 19세기 국제화의 좌절을 반복하지 않으려면 고도의 실천 전략이 필요하다.

결국, 국제정치, 국내 정치, 남북분단의 공간에서 어떤 실천 전략이 마련되어야 21세기 세계화 모델이 현실화될 수 있는가 하는 문제가 남는다. 이 문제는 활동 목표의 복합화의 구체적인 모델 개발보다 훨씬 어려우나, 모델의 현실화를 위해서는 불가피한 작업이다. 우선 한반도의 성공적인 21세기 세계화를 위해서는 언술 체계적인 차원에서는 자주적 세계화를 위한 지구주의적 민족주의라는 목표 설정이 필요하다. 근대적 시각에서 보자면 자주와 세계화, 지구주의와 민족주의는 서로 상충되는 개념이다. 그러나 21세기의 질서를 주도하는 문명권은 근대적인 이분법을 넘어서는 사고, 행동 체계, 그리고 제도를 기반으로 근대적 모순을 극복할 수 있는 집단을 중심으로 전개될 것이다. 따라서 자주화와 세계화를 어떻게 엮어낼 것이냐, 지구주의와 민족주의를 어떻게 복합화할 것이냐 하는 것이 논의의 핵심 주제가 되어야 한다.

결론적으로 행동의 단위 차원에서 본다면, 첫 번째로는 국내 개혁적 차원의 문제, 두 번째로는 남북통일이라는 한반도 차원의 문제, 세 번째는 동아시아적 차원의 문제, 네 번째는 세계적 차원의 문제를 조명해 볼 필요가 있다.

국내 개혁 차원에서는 19세기 모델의 설정이 유길준이 보여주었던 것처럼 전통과 근대의 조화나 복합화의 좌절로 나타났기 때문에 21세기에는 전통과 근대와 탈근대의 복합화 모색이라는 새로운 개혁 프로그램을 필요로 한다. 이러한 노력의 성공 여부는 앞서 말한 8대 목표의 국내적 기반을 어떻게 창출하느냐에 있다. 그러나 이러한 노력 속에서 유길준의 과오를 다시 범하지 않으려면, 구체적으로 국내의 정치·사회공간 속에서 작동하고 있는 정치사회세력 중에 어떻게 주도 세력을 형성해 나가느냐에 대한 실천적인 논의가 필요하다.

두 번째, 통일 차원에서 보자면, 우리는 이제까지 남북한 통일의 모습을 근대적인 국민국가의 통일로 생각해 왔다. 물론 이것이 통일의 문제에 접근하는 일차적 시각이긴 하지만 보다 장기적 차원에서 보자면 탈근대 복합국가로의 통일을 동시에 고려해야 한다. 이를 위해서는 이제까지 논의되어 온 북한의 연방제나, 국내 정치인이 말하는 연방제를 넘어선 새로운 의미의 단위체의 모습으로 한반도 차원에서 남과 북의 21세기적 연방을 새롭게 모색해야 할 것이다.

세 번째로 동아시아 차원에서는, 유길준의 꿈이 좌절하는 데 결정적인 역할을 한 것은 청에서 벗어나는 반면 일본의 영향력을 견제할 수 없었다고 하는 딜레마였다고 한다면, 21세기의 동아시아 공간에서 우리가 생존을 추구해 나가는 과정에서 부딪히는 문제는 미일과 중국의 갈등을 내재하고 있는 동아시아의 역학 구조를 어떻게 활용하느냐 하는 것이다. 미일 쪽으로 기울어지면 중국이 섭섭해 하고 중국 쪽으로 기울어지면 미일이 섭섭해 하는 상황 속에서 한국의 과제는 어떻게 쌍방을 모두 만족시킬 수 있는가이다. 이러한 어려움은 단순히 19세기적인 국제화의 세력균형적인 시각의 모색만으로는 쉽게 풀 수 없다. 물론 필요조건으로는 세력균형적 안목에서 미일을 본처로 삼아야 하지만 동시에 중국을 애인으로 삼아 섭섭하지 않게 해야 하는 일종의 불륜의 국제정치학이 불가피할지 모르겠다. 궁극적으로는 한국이 미일을 조강지처로 삼으면서도 중국을 버릴 수는 없는 딜레마에서 양쪽으로부터 소외되지 않고 오히려 양쪽을 좌우로 품을 수 있는 방식은 무엇인가 하는 것이다.

유럽의 네덜란드나 기타 소국은 좋게 말하면 활용의 국제정치, 나쁘게 말하면 불륜의 국제정치를 통해서 상대적 자율성을 확대하고 있는 반면, 북한은 주체의 국제정치를 통해서 비주체의 국제정치를 맞이하고 있는 현실 속에서 우리에게도 활용 또는 용외세의 국제정치라는 21세기의 커다란 숙제가 주어져 있다. 이것은 유길준이 청에서 벗어나면서 동시에 일본에서 벗어날 수 있는 안목을 기르지 못했던 것과 비교해 우리가 21세기적 활용의 국제정치를 개발하고 있는가 하는 문제이다. 이러한 면에서 보자면 21세기를 맞이하고 있는 우리의 안목이 19세기 당시의 유길준의 안목보다 별로 나아진 것이 없다는 것이 솔직한 심정이다.

현실적으로 한반도가 동아시아에서 성공적인 생존 전략을 추구하는 것은 대단히 어렵다. 미국, 일본, 중국, 그리고 러시아라는 주변 4강에 둘러싸여 있는 한반도는 실제 4강을 모두 껴안아야 하는 대단히 벅찬 상황 속에서 세력균형의 모색도 일정한 한계를 가지고 있다. 한미일의 경우에도 미국이 일본과의 이해가 훨씬 더 깊은데, 미국이 한국을 우선적으로 고려하도록 만드는 것은 쉽지 않다. 근대적 의미의 세력균형의 어려움 속에서 하나의 대안으로서 동아시아 공간에서 탈출이 필요하다면, 진정한 의미에서 아시아에서 자기 위치를 설정하기 위한 활동 공간을 더 확대시킬 수 있는 역량을 어디서 빌려올 것인가 하는 또 하나의 숙제에 부딪히게 된다.

따라서 그것은 근대적 의미의 세력균형을 넘어서 탈근대적 주인공 공간까지도 활용하는 것이다. 그리고 활동 영역에서도 근대적 영역뿐만 아니라 탈근대적 활동 영역까지를 어떻게 극대화시켜 나갈 것인가 하는 숙제를 풀 수 있는 전략의 완성이 이루어질 때, 19세기에 전통과 근대를 복합화하려 했던 유길준의 좌절된 꿈이 21세기에 전통, 근대, 그리고 탈근대의 복합화라는 모습으로 현실화될 수 있을 것이다.

〈질문과 토론〉

질문: 21세기 세계화의 전반적인 추세가 탈근대 복합국가화라는 점에 전적으로 동감하지만 복합 목표의 추구에 대해서는 의견을 달리합니다. 19세기의 부국강병은 21세기에는 수정, 보완되어야 한다는 데 공감하지만, '행위 주체의 복합화'와 '활동 목표의 복합화'도 부국강병을 위한

수단의 복합화이며, 지구화·지역화, 또 평화·번영·환경·첨단 과학기술·정보화도 21세기 부국강병이라는 목표를 달성하기 위한 수단의 다원화이지 목표의 다원화라고는 생각하지 않습니다. 동구도 자본주의적인 요소를 받아들여서 사회주의 개혁을 시도했지만, 결국 정치적인 민주화 없이는 부국이 되지 않아 소련이나 동구가 도미노처럼 무너지는 것을 보면 부국강병이라는 기본적인 틀은 변화가 없다고 생각합니다.

하영선: 글쎄요, 김 교수님의 지적이 한편으로는 적절하고 다른 한편으로는 답변이 필요한 면이 있습니다. 제가 부국강병의 목표가 바뀐다고 한 것은 근대 국제질서 속에서 근대국가가 지향하는 목표로서, 동아시아에서 명분론적인 차원의 '예(禮)'가 활동 목표였던 것에 비해서 부국강병이 설정되어졌는데, 그것을 계속해서 추구하는 경우에 근대국가는 명백히 난관에 봉착하게 됩니다. 따라서 근대국가는 일국 중심의 부국강병 모델을 추구하는 경우에 부딪치게 되는 자기 한계를 극복하기 위해 일정한 자기 변모를 하지 않을 수 없습니다. 조금 바꾸어서 이야기하자면, 21세기형 부국강병이란 무엇이냐 하는 것인데 이미 부국이라는 표현이 적절치 않다는 것입니다. 부국을 추구하는 경우에 우리가 부딪히는 슈퍼 301조나 WTO 체제를 일방적으로 적대시하기보다는 활용하려는 노력을 기울여야 합니다. 강병의 모델도 이미 유럽에서는 군사 체제 자체의 자기 변모를 겪고 있습니다. 우리는 분단체제 속에 놓여 있기 때문에 전형적인 근대 모델을 일정 기간 유지할 수밖에 없습니다. 그러나 분단체제 이후의 강병 모델은 방어적 형태의 군사 체제로 전환되어야 하고, 지역안보 체제와 연계되어야 하고, 동시에 지구 안보 체제와도 연계되어야 할 것입니다. 선생님이 지적하신 것처럼, 21세기의 복합국가도 현실적으로 근대 국민국가를 기반으로 추구해야 하기 때문에, 그 면에서는 소개드린 8개의 국가 활동 목표를 재구성해야 할 부분이 있긴 합니다. 그러나 21세

기의 국가 목표가 19세기 부국강병과 마찬가지라는 것에 대해서는 조금 다른 생각을 가지고 있습니다. 부국강병이라는 용어를 21세기의 활동 목표로 그냥 쓰기에는 현실적으로 어렵습니다. 물론 국제정치학에서도 격렬한 논쟁이 있습니다. 예컨대, EU의 변화에 대해서도 겉으로 보기엔 새로운 지역단위체의 탄생인 것 같지만 그 속에서 근대국가라는 개별 단위체의 상대적인 자기 이익의 치열한 각축이 끊임없이 꿈틀거리고 있기 때문에, EU의 상대적 자율성에 대한 지나친 기대를 버리는 것이 좋다고 보는 입장이 있는가 하면, 정반대로 EU의 변화를 새로운 단위체의 준혁명 과정으로 보는 입장이 있습니다. 저는 일부 학자가 사용하는 '근대 국민국가의 죽음'이라는 표현을 쓰고 싶지는 않고, 최근 어느 유럽 학자의 논문제목인 '과장된 국민국가의 죽음(exaggerated death of nation state)'이 적절한 표현이라고 생각합니다. 근대 국민국가는 아직도 역사적 소명을 강하게 가지고 있으나, 동시에 21세기에는 근대국가의 자기 한계성이 도처에서 표출되고 있는 것도 사실입니다. 따라서 이러한 추세를 새롭게 받아들이고, 품을 수 있는 새로운 표현이 필요합니다.

질문: 요약해서 두 가지만 질문을 드리겠습니다. '문명개화'는 일본 사람이 만든 용어인데, 제가 오래전에 문명개화와 구한말에 대해 공부하면서 유길준에 대해 공부한 적이 있는데, 좀 빠진 것이 있는 것 같습니다. '중국 사람이 어떻게 보았는가?'는 아주 중요한 문제인데, 논의가 전혀 없다는 것입니다. 둘째로는 마지막 부분인데, '자주적 세계화를 위한 지구주의적 민족주의'라고 하셨는데, 거기 소개한 국내 개혁(전통, 근대, 탈근대 복합화), 통일(21세기적 연방제의 모색), 동아시아(국제 역량의 활용), 세계(지구 역량의 활용)는 참으로 큰 문제입니다. 그런데 그것을 결국 정치 세력(정당)이 하는 것인데, 어느 정당 어느 누구도 그런 생각이나 했겠습니까?

이 상태로서는 이러한 민족적 과제가 도저히 실현될 수 없다는 암담한 생각을 갖습니다. 이러한 과제를 제시한 선생님의 답변을 부탁드립니다.

하영선: 먼저, 문명개화라는 용어의 도입 과정에서 중국은 왜 빠져 있는가에 대해 19세기 공부가 아직 충분치 못한 저로서 제한적 답변을 드리겠습니다. 오늘날 우리가 사용하는 대부분의 사회과학 용어들은 19세기 중반에 일본이 번역하기 시작했습니다. 이러한 시기에, 중국은 1840년대 아편전쟁 이후 청일전쟁까지의 과정 속에서 자강이나 변법이라는 자기 변모의 노력을 부분적으로 보이기는 했습니다만, 스스로를 문명의 중심이라는 입장에 서서 서양을 문명으로 받아들이는 것이 대단히 어려울 수밖에 없었습니다. 일본이 상대적으로는 보다 쉽게 서양을 '문명'이라고 부를 수 있었다면, 조선은 일본보다는 훨씬 어려운 입장에 있었고, 청은 더 어려운 입장에 있었습니다. 결국 야만의 서양을 문명으로 받아들였던 일본이라는 서양의 하수 세력에 의해 청일전쟁에 패전함으로써, 비로소 중국은 엄청난 충격을 받게 되고 대규모의 일본 유학을 실시하게 됩니다.

두 번째 질문에 대해서도 시원한 답변을 하기는 어렵습니다. 유길준이 19세기의 정치 현실 속에서 자신의 꿈을 현실화시키지 못한 것과 같이 개혁 구상이 구체적으로 어떠한 정치세력을 통해 현실화될 수 있는가 하는 실천 전략을 가지지 않고서는 규범적 또는 지적(知的) 논의로서 그칠 수밖에 없습니다. 국내 정치사회세력이 아직도 전근대적 면모를 강하게 가지고 있는 상황에서 21세기 개혁을 실천할 수 있는 세력을 어떻게 형성할 수 있는가 하는 질문을 간단히 답변하기는 어렵습니다. 그러면 이러한 지적 작업이 현실적으로 어떤 의미가 있느냐 하는 문제에 부딪히게 됩니다. 이러한 지적 작업이 비록 고도의 실천 전략을 충분히 마련하고 있지 못하더라도, 최소한 언술 체계 차원의 투쟁으로서 반드시 필요하다고 생각합니다. 21세기의 진정한 세계화를 추진하기 위해서는 정계, 관계, 경제계, 언론계를 명분적으로 충분히 설득해서 합의 기반을 마련하게 할 수 있는 올바른 세계화의 개념 정립이 반드시 필요하며, 그것이 역량 있는 정치적 지도력과 결합해 효율적으로 현실화되는 것은 실천 전략 차원의 또 하나의 과제일 수밖에 없습니다.

질문: 우리나라에서 '세계화'라는 말이 유행처럼 사용된 것이 1994년 말에 대통령의 '세계화의 구상' 발표 이래인데, '세계화'의 개념이 혼란스럽습니다. 한국 사회 각 분야를 세계적 수준으로 발전시켜 세계의 중심 국가를 만들겠다는 것을 세계화라고 하고 있는데, 정부의 세계화 정책에 대해서는 어떻게 생각하십니까?

하영선: 세계화추진위원회에서도 초기 과정에서 '세계화라는 개념 규정을 어떻게 하느냐?'는 논의가 있었습니다. 저는 오늘 말씀드린 대로 "19세기의 국제화와 21세기의 세계화는 다르게 설정되어야 한다"는 입장이어서, 국제경쟁력 강화나 부국강병의 목표만으로는 21세기의 중심 국가가 되기는 어려우며 21세기의 중심 국가들은 그것보다 더 나아간 목표들을 추구해야 한다고 강조했습니다. 이를 위해서는 19세기의 국제화를 기반으로 21세기의 새로운 세계화가 추진되어야 하나, 이에 대한 이해가 쉽사리 이루어지지 못한 채 결국 시간의 흐름 속에서 세계화의 노력은 표류하게 되어버렸습니다. 차라리 '세계화'라는 용어를 섣부르게 사용하지 않았더라면 우리는 21세기에 이 용어를 더 귀하게 사용할 수 있었을 것입니다. 왜냐하면, 지구화의 추세는 우리가 세계화를 하든 하지 않든 간에 빠른 속도로 심화되는 상황이고, 이와 병행해 국제적 수준에서 지구화 연구도 대단히 활발히 이루어지고 있습니다. 우리의 경우에는 명확한 개념 규정도 없이 세계화를 국가 발전 전략으로 내걸긴 했습니다만, 국제화와 세계화를 구분하지 못하는 상황 속에서 혼란을 겪다 보니까 모두들 실

망해서 세계화라는 말 자체도 유행처럼 사라지고 말았습니다. 따라서 전세계의 변화를 보면 세계화는 21세기의 중심 화두(話頭)일 수밖에 없음에도 불구하고, 우리는 세계화라는 표현을 쉽사리 사용하기 어렵게 된 형편입니다.

질문: 민족주의가 예전처럼 자본에 대항하거나 국제질서에 대항하는 것이 아니라 오히려 자본의 하수인 격으로 쓰이고 있는 것이 아닌가 하는 의심이 점차 커지고 있어서 민족주의의 깃발을 내리자고 하는 사람들이 굉장히 많아지고 있습니다. 선생님께서는 지구주의적 민족주의라는 표현을 사용하시고 있는데, 과연 그대로 오늘날과 같은 형태의 민족주의가 21세기로 넘어갈 수 있겠습니까?

하영선: 제가 말씀드린 '지구주의와 민족주의'의 관계는 선생님께서 질문하신 '자본과 민족주의'의 관계와 조금 다른 맥락의 논의라고 말씀드릴 수 있습니다. 제가 '지구주의와 민족주의'라는 두 개의 상충되는 개념을 붙여 사용하려는 것은 아직 근대화의 숙제가 덜 이루어진 상황에서 또다시 새로운 시대를 맞이하는 경우에, 우선 근대적 단위체로 작동하기 위해 군사적 기반, 경제적 기반과 함께 이념적 기반으로서 민족주의의 기반을 필요로 하나, 21세기의 민족주의는 지구주의를 활용할 수 있는 열린 민족주의라야 한다는 것입니다. 근대 민족주의의 공격적 측면이 일국 중심으로 강화되는 것은 타자에게 부정적 영향을 미칠 수밖에 없습니다. 그런데 공격적인 형태의 민족주의가 아니라 한 단위체로 살아남기 위한 생존의 민족주의는 불가피합니다. 따라서 우리의 경우엔 이러한 생존을 위한 민족주의를 기반으로 하되 타자들이 가질 수 있는 부정적 이미지를 극복하기 위해서 민족주의라는 용어 앞에 지구주의적과 같은 형용사가 필요하다고 생각합니다.

참고문헌

1차 사료

유길준. 1971. 『西遊見聞』. 兪吉濬全書編纂委員會 編. 『兪吉濬全書』Ⅰ. 서울: 일조각.

_____. 1971. 『世界大勢論』. 兪吉濬全書編纂委員會 編. 『兪吉濬全書』Ⅲ. 서울: 일조각.

_____. 1971. 『中立論』. 兪吉濬全書編纂委員會 編. 『兪吉濬全書』Ⅳ. 서울: 일조각.

福澤諭吉. 2001~2003. 『西洋事情』. 『福澤諭吉著作集』1卷. 東京: 慶応義塾大學出版會.

_____. 2001~2003. 『世界國盡』. 『福澤諭吉著作集』2卷. 東京: 慶応義塾大學出版會.

_____. 2001~2003. 『學問のすすめ』. 『福澤諭吉著作集』3卷. 東京: 慶応義塾大學出版會.

_____. 2001~2003. 『文明論之槪略』. 『福澤諭吉著作集』4卷. 東京: 慶応義塾大學出版會.

기타 자료

Guizot, François Pierre Guillaume. 1828. *Histoire de la civilisation en Europe: depuis la chaute de L'Empire Romain jusqu'à la Révolution Française*. Paris: Pichon & Didier.

13

근대 한국의 문명 개념 도입사*

역사적으로 오랜 세월 동안 중국 중심의 천하질서 속에서 삶을 엮어왔
던 한반도는 19세기 중반 뒤늦게 구미 중심의 근대 국제질서를 문명의
새로운 표준으로서 받아들여야 하는 역사적 충격을 맞이했다. 그 이후
오늘에 이르기까지 구미 중심의 근대 국제질서를 받아들이느라고 힘든
노력을 기울여 왔던 한반도는 21세기를 맞이하면서 다시 한번 새로운 문
명의 표준과 만나야 할 역사적 가능성에 직면하고 있다.

19세기 문명 표준에 성공적으로 대응하지 못하고, 다시 한번 21세기 문
명 표준과 새롭게 만나는 오늘의 시점에서, 바람직한 한반도의 삶을 가꿔
나가기 위해서는 19세기 이래 한반도 현실을 문명의 국제정치학이라는
시각에서 새롭게 조명할 필요가 있다. 그리고 한반도를 위한 문명의 국제
정치학은 19세기 조선의 문명 개념 도입사 연구부터 출발해야 한다.

19세기 조선의 문명 개념 도입은 단순히 문명이라는 용어의 새로운 사

---

* 이 글은 「근대한국의 문명개념 도입사」, 하영선 외, 『근대한국의 사회과학 개념 형성사』
(서울: 창비, 2009)를 수정 보완한 것이다.

248 제2부 한국 외교사 바로보기

용을 의미하는 것이 아니다. 문명이라는 개념이 한반도에 자리 잡기 위해서는 구미 중심의 근대 국제질서와 중국 중심의 천하질서가 서로 만나는 속에 서양의 무력, 금력과 함께 문명 개념이 도입되었으며, 이러한 도입 과정에서 국내의 정치사회세력 간에 치열한 언어 전쟁이 벌어졌다. 일차적으로 전통 개념과 근대 개념의 문명사적 각축이 벌어졌다. 이차적으로는 서양 근대 개념 도입의 국제정치적 싸움이 진행됐다. 마지막으로는 근대 사회과학 개념 형성의 국내 정치적·사회적 대결을 겪어야 했다. 따라서 라인하르트 코젤렉(Reinhart Koselleck)의 독일 개념사(Begriffsgeschichte) 연구를 참고해 근대 한국의 문명 개념 도입사의 삼중 구조를 드러내 보고자 한다.[1]

1. 근대 한국의 문명 개념 도입

유럽을 중심으로 형성된 근대 국제질서는 포르투갈 주도의 16세기, 네덜란드 주도의 17세기, 영국 주도의 18세기를 거쳐, 다시 한번 영국 주도의 19세기를 맞이했다. 산업혁명이라는 역사적 변화 속에서 지난 세기에 이어 두 번째로 영국이 주도하게 된 19세기는 16세기 이래 이제까지 이루어졌던 국제화를 넘어선 보다 본격적인 국제화의 세기였다. 이에 따라

---

[1] Otto Brunner, Werner Conze and Reinhart Koselleck(eds.), *Geschichtliche Grundbegriff: Historiches Lexicon zur politische-sozialer Sprache in Deutsch-land*, 9 vols.(Stuttgart: Klett-Cotta, 1972~1997); "책머리에," 『근대한국의 사회과학 개념 형성사 2』(서울: 창비. 2012); 하영선·손열 엮음, 『근대한국의 사회과학 개념 형성사 2』; 하영선·손열 엮음, 『한국 사회과학 개념사: 조공에서 정보화까지』(서울: 한울, 2018); 하영선·손열 엮음, 『냉전기 한국 사회과학 개념사』(서울: 대한민국역사박물관, 2018).

서, 중국은 1840년대에, 그리고 일본은 1850년대에 유럽의 근대 국제질
서와의 본격적 만남을 시작하게 되었다.

조선도 1860년대에 들어서서 병인양요(1866), 제너럴셔먼호 사건(1866),
오페르트의 남연군묘(南延君墓) 도굴 사건(1868), 신미양요(1871) 등을 거
치면서 유럽의 근대 국제질서와 불가피하게 만나게 됐다. 이러한 속에서,
당시 우리 사회의 주도적인 정치사회세력은 서양 세력에 대해 위정척사
의 입장을 견지하려는 노력을 했다. 위정척사론을 대표하는 이항로는 그
의 「양화(洋禍)」에서 "중국(中國)의 도(道)가 망(亡)하면 이적(夷狄)과 금수
(禽獸)가 몰려온다"고 지적하고, 이를 다시 주석에서 "북노(北虜, 청)는 이
적이니 오히려 말할 수 있지만, 서양은 금수이니 가히 말할 것이 못된다"
고 설명하고 있다.[2]

천하질서에서 중화와 이적을 나누는 「화이지별(華夷之別)」에서 동서양
의 만남에서 사람과 금수를 구분하는 「인수지판(人獸之判)」으로 전개된
이항로의 척사 사상은 그의 제자인 김평묵의 「어양론(禦洋論)」에서 보다
본격적으로 전개되고 있다. 그는 중국과 조선은 인류나 서양은 금수라
고 주장하고 그 근거로서 중국과 조선은 인도(人道)를 가지고 있으나, 서
양은 금수지도(禽獸之道)를 가지고 있기 때문이며, 인도의 내용으로서는
인(仁), 의(義), 예(禮), 지(智)의 사서지덕(四瑞之德)과 오품지론(五品之論)
및 예악형정지교(禮樂刑政之敎)를 들고 있다.[3]

척사 사상의 이러한 전통은 19세기 조선조의 사고와 행동에 커다란 영
향력을 행사했으며 19세기 새로운 문명 표준의 화려한 등장에도 쉽사리
모습을 감추지 않았다. 척사 사상의 마지막을 장식한 유인석(柳麟錫)은
「우주문답(宇宙問答)」(1913)에서 사람들이 모두 서양을 문명이라 부르는

2) 李恒老, 「洋禍」, 『華西先生文集華西雜言』, 卷十二, 第三五(學古房, 1986 영인).
3) 金平黙, 雜著 「禦洋論」, 『重菴先生文集』, 卷三八(宇鍾社, 1975 영인).

것에 대해서 다음과 같이 답변하고 있다.[4]

　　중국은 옛 성왕성인(聖王聖人)이 이를 밝혀 상달도리(上達道理)하였고, 지금의 서양은 이를 밝혀 하달형기(下達形氣)하고 있으니, 설혹 인양(仁讓)이 있기는 하지만 어떻게 일만으로 경쟁할 수 있겠는가. 상달도리를 문명이라 하겠는가, 아니면 하달형기를 문명이라 하겠는가.

　　옛날 중국이 오상오륜(五常五倫)을 밝혔다는 말은 들었으나, 오늘날 서양이 五常五倫을 밝혔다는 말은 들어보지 못하였다. 오상오륜은 사람에게 있는 것이므로 일에서 그것을 밝힐 수 없다. 오상오륜을 밝히는 것이 문명이겠는가, 오상오륜을 밝히지 않는 것이 문명이겠는가.

　　그들이 하는 말을 들으니 삼대(三代)가 전제(專制)를 했다고 흑함(黑陷)이라 말하고 서양이 입헌공화(立憲共和)를 한다고 해서 문명이라 하는데, 그 법의 옳고 그름은 그만두고라도, 삼대의 인물정화(人物政化)가 과연 서양보다 못해서 흑함이라 하며, 서양의 인물정화가 과연 삼대보다 훌륭해서 문명이라고 한다는 말인가.

　　그들이 말하는 문명은 백 가지 기술과 천 가지 기교가 극에 이르도록 하는 것으로, 그 궁극적 의도는 맛있는 음식, 사치스러운 옷, 웅장한 집, 강한 병사 등의 일을 도모하는 것에 불과하다.

유인석은 이러한 문명관 위에 서서 수구인(守舊人)으로서 개화인(開化人)을 다음과 같이 격렬하게 비판하고 있다.[5]

---

4) 柳麟錫, 「宇宙問答」, 서준섭 외 번역, 『毅菴 柳麟錫의 思想: 宇宙問答』(종로서적, 1984), 3~34쪽.
5) 같은 책, 95~96쪽.

그들이 비록 구법(舊法)이 나라를 망친다고 하나, 나라가 망하는 것은 개화를 행한 후에 일어났다. 개화를 한다면서 그 하는 바는 국모를 시해하고 군부(君父)를 폐하며 인륜을 무너뜨리고 법률과 기강을 문란케 하고 나라를 팔아 결국은 나라가 망함에 이르렀다. 구법을 써서 망하더라도 어찌 개화를 해서 망하는 것보다 심하겠으며, 비록 나라가 망하더라도 바르게 하다가 망하고 깨끗하게 하다가 망하는 것이다. 개화를 해서 극악하고 더럽게 망하는 것과는 같지 않다. 비록 수구인을 탁하지만 국모를 시해하고 군부를 폐하고, 나라를 팔아 망하게 한 것은 모두 개화인들이 한 짓이요, 망국을 애통하여 순절하며 의거한 자는 모두 수구인들이다. 나라의 상하대소인(上下大小人)들이 모두 수구인의 마음을 갖도록 한다면 나라는 망하지 않을 것이며 혹 망하더라도 그렇게 빠르게 망하지는 않을 것이다. 개화를 하여 나라가 망하는데도 오히려 개화를 주장하며 개화를 새로운 법이라 하니, 신법도 또한 미혹함이 심하구나.

그러나 「인수관(人獸觀)」에 기반한 위정척사론은 점증하는 외압의 위기를 효율적으로 관리할 수 없는 현실에 직면하게 된다. 따라서 1876년의 조일수호조규 체결 이후, 1880년대에 들어서서 임오군란(1882)을 치른 후 개화의 길이 대세를 이루게 되었다. 이러한 가운데 동양의 도(道)와 서양의 기(器)를 결합해 보려는 동도서기론(東道西器論)이 본격적으로 등장하게 된다. 신기선(申箕善)은 『농정신편(農政新編)』(1885)의 머리말에서 도와 기는 서로 나누어져 있으며 동시에 서로 필요하다는 것을 지적하고 도의 내용으로는 삼강, 오상과 효제충신을 들고 있으며 기의 내용으로는 예악(禮樂), 형정(刑政), 복식(服食), 기용(器用)을 들고 있다.[6]

---

6) 申箕善, 『農政新編』(1881).

그러나 동도서기론의 문명관은 어디까지나 동도에 위배되지 않는 한도 내에서 서기의 수용을 받아들이는 것이다. 동도서기론을 대표하는 관료였던 김윤식(金允植)은 1891년에 쓴 글에서 "나는 일찍이 개화지설(開化之說)을 심히 이상하게 여겼다. 무릇 개화란 변방의 미개족이 거친 풍속을 고치고 구주(歐州)의 풍속을 듣고 점차 고쳐나가는 것을 말하는데 우리 동토(東土)는 문명의 땅인데 어찌 개화하겠는가? …… 이 개발 변화(開發變化)는 문식(文飾)의 말이다. 소위 개화란 시무(時務)를 말하는 것이다"라고 지적하고 있으며, 조선의 시무는 "청렴을 숭상하고 가난을 제거하여 백성을 구휼하는 데 힘쓰며 조약을 잘 지켜 우방과 틈이 벌어지지 않도록 하는 것"이라고 지적하고 있다.[7]

위정척사 그리고 동도서기의 시각으로 구미 국가와 중국, 일본과 같은 주변 국가를 다루어보려는 노력들이 쉽사리 성공하기 어려운 현실적 한계 속에서, 문명개화의 시각으로 구미(歐美) 세력을 조심스럽게 19세기 국제화의 새로운 문명 표준으로 받아들이려는 노력이 자리 잡게 된다. 일본과 비교해 전통과 근대의 갈등을 보다 힘들게 겪고 있던 19세기 조선에서 문명(文明)이라는 용어가 처음으로 사용된 것은 대표적인 개화 지식인인 유길준이 일본 유학(1881.5~1883.1)의 초기에 후쿠자와 유키치가 경영하는 ≪시사신보(時事新報)≫에 쓴 "신문(新聞)의 기력(氣力)을 논(論)함"에서 "대개 나라를 개화로 가게하고 문명으로 인도케 하는 활발(活發)의 기상(氣象)과 분양(奮揚)의 마음과 유지(維持)의 힘을 으뜸으로 한다. …… 따라서 이 셋을 가진 연후에 개화하려고 하면 개화할 수 있고 문명하려고 하면 문명할 수 있다"라는 표현에서 문명 개념을 사용하기 시작하고 있다.[8]

7) 金允植, 「宜田記述評語三十四則」, 『續陰晴史』(1891.2.17).

8) 이광린, 『유길준』, 20~22쪽; 최덕수 외, 『근대 한국의 개혁 구상과 유길준』(서울:

유길준은 1883년의 《한성순보》 창간사에서 '문명사물(文明事物)', '개화 문명(開化文明)의 진보(進步)', '문명제국(文明諸國)', '일국문명(一國文明)', '문명(文明)흔 신역(新域)', '문명흔 경역(境域)', '문명이 미개(未開)한 국(國)' 등과 같은 용어에서 보다시피 문명 개념을 본격적으로 사용하고 있으나, 이와 함께 '기국(其國)의 문화(文化)가 미개(未開)하며', '문화진보(文化進步)', '본국문화(本國文化)가 아직 광개(廣開)치 못ᄒ야', '지우(智愚)와 문화' 등에서 문화 개념을 동시에 사용하고 있으며, 그중에 특히 흥미 있는 것은 유길준이 쓴 "기국의 문명을 증진(增進)ᄒ게 ᄒᄂ데 불출(不出)ᄒᄂ니 ……"의 표현 중에서 박영효로 알려져 있는 교정자가 문명을 문화로 고쳐놓은 것이다.9)

유길준은 1883년에 쓴 것으로 알려진 『세계대세론』, 『경쟁론』 등에서 보다 본격적으로 문명론을 전개하고 있다. 그중에서도 유길준은 『세계대세론』에서 인류를 개화수이(開化殊異)에 따라서 야만, 미개, 반개, 문명으로 나누고 문명을 다음과 같이 설명하고 있다.

　　네 번째는 문명이니 반개 지위를 벗어나서 하나 앞으로 나아간, 즉 문명이니 문명이란 것은 농공상업 등이 성대해지고 문학 기술에 독실하는 것이니 구주제국과 아메리카합중국 같은 나라를 말함이라.10)

유길준은 이어서 오늘의 시점에서는 구주제국과 미국을 문명개화국이

<hr>

고려대학교출판문화원, 2015).

9) 유길준, 『兪吉濬全書』 IV, 「정치경제편」(서울: 일조각, 1971), 5~18쪽.

10) "第四ᄂ 文明이니 半開地位를 脫ᄒ고 一進ᄒ則 文明이니 文明이라 ᄒᄂ 者ᄂ 農工商의 諸業이 盛大ᄒ고 文學技術에 篤實홈이니 歐洲諸國과밋 亞墨利加合衆國 갓튼者을 云홈이라" 유길준, 『兪吉濬全書』 III, 역사편, 33쪽.

라고 할 수 있으나, 이 글이 결단코 개화의 극이 아니며 얼마든지 변할 수 있으므로 노력할 것을 다음과 같이 강조하고 있다.

4개 등급의 차이를 나누어 알아서 자기 나라의 치욕만모를 잊지 말며 습관 풍속을 가볍고 소홀히 하지 말고 다른 국가가 문명에 진취한 것을 미루어 살펴 우리나라의 개화 진보를 견주어 살피는 사람은 진정 우국현사라 할 만하며 애군충신이니 우리 동방 동포 형제 수천만 여러분에게 원하노라.11)

유길준의 이러한 문명관은 그의 대표적 저서인『서유견문(西遊見聞)』(1887~1889 집필, 1895 도쿄 交詢社에서 발행)에서 다시 한번 요약된 모습을 보여준다. 그는 이 책의 제14편에 포함되어 있는 개화의 등급에서 다음과 같이 지적한다.

개화란 인간의 천사만물이 지선극미한 경역에 이름을 말하니 그러므로 개화하는 영역은 한정하기 불가능한 것이라 인민 재력의 분수에 따라 그 등급의 고저가 있으나 그러나 인민의 습상과 국가의 규모에 따라 그 처이가 역시 생기니 이는 개화하는 궤정이 같지 않은 연유이나 핵심은 사람이 하느냐 하지 않느냐에 있을 따름.12)

---

11) "右四條等級의 殊異을 分知ᄒ야 自己國朝의 耻辱慢侮을 志却ᄒ지 말며 習慣成俗을 輕忽히ᄒ지 말고 他國이 文明에 進就한 以然者을 推察ᄒ야 我國開化進步을 計較ᄒᄂ 者ᄂ 眞可謂憂國賢士며 愛君忠臣이니 我東方同胞兄弟幾千萬諸公에게 願하노라" 유길준, 『兪吉濬全書』 III, 역사편, 35쪽.
12) "大棄 開化라 ᄒᄂ 者ᄂ 人間의 千事万物이 至善極美ᄒ 境域에 抵흠을 謂흠이니 然ᄒ 故로 開化ᄒᄂ 境域은 限定ᄒ기 不能ᄒ 者라 人民才力의 分數로 其等級의 高低가 有하나 然ᄒ나 人民의 習尙과 邦國의 規模를 隨ᄒ야 其差異흠도 亦生ᄒᄂ니

다음으로, 후쿠자와 유키치가 『문명론의 개략(文明論之槪略)』에서 지덕 (智德)의 개화, 정법(政法)의 개화, 의식주와 기계의 개화로 나누고 있는 것처럼, 유길준은 이러한 개화의 구체적 내용으로서 행실(行實)의 개화, 학술의 개화, 정치의 개화, 법률의 개화, 기계의 개화, 물품의 개화를 다음과 같이 들고 있다.

오륜의 행실을 독실하게 해서 사람이 도리를 알면 이는 행실의 개화며 사람이 학술을 궁구하여 만물의 이치를 깨달으면 이는 학술의 개화며 국가의 정치를 정대히 하여 백성에게 태평한 즐거움이 있는 것은 정치의 개화며 법률을 공평히 하여 백성에게 억울한 일이 없는 것이 법률의 개화며 기계의 제도를 편리하게 하여 사람들의 이용을 이롭게 하는 것은 기계의 개화며 물품의 제조를 정교하게 하여 사람의 삶을 두텁게 하고 거친 일이 없게 하면 물품의 개화니 이 여러 개화를 합한 후에 비로소 개화를 구비한 것이라 말할 수 있다.[13]

유길준은 천하고금의 어느 나라라도 이러한 개화의 극진한 경역(境域)에 도달한 나라는 없으나, 그 정도에 따라 등급을 나눈다면 개화, 반개화,

---

此는 開化ᄒᆞ는 軌程의 不一ᄒᆞᆫ 緣由어니와 大頭腦는 人의 爲不爲에 在ᄒᆞᆯ ᄯᅳ롬이라" 유길준, 『兪吉濬全書』 I, 西遊見聞(全), 395쪽.

[13] "五倫의 行實을 純篤히 ᄒᆞ야 人이 道理를 知ᄒᆞᆫ 則 此는 行實의 開化며 人이 學術을 窮究ᄒᆞ야 萬物의 理致를 格ᄒᆞᆫ 則 此는 學術의 開化며 國家의 政治를 正大히 ᄒᆞ야 百姓이 泰平ᄒᆞᆫ 樂이 有ᄒᆞᆫ 者는 정치의 開化며 法律을 公平히 ᄒᆞ야 百姓이 冤抑ᄒᆞᆫ 事가 無ᄒᆞᆫ 者는 法律의 開化며 器械의 制度를 便利히 ᄒᆞ야 人의 用을 利ᄒᆞ게 ᄒᆞᆫ 者는 器械의 開化며 物品의 制造를 精緊히 ᄒᆞ야 人의 生을 厚히 ᄒᆞ고 荒麤ᄒᆞᆫ 事가 無한 者는 物品의 開化니 此屢條의 開化를 合한 然後에 開化의 具備ᄒᆞᆫ 者라 始謂ᄒᆞᆯ디라" 유길준, 『兪吉濬全書』 I, 西遊見聞(全), 395~396쪽.

미개화로 구별할 수 있다고 지적하고 있다. 그러나 동시에 그는 스스로 노력하기를 그치지 않으면 반개화한 자와 미개화한 자도 개화한 자의 경역(境域)에 이를 수 있다는 것을 강조하고 있다.

2. 전통과 근대의 복합화

19세기 유럽의 근대 국제질서가 새로운 문명 표준으로서 동아시아에 전파되는 과정에서 새로운 질서를 문명으로 받아들이는 문제에 직면해 19세기 조선은 위정척사, 동도서기, 문명개화라는 다른 유형의 대응 양식을 보여주고 있다. 따라서 문명 개념의 도입사는 곧 치열한 언어의 정치, 언어의 전쟁 모습을 띨 수밖에 없었다.

국내 정치사회세력에 오랜 뿌리를 내리고 있는 위정척사 세력은 전통 언술 체계로서 서세동점에 따라 빠르게 변화하는 현실을 담아보려는 힘겨운 싸움을 시도했으나 한계에 부딪힐 수밖에 없었다. 한편 문명개화 세력은 국내의 막강한 전통 정치사회세력의 저항 속에서 새로운 언술 체계의 시도는 강한 반발에 부딪힐 수밖에 없었다.

특히 문명개화 세력은 갑신정변(1884)의 실패로 인해 정치적으로 치명적 타격을 입고 역사의 전면에서 일단 물러서야 했다. 이러한 역사의 무거운 짐을 등에 지고 작게는 자신들의 생존을, 크게는 조선의 생존을 내다보면서 문명개화 세력은 문명 개념의 도입을 전통과 근대의 복합화라는 시각에서 조심스럽게 추진했다. 이제, 19세기 조선에서 문명 개념 도입의 중심적 역할을 담당했던 유길준의 힘든 노력을 따라가 보기로 하자.

유길준은 『세계대세론』에서 이미 전통과 근대의 균형을 조심스럽게 언급하고 있으며, 『서유견문』에서는 개화를 실상 개화(實狀開化)와 허명

개화(虛名開化)로 나누어 다음과 같이 설명하고 있다.

　　개화는 실상과 허명의 분별이 있으니 실상 개화란 사물의 이치와 근
본을 궁구하고 고량(考諒)하여 국가의 처지와 시세에 합당케 하는 것이
며, 허명 개화는 사물에 대한 지식이 부족하되 타인의 경황을 보고 부
러워해서 그러든지 두려워서 그러든지 앞뒤를 재는 지식이 없이 시행
하기를 주장하여 재물을 적지 않게 쓰되 실용은 그 분수에 미치지 못하
니 외국을 처음 통하는 자는 일차로는 허명의 개화를 겪으나 세월이 오
래되어 많은 경력이 쌓인 후에는 실상 개화에 나아간다.[14]

　　따라서 그는 실상 개화를 위해서 다음과 같이 설명하고 있다.

　　타인의 장기를 취할 뿐 아니라 자기의 선미(善美)한 것을 보수하기
에도 있으니 대개 타인의 장기를 취하는 의향도 자기의 선미한 것을 보
완하기 위한 것이므로 타인의 재주를 취해도 실상 있게 사용하는 때는
자기의 재주라 시세를 재고 처지를 살펴 경중과 이해를 판단한 후에 앞
뒤를 분별하여 순서 있게 함이 가하다.[15]

---

[14] "且夫 開化는 實狀과 虛名의 分別이 有하니 實狀開化라 ㅎ는 者는 事物의 理致와
根本을 窮究ㅎ며 考諒ㅎ야 其國의 處地와 時勢에 合當케 ㅎ는 者며, 虛名開化라
ㅎ는 者는 事物上에 知識이 不足호되 他人의 景況을 見ㅎ고 歆羨ㅎ야 然흔든지 恐懼
ㅎ야 然흔든지 前後를 推量ㅎ는 知識이 無ㅎ고 施行ㅎ기로 主張ㅎ야 財를 費ㅎ기
不少호되 實用은 其分數를 抵하기 不及흠이니 外國을 始通ㅎ는 者가 一次는 虛名의
開化를 經歷ㅎ나 歲月의 久遠흠으로 無限흔 練歷이 有흔 後에 至흔 則 實狀開化에
始赴흠이다" 유길준, 『兪吉濬全書』 I, 西遊見聞(全), 400~401쪽.

[15] "他人의 長技를 取흘뿐 아니오 自己의 善美흔 者를 保守ㅎ기에도 在ㅎ니 大槪 他人의
長技를 取흘뿐 아니오 自己의 善美흔 者를 保守ㅎ기에도 在ㅎ니 大槪 他人의 長技를
取ㅎ는 意向도 自己의 善美 흔 者를 補ㅎ기 爲흠인 故로 他人의 才操를 取ㅎ야도

이러한 개화를 달성하기 위해서는, 그는 개화의 노예로부터 벗어나서 개화의 손님을 거쳐 개화의 주인이 될 것을 다음과 같이 강조하고 있다.

개화하는 일을 주장하여 힘써 행하는 자는 개화의 주인이오 개화하는 자를 부러워하여 배우기를 기뻐하고 취하기 즐겨하는 자는 개화의 손님이며 개화하는 자를 두려워하고 미워하는데 부득이하여 따르는 자는 개화의 노예니 …… 외국의 새로운 개화를 처음 보는 자가 처음에는 혐오하고 질시하다가 취하지 않을 수 없는 것이 있은즉 마지못해 취용하는 모습은 개화의 노예를 벗어나지 못하다가 그러다가 견문이 넓어지고 지각이 고명해지면 비로소 개화의 손님이 되나니 일로 인하여 면행하기를 그치지 않는다면 주인의 당호에 들어가 사는 것도 성취할지라.[16]

더 나아가서, 유길준은 개화의 죄인, 개화의 원수, 그리고 개화의 병신이라는 강한 표현을 사용해 당시 조선의 현실을 다음과 같이 격렬히 비판하고 있다.

實狀잇게 用ᄒᆞᄂᆞᆫ 時ᄂᆞᆫ 則 自己의 才操라 時勢를 量ᄒᆞ며 處地를 審ᄒᆞ야 輕重과 利害를 判斷ᄒᆞᆫ 然後에 前後를 分辨ᄒᆞ야 次序로 흠이 可ᄒᆞ거늘" 유길준, 『兪吉濬全書』 I, 西遊見聞(全), 401~402쪽.

16) "開化ᄒᆞᄂᆞᆫ 事를 主張ᄒᆞ야 務行ᄒᆞᄂᆞᆫ 者ᄂᆞᆫ 開化의 主人이오 開化ᄒᆞᄂᆞᆫ 者를 歆羨ᄒᆞ야 學ᄒᆞ기를 喜ᄒᆞ고 取ᄒᆞ기를 樂ᄒᆞᄂᆞᆫ 者ᄂᆞᆫ 開化의 賓客이며 開化ᄒᆞᄂᆞᆫ 者를 恐懼ᄒᆞ고 疾惡호ᄃᆡ 不得己ᄒᆞ야 從ᄒᆞᄂᆞᆫ 者ᄂᆞᆫ 開化의 奴隷니…… 外國의 新開化를 初見ᄒᆞᄂᆞᆫ 者가 其始에ᄂᆞᆫ 嫌懼ᄒᆞ며 疾惡ᄒᆞ야 不取ᄒᆞ기 不可ᄒᆞ 者가 有ᄒᆞ 則 己ᄒᆞ기 不得ᄒᆞ야 取用ᄒᆞᄂᆞᆫ 形貌가 開化의 奴隷를 不免ᄒᆞ다가 及其 聞見이 廣博ᄒᆞ며 知覺이 高明ᄒᆞ 時를 當ᄒᆞ면 始乃 開化賓客이 되ᄂᆞ니 此를 因ᄒᆞ야 勉行ᄒᆞ기 不已ᄒᆞ면 主人의 堂戶에 入居ᄒᆞ기도 成就ᄒᆞᆯ디라" 유길준, 『兪吉濬全書』 I, 西遊見聞(全), 398~399쪽.

외국이면 더할 수 없이 선하다고 하고 자국은 어떤 사물이든지 아름 답지 않다하며 더 심하기로는 외국의 경황을 도라 칭하고 자국을 교만 하게 멸시하는 패속도 있으니 이를 개화당이라 부르나 어찌 개화당이 리오 기실은 개화의 죄인이며 미치지 못한 자는 완고한 성품으로 사물 의 분계가 없고 외국인이면 이적이라 하고 외국 물건이면 쓸모없는 것 이라 하고 외국 문자는 전추학이라 하여 감히 가까이하지 못하며 자기 의 몸이 천하의 제일인 듯 자처하나 심하기에 이르러는 피해 사는 사람 도 있으니 이를 수구당이라 부르나 어찌 수구당이리오 기실은 개화의 원수(讎敵)이니 …… 입에 외국 궐련을 물고 앞가슴에 외국 시계를 차 고 몸은 걸상이나 교의에 걸터앉아 외국 풍속이나 한담하면서 그 말을 대강 풀어내는 자가 어찌 개화인이리오 이는 개화의 죄인도 아니오 개 인의 원수도 아니라 개화의 허풍에 빠져 심중에 주견이 없는 일개 개화 의 병신이라.[17)]

전통 없는 근대를 추구하는 개화의 죄인과, 근대 없는 전통을 추구하 는 개화의 원수, 전통의 긍정적 측면을 버리고 근대의 부정적 측면만 받

---

17) "外國이면 盡善ㅎ다ㅎ야 自己의 國에는 始何ㅎ 事物이든지 不美ㅎ다ㅎ며 已甚ㅎ기에 至ㅎ야는 外國의 景況을 稱道ㅎ야 自己의 國을 慢侮ㅎ는 弊俗도 有ㅎ니 此를 開化黨 이라 謂ㅎ나 此豈 開化黨이리오 其實은 開化의 罪人이며 不及ㅎ 者는 頑固ㅎ 性稟으 로 事物의 分界가 無ㅎ고 外國人이면 夷狄이라ㅎ고 外國物이면 無用件이라ㅎ고 外國 文字는 天主學이라ㅎ야 敢히 就近ㅎ지 못ㅎ며 自己의 身이 天下의 第一인듯 自處ㅎ 나 甚ㅎ기에 至ㅎ야는 避居ㅎ는 者도 有ㅎ니 此를 守舊黨이라 謂ㅎ나 此豈 守舊黨이 리오 其實은 開化의 讎敵이니…… 若其口中에 外國卷烟을 含ㅎ고 胸前에 外國時標를 佩ㅎ며 其身이 拚凳이나 交椅에 踞坐ㅎ야 外國의 風俗을 閒話ㅎ야 其言語를 略解ㅎ는 者가 豈曰 開化人이리오 此는 開化의 罪人도 아니오 開化의 讎敵도 아니라 개화의 虛風에 吹ㅎ야 心中에 主見업시 一箇 開化의 病身이라" 유길준, 『兪吉濬全書』 I, 西遊見聞(全), 402~403쪽.

아들인 개화의 병신만 존재하고 있는 19세기 후반 조선의 현실 속에서, 유길준이 당면하고 있었던 최대의 과제는 단순한 서양 문명의 소개에 있었던 것이 아니라 전통과 근대의 갈등이 아닌 조화를, 더 나아가서 복합화를 당시의 어려운 국내 상황 속에서 어떻게 이루어낼 수 있는가 하는 것이었다.

따라서 유길준은 "개화의 등급"에 관한 논의를 끝내면서 다시 한번 개화와 전통의 복합화를 강조하고 있다. 그는 우선 세상이 엄청나게 변화하고 있는 속에서 제대로 응변하지 못하면 망할 수밖에 없다는 것을 지적한 다음에 다음과 같이 전통의 중요성을 강조하면서 논의를 마치고 있다.

이 신기하고 신묘한 이치는 옛 세계에 없었고 금일에 비로소 생긴 것이 아니오 천지 간의 자연한 근본은 고금의 차이가 없되 고인은 궁격을 다하지 않았고 금인은 궁구하여 터득한 것이니 이로써 본다면 금인의 재식이 고인에 비해 월등한 듯하나 실상은 고인이 처음 만든 것을 윤색할 따름이라 화륜선이 신묘하다고 하지만 고인의 배 만드는 제도를 벗어나기는 불가능하고 화륜차가 기이하다고 하지만 고인의 수레 만드는 규모를 거치지 않으면 만들 수 없고 이외에도 여하한 사물이든지 모두 그래서 고인의 이루는 법을 이탈해서 금인의 신규를 만들 수는 없으니 우리나라에도 고려자기는 천하의 유명한 것이며 이충무공의 거북선은 철갑 병선이라 천하에서 가장 먼저 만든 것이며 교서관의 철주자도 천하에서 가장 먼저 만든 것이라 우리나라 사람들이 만약 궁구하고 또 궁구하여 편리한 도리를 경영하였으면 천사만물이 금일에 이르어 천하만국의 명예가 우리나라에 돌아왔을 것인데 후배가 전인의 구규를 윤색하지 않았던 것이다.[18]

18) "抑此新奇ᄒ고 深妙ᄒ言 理致ᄂ 舊世界에 不存ᄒ고 今日에 始有ᄒ言 者아니오 天地間의

유길준의 이러한 꿈의 내용을 보다 선명하게 드러내기 위해서는 그 자신이 그리고 있는 문명개화의 세계를 보다 조심스럽게 들여다볼 필요가 있다. 그는 앞에서 지적한 것처럼 개화가 모습을 갖추기 위해서는 적어도 여섯 부문의 개화가 필요하다고 말하고 있다. 우선, 후쿠자와 유키치의 지덕의 개화에 해당하는, 행실의 개화와 학술의 개화를 함께 검토해볼 필요가 있다.

유길준은 『서유견문』에서 개화의 내용을 설명하면서 오륜의 행실을 순독(純篤)히 해서 사람의 도리를 아는 행실의 개화를 강조하고, 이 행실의 개화만 천하만국을 통해 동일한 것으로 정치, 법률, 기계, 물품의 개화와는 달리 천년만년의 장구한 세월이 흐른다 하더라도 그 규모가 변하는 것이 아니라고 다음과 같이 설명하고 있다.

가만히 생각하건대 행실의 개화는 천하만국을 통하여 동일한 규모가 천만년의 장구함을 열력해도 불변하는 것이지만 정치 이하의 여러 개화는 시대를 따라서 바뀌기도 하며 지방에 따라 다르기도 하니 그러므로 옛날에 맞는 것이 오늘에 맞지 않는 것이 있고 그들에게 선한 것이 우리에게는 선하지 않은 것도 있으니 고금의 형세를 짐작하고 피차

其自然흔 根本은 古今의 差異가 無ᄒ되 古人은 窮格ᄒ기 不盡ᄒ고 今人은 窮究ᄒ야 攄到흔 者니 此를 由ᄒ야 觀ᄒ면 今人의 才識이 古人에 比ᄒ야 越加흔 듯 ᄒ나 然ᄒ나 實狀은 古人의 草創흔 者를 潤色ᄒ을 ᄯ름이라 火輪船이 雖曰 神妙ᄒ나 古人의 作舟흔 制度를 違ᄒ기는 不能ᄒ고 火輪車가 雖曰 奇異ᄒ나 古人의 造車흔 規模를 不由ᄒ면 不成ᄒ디오 此外에도 如何흔 事物이든지 皆然ᄒ야 古人의 成法을 離脫ᄒ고 今人의 新規를 刱出ᄒ기는 不能ᄒ니 我邦에도 高麗磁器는 天下의 有名흔 者며 李忠武의 龜船은 鐵甲兵船이라 天下의 最先刱出흔 者며 校書館의 鐵鑄字도 天下의 最先創行 者라 我邦人이 萬若 窮究ᄒ고 又窮究ᄒ야 便利흔 道理를 經營ᄒ얏드면 千萬事物이 今日에 至ᄒ야 天下萬國의 名譽가 我邦에 歸ᄒ얏슬디어늘 後輩가 前人의 舊規를 潤色디아니홈이로다" 유길준, 『兪吉濬全書』 Ⅰ, 西遊見聞(全), 404쪽.

의 사정을 비교하여 좋은 것을 취하고 나쁜 것을 버리는 것이 개화의 대도다.19)

그는 말년 작품인 『노동야학독본(勞動夜學讀本)』(1908)의 제1과 「人」에서 사람의 사람 노릇하는 6대 근본으로서 사람의 사람 되는 권리, 의미, 자격, 직업, 복록과 함께 사람의 사람 되는 도리를 첫 번째로 들고, 제2과 「人의 도리」에서 사람의 도리는 곧 사람의 행실이라고 말하면서 가족의 윤기(倫紀)로서 부모의 자애, 자녀의 효도, 부부의 화순(和順), 형제의 우애를 들고, 국가의 윤기로서 임금이 임금의 일을 행하고, 신하와 백성이 임금에게 충성하는 것을 들고, 사회의 윤기로서 사람 간의 믿음, 귀천의 등분, 상하의 차례 있음을 들고 있다.20) 그리고 제33과 「도덕(道德)」에서 "도덕은 사람의 착한 일이라 사람이 이것으로 서로 의지하니 나라가 비록 부강하나 도덕으로서 하지 아니하면 그 부강이 참부강이 아니오 사회가 비록 문명하나 도덕으로서 하지 아니하면 그 문명이 참문명 아니라"고 설명하고 이어서 다음과 같이 제시하고 있다.

도덕은 세상일의 벼리이니 사람이 이를 떠나고는 착한 일이 없은즉, 그 범위가 심히 광대하여 한두 가지로 지정하기는 어려우나 대체로 사적 도덕은 사람의 서로 함께 하는 일이오 공적 도덕은 사회와 국가에

---

19) "竊想ㅎ건딕 行實의 開化ㄴ 天下萬國을 通ㅎ야 其同一흔 規模가 千萬年의 長久흠을 閱歷ㅎ야도 不變ㅎㄴ 者어니와 政治以下의 諸開化ㄴ 時代를 隨ㅎ야 變改ㅎ기도ㅎ며 地方을 從ㅎ야 殊異ㅎ기도 ㅎ리니 然흔 故로 古에 合ㅎ든 者가 수에ㄴ 不合ㅎㄴ 者가 有ㅎ며 彼에 善흔 者가 此에ㄴ 不善흔 者도 有흔 則 古今의 形勢를 斟酌ㅎ며 彼此의 事情을 比較ㅎ야 其長을 取ㅎ고 其短을 捨흠이 開化ㅎㄴ 者의 大道라" 유길준, 『兪吉濬全書』 Ⅰ, 西遊見聞(全), 398쪽.
20) 유길준, 『兪吉濬全書』 Ⅱ, 文法·敎育편, 268~269쪽.

대하는 일이니 가령 자식이 어버이에게 효도함과 형제의 서로 우애함
이며 부부의 서로 화순함은 사적 일이고 자선사업을 돕고 공중 이익을
중히 하고 또 세금 바치기를 잘하며 병정되기를 싫어 아니하는 류는 공
적 일이니.[21]

유길준은 교육과 학술의 개화와 관련해 『서유견문』 제3편에 포함되어
있는 「인민의 교육」에서 국가의 빈부강약치란존망(貧富强弱治亂存亡)이
인민교육의 고하 유무에 있다고 교육의 중요성을 강조하면서 교육의 기
본취지로서 정덕(正德), 이용(利用), 후생(厚生)을 들고, 이에 따라서 교육
의 명목을 셋으로 나누어서 다음과 같이 지적하고 있다.

첫째는 도덕교육이며 둘째는 재예 교육이며 셋째는 공업교육이라
도덕은 사람의 마음을 교도하여 윤리의 강기를 세우며 언행의 절조를
삼가니 인세의 교제를 관제하는 것이므로 교육의 없음이 불가하고 재
예는 사람의 지를 양성하여 사물의 이유를 통달하며 본말의 효용을 헤
아려 인세의 지식을 관할하는 것이므로 교육의 없음이 불가하고 공업
은 온갖 마음을 쓰고 힘을 부리는 제조 운용에 관계하여 인세의 사는
길을 이루는 것이므로 교육의 결핍함이 불가하여 이것을 교육의 세 가
지 대강이라.[22]

---

21) 유길준, 『兪吉濬全書』 II, 文法·敎育편, 322~324쪽.
22) "一曰 道德의 敎育이며 二曰 才藝의 敎育이며 三曰 工業의 敎育이라 道德은 人의
   心을 敎導ᄒᆞ야 倫彛의 綱紀를 建ᄒᆞ며 言行의 節操를 飭ᄒᆞ니 人世의 交際를 管制ᄒᆞᄂᆞᆫ
   者인 則 其 敎育의 無홈이 不可ᄒᆞ고 才藝ᄂᆞᆫ 人의 智를 養成ᄒᆞ야 事物의 理由를
   達ᄒᆞ며 本末의 功用을 揣ᄒᆞ니 人世의 知識을 掌轄ᄒᆞᄂᆞᆫ 者인 則 其敎育의 無홈이
   不可ᄒᆞ고 工業에 至ᄒᆞ야ᄂᆞᆫ 百千般心勞力役의 製造運用을 關係ᄒᆞ니 人世의 生道를
   建成ᄒᆞᄂᆞᆫ 者인 則 其敎育의 缺乏홈이 亦不可ᄒᆞ야 此를 謂ᄒᆞ되 敎育의 三大綱이라"

그리고 유길준은 학업을 허명(虛名)과 실상(實狀)으로 구별해 설명한다.

어떠한 학업을 허명이라 말하는가 이치를 따지지 않고 문자만 숭상
하여 청춘부터 백발이 될 때까지 시문 공부로 혼자 즐기되 이용하는 책
략과 후생하는 방도는 없음이오. 또 실상 있는 학업은 어떤 것을 가리
키는가 사물의 이치를 궁격하여 그 성을 다하고 주야로 부지런하여 백
천만 가지의 실용에 그 뜻을 오로지 함이 그러므로 학업의 명칭은 피차
가 일반이나 허실의 차이는 구름과 진흙만큼 다름이라. 23)

이와 함께, 그는 서양 학술의 내력을 소개하면서 다음과 같이 말한다.

서양 학술의 대주의는 만물의 원리를 연구하며 그 공용을 발명하여
인생의 편리한 도리를 돕기에 있고 학자들이 밤낮으로 고심하는 경륜
이 실상은 천하인을 위하여 그 쓸모를 이롭게 하고 그리하여 그 삶을
두텁게 하며 또 그리하여 그 덕을 바르게 함이니 학술의 공효와 교화가
어찌 크지 않으리오. 24)

유길준, 『兪吉濬全書』 Ⅰ, 西遊見聞, 127쪽.

23) "如何흔 學業을 虛名이라 謂ㅎ는가 理致를 不究ㅎ고 文字를 是尙ㅎ야 靑春으로 自首에
　　至ㅎ도록 詩文의 工夫로 自娛ㅎ딕 利用ㅎ는 策略과 厚生ㅎ는 方道는 無흠이오 又
　　實狀잇는 學業은 如何흔 者를 指흠인가 事物의 理를 窮格ㅎ야 其性을 盡ㅎ고 晝夜로
　　勤孜ㅎ야 百千萬條의 實用애 其意를 專흠이니 然흔 故로 學業의 名稱은 彼此가 一般이
　　나 其虛實의 懸殊는 雲泥의 判異흠이라" 유길준, 『兪吉濬全書』 Ⅰ, 西遊見聞, 367쪽.
24) "大抵 泰西學術의 大主意는 萬物의 原理를 硏究ㅎ며 其功用을 發明ㅎ야 人生의 便利
　　흔 道理를 助ㅎ거에 在ㅎ니 諸學者의 日夜로 苦心ㅎ는 經綸이 實狀은 天下人을 爲ㅎ
　　야 其用을 利ㅎ게 ㅎ고 因ㅎ야 其生을 厚ㅎ게 ㅎ며 又因ㅎ야 其德을 正ㅎ게 흠이니
　　學術의 功效와 敎化가 엇디 不大ㅎ리오" 유길준, 『兪吉濬全書』 Ⅰ, 西遊見聞, 352쪽.

후쿠자와 유키치는 『문명론의 개략』에서 국민의 지덕을 논하면서 덕의(德義)를 정실(貞實), 결백(潔白), 겸손(謙遜), 율의(律儀)와 같이 개인의 마음에 속하는 사덕(私德)과 염치(廉恥), 공평(公平), 정중(正中), 용강(勇强)과 같이 외적 대상과 접속하고 남들과 교제할 때 나타나는 공덕(公德)으로 나누고, 지혜로 사물의 이치를 구명하고 이에 적응하는 사지(私智)와 인간사의 경중대소를 분별해 경소(輕小)한 것을 뒤로 돌리고 중대한 것을 앞세워 때와 장소를 살피는 공지(公智)로 나누고, 그중에서 공지를 가장 중요한 것으로 평가하고 있는 것에 비해서, 유길준은 유교의 전통적 덕목인 오륜을 행실 개화의 기본으로 삼고, 이의 보편성을 강조하고 있다.25)

후쿠자와 유키치가 지덕의 개화에 이어 정법의 개화를 논의하고 있는 것처럼, 유길준은 행실과 학술의 개화에 이어 정치와 법률의 개화를 강조하고 있다. 정치의 개화를 위해서는 첫째, 임오군란과 갑신정변 이후 청의 급격한 영향력의 강화 속에서 당시 조선이 놓인 양절체제(兩截體制)라는 이중구조의 어려움을 풀어나가기 위해서, 유길준은 우선 구미 근대 국제질서의 명분 체계로 등장한 만국공법의 논리를 빌려 국가는 마땅히 현존(現存)과 자위(自衛)하는 권리, 독립하는 권리, 산업(토지)의 권리, 입법하는 권리, 교섭과 파사(派使)와 통상의 권리, 강화와 결약(結約)하는 권리, 중립하는 권리를 보장받아야 함을 강조하고 있다.26)

유길준은 국내 정치에서 사람들의 강약과 빈부의 차이가 있더라도 사람들이 같은 지위를 누릴 수 있는 것은 국법(國法)의 공도(公道)로 사람의 권리를 보호하기 때문이라고 설명하고, 이와 마찬가지로 "방국의 교제도 공법으로 조제하여 천지의 무편한 정리로 일시하는 도를 행하므로 대국

---

25) 福澤諭吉, 『文明論之槪略』 『福澤全集』, 第三卷(時事新報社, 1898); 丸山眞男, 『'文明論之槪略'を讀む』 全三卷(東京: 岩波新書, 1986).

26) 유길준, 『兪吉濬全書』 I, 西遊見聞(全), 105~107쪽.

도 일국이고 소국도 일국이라 국 위에 국이 다시없고 국 아래 국이 없어서 일국의 국이 되는 권리는 피차의 같은 지휘로 터럭만큼의 차이가 생기지 않느니라"고 지적하고 있다.[27]

그러나, 유길준은 만국공법에 기반한 이러한 명분 체계를 강조한 다음에, 나라의 대소와 강약 때문에 그 형세를 대적하지 못해서 강대국이 공도를 고려하지 않고 그 힘을 자의로 행사하는 현실 체계에서 형성되는 수호국(受護國)과 증공국(贈貢國)의 관계에 대해 상세한 분석을 시도하며 다음과 같이 강조한다.

권리는 천연한 정리이며 형세는 인위한 강력이라 약소국이 원래 강대국을 향하여 자행할 강력이 없고 단지 스스로 있는 권리를 보수하기에 한가하지 않은즉 강대국이 자기의 유족한 형세를 마음대로 사용해서 약소국의 적당한 정리를 침탈함은 불의한 폭거이며 무도한 악습이니 공법이 불허하는 것이다.[28]

그리고 증공국과 속국(屬國)을 다음과 같이 명확하게 구분하고 있다.

대개 속방은 복사하는 나라의 정령제도를 한결같이 준수하여 내외

---

27) "邦國의 交際도 亦公法으로 操制ᄒᆞ야 天地의 無偏ᄒᆞᆫ 正理로 一視ᄒᆞᄂᆞᆫ 道를 行ᄒᆞᆫ 則大國도 一國이오 小國도 一國이라 國上에 國이 更無ᄒᆞ고 國下에 國이 亦無ᄒᆞ야 一國의 國되ᄂᆞᆫ 權利ᄂᆞᆫ 彼此의 同然ᄒᆞᆫ 地位로 分毫의 差殊가 不生ᄒᆞᆫ지라", 유길준, 『兪吉濬全書』 I, 西遊見聞(全), 108쪽.

28) "權利ᄂᆞᆫ 天然ᄒᆞᆫ 正理며 形勢ᄂᆞᆫ 人爲ᄒᆞᆫ 剛力이라 弱小國이 元來 强大國을 向ᄒᆞ야 恣橫ᄒᆞᄂᆞᆫ 剛力이 無ᄒᆞ고 但 其自有ᄒᆞᆫ 權利를 保守ᄒᆞ기에 不暇ᄒᆞᆫ 則 强大國이 自己의 裕足ᄒᆞᆫ 形勢를 擅用ᄒᆞ야 弱小國의 適當ᄒᆞᆫ 正理를 侵奪ᄒᆞᆷ은 不義ᄒᆞᆫ 暴擧며 無道ᄒᆞᆫ 惡習이니 公法의 不許ᄒᆞᄂᆞᆫ 者라" 유길준, 『兪吉濬全書』 I, 西遊見聞(全), 111쪽.

의 제반 사무에 자주하는 권리가 전무하고 증공국은 강대국의 침벌을 면하기 위해 대적하지 못할 형세를 스스로 생각해 비록 본심에 맞지 않아도 약장을 준수하여 공물을 보내고 향유한 권리의 한도에 따라 독립 주권을 얻음이라.[29]

따라서 유길준은 당시의 한청 관계에서 조선을 증공국으로 볼 것인가, 아니면 속국으로 볼 것인가의 논쟁 속에서 한청 관계를 속국 관계 대신에 증공국과 수공국(受貢國)의 관계로서 설정하고 다음과 같이 설명한다.

나라는 처지와 형세를 스스로 아는 것이 중요하니 약국이 불행한 사정으로 강국에 증공하는 관계가 한번 있으면 양국 간의 교섭하는 예도와 법례를 정하여 강국이 수공하는 권리를 보유하고 공법의 승인으로 그 기초를 확립하여 타방의 개입과 간섭을 불용하는지라.[30]

결론적으로, 그는 당시 조선이 당면한 새로운 바깥 질서를 전통과 근대의 이중적 국제질서로 파악하고 이를 양절체제로 부르면서 다음과 같이 요약하고 있다.

---

29) "大槩 屬邦은 其服事ᄒᆞᄂᆞᆫ 國의 政令制度를 一遵ᄒᆞ야 內外諸般事務에 自主ᄒᆞᄂᆞᆫ 權利가 全無ᄒᆞ고 贈貢國은 强大國의 侵伐을 免ᄒᆞ기 爲ᄒᆞ야 其不敵ᄒᆞᆫ 形勢를 自思ᄒᆞ고 雖本心에 不合ᄒᆞ야도 約章을 遵守ᄒᆞ야 貢物을 贈遺ᄒᆞ고 其享有ᄒᆞᆫ 權利의 分度로 獨立主權을 獲存홈이라"유길준, 『兪吉濬全書』 I, 西遊見聞(全), 112쪽.

30) "夫國은 其處地와 形勢를 自知홈이 貴ᄒᆞ니 弱國이 不幸한 事情으로 强國에 贈貢ᄒᆞᄂᆞᆫ 關係가 一有ᄒᆞᆫ 則 兩國間의 交涉ᄒᆞᄂᆞᆫ 禮度와 法例를 遂定ᄒᆞ야 强國이 受貢ᄒᆞᄂᆞᆫ 權利를 保有ᄒᆞ고 公法의 承認으로 其基礎를 確立ᄒᆞ야 他邦의 挿理와 干涉을 不容ᄒᆞᄂᆞᆫ지라" 유길준, 『兪吉濬全書』 I, 西遊見聞(全), 114쪽.

조공 받는 국가 수공국이 그런즉 여러 국가에게 같은 예도를 행하고 조공하는 국가 증공국에게는 독존의 모습을 마음대로 하니 이는 증공국의 체제가 수공국과 여러 다른 국가를 향하여 앞뒤로 나눠지고 수공국의 체제도 증공국과 여러 다른 국가에 대하여 역시 앞뒤로 나눠진다. 수공국과 증공국의 둘로 나눠진 체제를 하나로 보는 것은 무슨 이유인가. 형세의 강약을 고려하지 않고 권리의 유무만 따지니 강국의 망령된 존중에 대해서는 공법의 비난이 있고 약국의 수모에 대해서는 공법의 보호가 존재한지라 그러니까 이와 같이 하나가 아닌 치우친 막힘은 공법이 행해지지 않아서 약자는 스스로 보호하는 길이니 강자가 자행하는 교만한 습성을 조성하기 위해서는 공법의 한 조항도 세우지 않았음이라.[31]

유길준은 이러한 양절체제의 현실 속에서 청과의 관계를 속국이 아닌, 증공국과 수공국의 관계로 만들어나가면서 동시에 청 이외의 다른 국가와의 관계를 균세와 만국공법에 기반한 근대 국제관계로 만들어나가려는 시도를 보여주고 있다.[32]

그는 정치의 개화를 위해 '방국(邦國)의 권리' 보장에 이어 자유와 통의 (通義)에 기반한 '인민의 권리'가 보장되어야 한다고 지적하고 있다.

---

31) "受貢國이 然則 諸國을 向ㅎ야 同等의 禮度를 행하고 贈貢國을 對ㅎ야 獨尊한 體貌를 擅ㅎ리니 此ᄂ 贈貢國의 體制가 受貢國及 諸他國을 向하야 前後의 兩截이오 受貢國의 體制도 贈貢國及 諸他國을 對하야 亦前後의 兩截이라 受貢國及 贈貢國의 兩截體制를 一視흠은 何故오 形勢의 强弱은 不顧하고 權利의 有無를 只管ㅎㄴ니 强國의 妄尊은 公法의 譏刺가 自在ㅎ고 弱國의 受侮ᄂ 公法의 保護가 是存흔지라 然흔 故로 如是不一흔 偏滯ᄂ 公法의 不行으로 弱者의 自保ㅎᄂ 道니 强者의 恣行ㅎᄂ 驕習을 助成ㅎ기 爲ㅎ야ᄂ 公法의 一條도 不設흠이라" 유길준, 『兪吉濬全書』 I, 西遊見聞(全), 117쪽.

32) 김용구, 『세계관 충돌의 국제정치학: 동양 禮와 서양 公法』(서울: 나남, 1997), 244~261쪽.

자유는 마음의 좋아하는 바대로 무슨 일이든지 좇아 궁굴 구애하는 사려가 없음을 말함이로되 결단코 임의 방탕하는 취지가 아니며 법을 어기고 제멋대로 하는 행동도 아니오. 또 타인의 사체는 돌아보지 않고 자기의 이욕을 스스로 마음대로 하는 의사가 아니라 국가의 법률을 경봉하고 정직한 도리로 스스로 보전하여 자기가 행하여 할 인세의 직분으로서 타인을 방해하지 않고 타인의 방해도 받지 않으며 하고 싶은 바를 자유하는 권리.[33]

유길준은 『노동야학독본』 제34과 「사람의 자유」에서 자유의 의미를 보다 쉽게 풀어서 다음과 같이 설명하고 있다.

자유(自由)는 자의(字意)대로 스사로 말매암이니 스사로 말매암이라 ᄒᆞᆫ 일은 말삼대로 해(解)ᄒᆞᆫ진대 하고 십흔 일을 ᄒᆞ고 하고 십지 아닌 일은 아니ᄒᆞᆫ다홈이오녀 그러하나 사람이 독(獨)로 이 세샹에 사지아니ᄒᆞᆫ즉 엇디 이러ᄒᆞᆫ 리치가 잇시리오 …… 내가 자유가 잇신즉 남도 자유가 잇시니 사람이 각기 그 자유를 수(守)기만ᄒᆞ고 죠곰도 셔로 사양치 아니ᄒᆞ면 세상에 어지러운 날리 가이지 아니ᄒᆞ고 닷토는 바람이 ᄯᅳᆫ치 아니ᄒᆞ야 천지간(天地間)에 수(獸)의 자유만 잇실지니라 그런고로 사람의 자유는 도덕(道德)과 법률(法律)에 합(合)ᄒᆞᆫ 연후에 비로소 잇나니…… 명심(明心)ᄒᆞᆯ 지어다 사람의 자유는 착ᄒᆞᆫ 일에 잇고 악ᄒᆞᆫ 일에 업시니 그

---

33) "自由는 其心의 所好ᄒᆞ는 ᄃᆞ로 何事든지 從ᄒᆞ야 窮屈拘碍ᄒᆞ는 思慮의 無홈을 謂홈이로딕 決斷코 任意放蕩ᄒᆞ는 趣旨아니며 非法縱恣ᄒᆞ는 擧措아니오 又 他人의 事體는 不顧ᄒᆞ고 自己의 利慾을 自逞ᄒᆞ는 意思아니라 乃國家의 法律을 敬奉ᄒᆞ고 正直ᄒᆞᆫ 道理로 自持ᄒᆞ야 自己의 當行홀 人世職分으로 他人을 妨害ᄒᆞ지도 勿ᄒᆞ며 他人의 妨害도 勿受ᄒᆞ고 其所欲爲는 自由ᄒᆞ는 權利" 유길준, 『兪吉濬全書』 I, 西遊見聞(全), 129쪽.

런고로 갈오대 자유는 자유치 못흐는 가온대에 잇나니라.34)

유길준이 『서유견문』에서 인민의 권리로서 자유와 함께 중시하는 통의(通義)란 한 마디로 말하자면 "당연한 정리(正理)"라고 말하고, 몇 가지 예를 든 후에 "천사만물에 그 당연한 도를 지켜 고유한 상경을 잃지 않고 상응한 직분을 스스로 지키는 것이 곧 통의의 권리"라는 것이다.35) 이러한 통의에 기반한 자유로운 행동이 이루어질 때 인간은 임의 방탕으로 흐르지 않고 진정한 자유의 권리를 누릴 수 있게 된다는 것이다. 그는 『서유견문』에서 사용하고 있는 통의를 『노동야학독본』에서는 도덕과 법률로서 표현하고 있다. 일본의 경우에, 후쿠자와 유키치는 통의를 단순히 영어의 right의 번역어로 쓰고 있는 것에 비해서,36) 유길준은 인권의 기반을 서양적 자유 개념과 동양적 통의 개념의 조화 또는 복합화 속에서 찾으려는 어려운 시도를 보여주고 있다.

유길준은 정치 개화의 세 번째로서 19세기 후반의 조선에 바람직한 정치체제를 검토하기 위해서 각국의 정체를 ① 군주가 천단(擅斷)하는 정체, ② 군주가 명령하는 정체 또는 압제 정체, ③ 귀족이 주장하는 정체, ④ 군민(君民)이 공화(共治)하는 정체 또는 입헌정체, ⑤ 국민이 공화(共和)하는 정체 또는 합중 정체(合衆政體)로 분류해 비교한 다음에 군민공치(君民共治)의 정체가 가장 훌륭한 것으로 평가하고 있다.37) 그러나 한 나라의 정체란 오랜 역사 속에서 국민의 관습으로 이루어진 것이므로 섣부른 변경을

---

34) 유길준, 『兪吉濬全書』 II, 文法·敎育편, 324~326쪽.

35) "千事万物에 其當然흔 道를 遵흐야 固有흔 常經을 勿失흐고 相稱흔 職分을 自守흠이 乃 通義의 權利", 유길준, 『兪吉濬全書』 I, 西遊見聞(全), 129쪽.

36) 柳父章, ≪翻譯語成立事情≫ 8, 權利(東京: 岩波新書, 1982).

37) 유길준, 『兪吉濬全書』 I, 西遊見聞(全), 163~171쪽.

시도하는 것은 어린애의 장난이 될 위험을 다음과 같이 경고하고 있다.

　　각국의 정체를 서로 비교하건대 군민이 공치하는 것이 가장 아름다
운 규모라 하니 그러므로 어느 나라든지 인민의 풍속과 국가의 경황을
불문하고 이 정체를 택하여 행하는 것이 옳을 듯하지만 결단코 그렇지
않으니 나라의 정체는 세월이 오래되면서 인민의 습관을 이룬 것이라
습관을 갑자기 변개할 수 없음이 언어를 변개하기 불가능한 것과 동일
하니 급한 소견으로 공허한 이치를 숭상하고 실정에 어두워서 변개하
는 논의를 창기하는 것은 어린애의 희롱이라 군주와 나라에 도움이 되
기는 고사하고 오히려 해를 끼치는 것이 적지 않을지라.[38]

　　유길준 자신이 군민공치를 높이 평가하고 있는 것도 구미의 다양한 정
체들의 장단점을 꼼꼼히 따져본 다음에 19세기 조선이 놓여 있는 정치적
상황 속에서 왕권강화의 필요성, 국민 계몽의 필요성 등을 충족시키기 위
해 조심스럽게 조선형 군민공치를 구상하고 있는 것이다.

　　그는 정치 개화의 네 번째로서 정부의 직분을 새롭게 검토하고, 자기
나라의 정치를 안온케 하고 국민들로 하여금 태평스러운 즐거움이 있게
하고, 법률을 굳게 지켜 국민들로 하여금 원통하고 억울한 일이 없도록
해야 하며, 외국과의 교섭을 신설하게 해 국가로 하여금 분란의 걱정을

---

38) "各國의 正體를 相較ᄒ건디 君民의 共治ᄒᄂ 者가 最美흔 規模라 ᄒ니 然흔 則 何國이
　　든지 其人民의 風俗과 國家의 景況을 不問하고 卽其政體를 取行홈이 可홀 듯 ᄒ나
　　然ᄒ나 決斷코 不然흔 者가 有ᄒ니 凡國의 政體ᄂ 歷年의 久長홈으로 人民의 習慣을
　　成흔 者라 習慣의 卒然히 變改ᄒ기 不能홈이 言語의 變改ᄒ기 不能홈과 同一ᄒ니
　　急遽흔 小見으로 虛理를 崇尙ᄒ고 實情에 朦昧ᄒ야 變改홀 議論을 倡起ᄒᄂ 者는
　　小兒의 嬉戲라 君國에 益이 有ᄒ기ᄂ 枯舍ᄒ고 害를 胎홈이 反且不少홀디라" 유길준,
　　『兪吉濬全書』 Ⅰ, 西遊見聞(全), 171쪽.

면하게 하는 세 가지 조항으로 대강령을 삼고, 이를 추진하는 과정에서 전통과 근대의 갈등을 어떻게 풀어나갈 것인가를 조심스럽게 따지고 있다.[39] 대표적 예로서 법률의 개화를 위해 새 법을 제정하고자 하더라도 고전적인 것들을 신중히 참고해 증강하고, 개정하는 것을 줄기로 해 윤색하는 조례들을 덧붙이며 국민의 관습에 맞도록 해, 놀라움이 없게 한 뒤라야 안전한 경역(境域)에 이르고 문명한 길로 나아갈 수 있을 것이라고 지적하고 있다.[40]

유길준은 지덕과 정법의 개화에 이어 마지막으로 기계와 상품의 개화를 들고 있다. 기계의 개화의 경우에는 외국의 기계를 사들이거나 기술자를 고용하지 말고, 반드시 먼저 자기 나라 국민에게 기술을 배우게 해, 그 사람으로 하여금 그 일을 맡도록 해야 한다고 지적하고 있다. 왜냐하면, 외국의 기계를 사들이게 될 때 그 기계를 못 쓰게 되면 기계는 다시 없게 되는 것이며, 기술자를 고용했을 경우 그 기술자가 본국으로 가버리면 다시는 그런 기술자는 없게 된다는 것이다.[41]

상품의 개화의 경우에도, 19세기의 조선은 오랫동안 상업을 천시해 온 탓으로 이미 개화한 나라에 비해 상품의 정보와 내용에서 크게 뒤떨어져 있기 때문에 반드시 여러 번의 단련이 있어야 비로소 경쟁해서 이익을 얻을 방책을 터득하게 될 것으로 전망하고 있다.[42]

---

39) 유길준, 『兪吉濬全書』 I, 西遊見聞(全), 175쪽.
40) 같은 책, 292쪽.
41) 같은 책, 401쪽.
42) 같은 책, 379~384쪽.

3. 문명 개념의 동아시아 전파

19세기 조선이 국내 정치사회세력의 치열한 각축 속에서 구미의 근대 국제질서를 문명이라고 부르는 과정에서 직접 영향을 받은 것은 일본으로부터였다.

19세기 동아시아와 서양의 본격적 만남이 이루어진 것은 중국과 영국의 아편전쟁(1840~1842)이었다. 그러나 중국은 자신을 천하의 중심으로 생각하고 있었으므로 유럽을 새로운 문명으로 받아들이지 않은 것은 당연했다. 중국이 유럽을 문명으로 부르기 위해서는 청일 전쟁의 패배라는 충격을 기다려야 했다.

한편 17세기 이래 네덜란드를 제외한 서양 세력에 대해 문호를 개방하지 않았던 일본은 19세기에 들어서서 일본 연안에 접근하는 모든 외국배를 쳐부수라는 명령(異國船無二念打払令, 1825)을 내렸으며, 미도학(水戸學)의 아이자와 세이시사이(會澤正志齋)는 존왕양이(尊王攘夷)를『신론(新論)』(1825)에서 본격적으로 제기했다.

그러나 중국 중심 천하질서의 주변에 놓여 있었던 일본은 중국과는 달리 거칠게 다가오는 유럽 중심 국제질서에 대해 일방적으로 저항의 국제정치만을 강조하는 대신에 활용의 국제정치를 모색하기 시작하는 유연성을 보여주었다. 따라서 중국이 아편전쟁(1840~1842)의 참패를 겪는 것을 보면서, 일본에서는 양이파에 대한 개국파의 등장이 이루어졌다. 이러한 변화를 대표하는 흐름으로서 사쿠마 쇼잔은 18세기 아라이 하쿠세키의 화혼양재(和魂洋才)를 뒤이어서 "서양예술(西洋芸術), 동양도덕(東洋道德)"을 강조하게 된다.

서양의 civilization 개념 자체는 막부 말기(幕末)부터 메이지(明治) 초기에는 예의(禮儀)와 교제(交際)로 이해되다가 점차 번역어로서 문명과 문화가 함께 쓰이는 짧은 시기를 거쳐 후쿠자와 유키치를 비롯해서 니시 아마네(西周), 미츠쿠리 슈헤이, 모리 아리노리 등을 통해 문명개화(文明開化) 또는 문명(文明)으로서 자리를 잡게 된다.[43]

메이지 개명(明治開明) 지식인의 대표 주자라고 할 수 있는 후쿠자와 유키치는 『당인왕래(唐人往來)』(1865)에 이어 1868년에 출판한 『서양사정외편(西洋事情外編)』의 "세계의 문명개화(世の文明開化)"라는 절에서 인류 역사를 만야(蠻野)에서 문명(文明)으로 진보하는 것으로 설명하고 영국과 같은 유럽 국가를 '문명개화국'으로 부르고 있다. 후쿠자와 유키치는 다음 해인 1869년에 출판한 『장중만국일람(掌中萬國一覽)』과 『세계국진(世界國盡)』에서는 인간들의 삶의 모습을 혼돈(混沌), 만야, 미개(未開)/반개(半開), 개화 문명(開化文明)/문명개화(文明開化)의 네 부류로 나누어서 진보의 과정을 설명하고, 중국을 반개화(半開化)로 미국과 유럽 국가를 문명개화로 분류하고 있다.[44]

그는 1875년에 쓴 본격적 일본 문명론의 전개라고 할 수 있는 『문명론의 개략』에서 세계의 문명을 논하면서 유럽 국가와 미국을 최상의 문명국, 터키, 중국, 일본 등의 아시아 국가를 반개화국, 아프리카 및 호주를 야만국으로 분류한 다음에 이러한 분류의 상대성을 강조하고 있다. 따라서 반개화 국가인 일본이 문명국이 되기 위해서는 현재의 시간과 장소를 고려한다면 일차로 서양의 문명을 목표로 삼되 우선적으로 지덕(智德)을 개발하고, 다음으로 정법(政法)을 개혁하고, 마지막으로 의식주나 기계를 추구해서 일본 독립을 획득해야 한다는 결론에 이르고 있다.[45]

---

43) 西川長夫, 『國境の越え方: 比較文化論序說』; 西川長夫, 『地球時代の民族=文化理論: 脫「國民文化」のために』; 伊東俊太郎, 『比較文明と日本』; 柳父章, 『文化』.

44) 福澤諭吉, 『福澤全集』, 제1~2권.

45) 같은 책, 제3권.

그리고 후쿠자와 유키치와 함께 명륙사(明六社)의 동인이었던 니시무라 시게키는 《메이로쿠잡지(明六雜誌)》 제36호(1875년 5월)에 서어십이해 [西語十二解(1)]로 "문명개화의 풀이(文明開化の解)"를 게재해 civilization 개념에 대한 계몽적 설명을 하고 있다.[46]

이러한 과정을 거쳐 일본에서 사용되기 시작한 문명개화라는 개념은 이와쿠라 사절단(1871년 11월~1873년 8월)의 구미 순방 이후 일본 사회에서 1870년대의 대표적 유행어로서 풍미하게 된다. 이러한 일본의 문명 개념은 1881년 6월부터 1882년 12월까지 후쿠자와 유키치가 경영하는 게이오의숙(慶應義塾)에 유학했던 유길준을 비롯한 조선의 개화 지식인을 통해 당시 조선에 본격적으로 알려지게 된다. 특히 유길준의 조선 문명론인 『서유견문』은 후쿠자와 유키치의 『서양사정(西洋事情)』, 『학문의 권장(學問のすすめ)』, 『문명론의 개략』을 종합한 모습을 보여주고 있다. 그러나 가장 주목해야 할 것은 유길준은 후쿠자와 유키치와는 비교할 수 없는 국내외 정치의 어려움 속에서 목숨을 걸고 조선 문명론을 고민하고 글로 써야 했다는 것이다. 따라서 유길준의 조선 문명론은 후쿠자와 유키치의 일본 문명론에 비해 훨씬 조심스럽고 복잡한 전통과 근대의 복합화를 모색해야 했다.

19세기 조선의 문명 개념 도입이 일차적으로 개화 지식인이 나서고 일본을 통해 이루어진 후 이차적으로 문명 개념의 폭넓은 사용이 이루어지는 데에는 무술정변(戊戌政變, 1898)의 좌절을 맛보고 일본으로 망명한 량치차오가 일본 문명론의 영향을 받아 쓴 글이 조선의 개신 유학자들에게 미친 영향이 컸다.

중국의 영국 주재 공사였던 궈숭타오가 1876년 일기에서 서양에서 국

---

46) 《明六雜誌》, 제36호(1875년 5월).

가를 'civilized, half-civilized, barbarian'으로 분류하고 있다는 것을 소개하면서 발음대로 "色維來意斯得, 哈甫色維來意斯得, 巴伯比里安"이라고 쓰고 있다. 이 일기가 증명하는 것은 일본이 이미 문명, 반개, 야만 등의 번역어를 사용하고 있는 것에 반해서, 중국은 아직까지 상응하는 번역어를 가지고 있지 않다는 것이다.[47]

중국에서 처음으로 civilization의 번역어로서 문명을 사용한 것은 량치차오로 알려져 있다.[48] 그는 1896년의 글에서 문명 개념을 도입한 후 1899년부터 1905년까지 『청의보(淸議報)』, 『신의총보(新民叢報)』에 단속적으로 연재했던 「자유서(自由書)」에서 본격적으로 사용하고 있다. 그는 「자유서」의 1절 "문야삼계지별(文野三界之別)"에서 세계의 인류가 야만, 반개, 문명의 3단계로 나누어져 순서를 밟아 상승하는 것이 세계 인민 공인의 진화의 공

---

47) 郭嵩燾, 『倫敦與巴黎日記』, p.491; 郭嵩燾, 『郭嵩燾日記』, 第三卷, p.439.

48) 량치차오 연구는 중국의 개혁, 개방 이후 활발해지고 있다. 丁文江·趙豊田 編, 『梁啓超年譜長論』이 출판되었으며, 이어서 李華興·吳嘉勳 編, 『梁啓超選集』; 李國俊 編, 『梁啓超著述繫年』; 林志鈞 編, 『飮氷室合集』 全12冊: 「文集」 1~45卷; 「選集」 1~104卷; 梁昌超, 『饮氷室合集』 『集外文』 上中下 三册, 夏晓虹辑 등의 중요 연구 자료가 출판되었다. 중국의 중요 연구로는 孟祥才, 『梁啓超傳』; 鍾珍維·萬發雲, 『梁啓超思想研究』; 宋仁主 編, 『梁啓超政治法律思想研究』; 李喜所·元青, 『梁啓超傳』; 耿元志·崔志海, 『梁啓超』; 吳延嘉·沈大德, 『梁啓超評傳』; 陈鵬鳴, 『梁啓超: 學朮思想評傳』; 鄭民, 『梁啓超啓蒙思想的東學背景』 등을 들 수 있다. 중국 이외의 중요 연구로는 Joseph R. Levenson, *Liang Ch'i-ch'ao and the Mind of Modern China*, 1st and 2nd ed.; Hao Chang, *Liang Ch'i-ch'ao and Intellectual Transition in China, 1890~1907*; Philip C. Huan, *Liang Ch'i-ch'ao and Modern Chinese Liberalism*; Xiaobing Tang, *Global Space and the National Discourse of Modernity: The Historical Thinking of Liang Qichao*; Joshua A. Fogel(ed.), *The Role of Japan in Liang Qichao's Introduction of Modern Western Civilization to China*, China Research Monograph 57; 張明園, 『梁啓超与淸季革命』; 張明園, 『梁啓超与民國政治』; 狹間直樹 編, 『梁啓超: 西洋近代思想受容と明治日本』 등을 들 수 있다.

리라고 밝히고 있다.[49] 그리고 3개월 후에 쓴 『민국10대원기론 [民國十大元氣論(一名 文明之精神)]』에서 중국의 문명화를 위해서는 '형질(形質)의 문명' 대신에 '정신의 문명'이 필요하다는 것을 강조하고 있다.[50]

일본 문명론의 도움을 받은 량치차오의 중국 문명론은 1900년대 초 단행본, 신문, 잡지 등을 통해 조선의 개신 유학자에게 커다란 영향을 미치게 된다. 그중에도 『청국무술정변기(淸國戊戌政變記)』, 『월남망국사(越南亡國史)』, 『이태리건국삼걸전(伊太利建國三傑傳)』, 『중국혼(中國魂)』, 『음빙실자유서(飮氷室自由書)』 등은 우리말로 번역되어 널리 알려졌다.[51]

따라서 19세기 중반 조선의 위정척사적 문명관과 문명개화적 문명관의 갈등은 20세기 초 일본을 전파 경로로 하는 개화 지식인의 문명 개념과 중국을 전파 경로로 하는 개신 유학자의 문명 개념의 접근이라는 새로운 모습으로 전개되었다.

4. 유럽 문명 개념의 등장

일본이 문명으로 번역한 civilization은 유럽 근대 질서의 중심 세력이었던 프랑스와 영국이 18세기 중반 이래 그들의 삶의 진보성과 보편성에 대한 자기의식을 표현하기 위해 사용하기 시작했다.[52] 이 용어는 어원적

---

49) 梁啓超, 『梁啓超評傳』, 卷2.

50) 梁啓超, 『梁啓超文集』, 卷3.

51) 葉乾坤, 「梁啓超와 舊韓末文學」, 고려대학교 박사학위 논문(1979), 제3장 구한말에 소개된 량치차오의 논저, 117~147쪽.

52) Fernand Braudel, *Grammaire de Civilisations(The History of Civilization)*, translated by Richard Mayne(New York: Penguin Books, 1993); Norbert Elias, *Über der Prozeβ der Zivilisation: Soziogenetische und psychogenetische*

으로는 라틴어의 civis(시민), civilis(시민의), civitas(도시)에서 유래하고 있다. 고대 그리스 도시국가와 로마제국의 삶의 차원에서 civitas는 야만과 문명을 구분 지어주는 공간이었다. 따라서 자신들의 삶의 양식을 라틴어로 도시화라고 부른다는 것은 도시 밖의 야만에 대한 도시 안의 문명에 대한 자기 우월감의 표현이었다.

civilization이라는 용어가 오늘날의 문명의 의미로서 처음으로 사용된 것은 1757년에 불란서 혁명의 주요 인물인 미라보의 아버지이며 중농학파의 일원이었던 빅토르 드 리케티 미라보 후작(Victor de Riqueti, Marquis de Mirabeau, 1715~1789)에 의해서였다.[53] 그 이후 프랑스에서는 civilization이라는 용어가 1770년대에 들어서서 폭넓게 쓰이게 되었다.

프랑스의 역사학자이자 정치가였던 프랑수아 기조(François Guizot)는 1828년에 소르본대학에서 14회에 걸쳐 "유럽 문명사(Histoire gènerale de la civilisation en Europe)"라는 제목으로 문명의 발달이라는 시각에서 로마제국의 멸망 이후의 유럽 역사에 대해 강연했다. 이 강연에서 기조는 civilization이라는 용어가 가지는 첫 번째의 중요한 의미로서 진보와 발전을 강조하고 있다. 다음으로 진보와 발전의 핵심적 내용으로서는 힘과 행복을 생산하고 분배하기 위한 사회의 발전과 능력, 감정, 생각의 면에서 개인의 발전을 강조하고 있다. 그러고 나서 기조는 문명의 양 측면 중에 사회의 진

Untersuchungen (Frankfurt am Main: Suhrkamp, 1976); Jörg Fisch, "Zivilization Kultur" in Reinhard Koselleck, Otto Brunner und Werner Conze(hrsg.), *Geschichtliche Grundbegriffe: Historisches Lexicon zur politisch- sozialen Sprache in Deutchland* (Stuttgart: Klett-Cotta, 1989); A. L. Kroeber and C. Kluckhohn, *Culture: A Critical Review of Concepts and Definitions* (New York: Vintage Books, 1963); John Rundell & Stephen Mennell(eds.), *Classical Readings in Culture and Civilization* (London: Routledge, 1998).

53) Victor de Riqueti, Marquis de Mirabeau, *L'ami de l'homme* (1756).

보 측면에서 프랑스를 중심으로 하는 유럽의 역사를 검토하고 있다.[54]

　'유럽 문명사'에 이은 '프랑스 문명사(1828~1830)' 강의에서 기조는 보다 구체적으로 영국은 사회의 발전이 개인의 발전을 앞서 있으며, 독일은 개인의 발전에 비해 사회의 발전이 뒤떨어져 있는 것에 반해서, 프랑스는 사회와 개인의 발전이 동시에 이루어졌기 때문에 프랑스를 유럽 문명사의 중심에 놓는다고 지적하고 있다.[55]

　프랑스의 역사를 문명사의 틀 속에서 조망하려는 기조의 노력은 프랑스뿐만 아니라 다른 나라의 지식인에게도 많은 관심을 불러일으켰다. 동아시아의 경우에는 일본의 태정관번역국(太政官翻譯局)의 무로타 아츠미(室田充美)가 프랑스 원본을 1872년에 번역해 1875년 『서양개화사(西洋開化史)』라는 이름으로 인서국(印書局)에서 발행했다. 그러나 일본 지식인이 주로 읽은 것은 프랑스 원본이나 무로타 아츠미의 번역본이 아니라 헨리(C.S. Henry) 역(1842)과 해즐릿(William Hazlitt) 역(1846)의 영역본이었고, 그중에도 헨리 역이었으며, 특히 나카미미 히데키(永峰秀樹)에 의한

---

54) François Guizot, *Histoire generale de la civilisation en Europe (The History of Civilisation in Europe)*, translated by William Hazlitt(London: Penguin Books, 1997). Guizot의 저작 및 연구 문헌에 관해서는 Pierre Rosanvallon, *Le Moment Guizot* (Paris: Gallimard, 1985); Gabriel de Broglie, *Guizot* (Paris: Perrin, 2002); Marina Valensise, *François Guizot et la culture politique de son temps* (Paris: Gallimard-Le Seuil, 1991); Sister Mary Consolata O'Connor, M.A., *The Historical Thought of François Guizot* (Washington, D.C.: The Catholic University of America Press, 1955); Stanley Mellon(ed.), *François Guizot: Historical Essays and Lectures* (Chicago: The University of Chicago Press, 1972) 등을 대표적으로 들 수 있다.

55) François Guizot, *Histoire de la civilization en France depuis la chute de l'Empire romain jusqu'en 1789 (The History of Civilization in France)* translated by William Hazlitt(London, 1846).

헨리 번역본의 중역이었다.56)

한편 영국은 프랑스어의 civilité보다 넓은 뜻으로 civility라는 용어를 사용하고 있었기 때문에 프랑스보다 약간 늦은 1770년대에 들어서서 civilization이라는 용어가 사용되기 시작해 19세기 초에는 일반화되었다. 그 이후 헨리 버클(Henry Thomas Buckle)은 1857년에 영국사를 문명사의 시각에서 본격적으로 분석한 『영국문명사(History of Civilization in England)』라는 미완의 대작을 발표하면서 진보의 핵심 내용으로서 도덕과 지성을 강조하고, 그중에도 지성의 영향이 유럽 특히 영국의 문명화에 어떻게 기여했는가를 추적하고 있다.57) 버클의 『영국문명사』는 동아시아에서는 일본에서 1874년에 ≪메이로쿠잡지≫와 ≪민간잡지(民間雜誌)≫에 처음 초역되었으며, 1875년에 정부 사업으로 공간되었다.58)

프랑스와 영국이 자신들의 삶의 진보성과 보편성을 강조하기 위해 civilization이라는 용어를 사용하는 것에 대해서 근대국가 형성에 뒤늦었던 독일은 civilization 대신에 재배한다는 라틴어인 colore에서 유래

---

56) 小澤榮一, "『文明論之槪略』とギゾの文明史," ≪日本歷史≫ 144号(1960.6); 加藤周一, 丸山眞男 編, 「日本近代思想大系 15」, 『翻譯思想』(東京: 岩波書店, 1991), pp.1~120, pp.416~420.

57) Henry Thomas Buckle, *History of Civilization in England*, 3 vols.(London: Longmans Green, 1868). 버클의 저서 및 연구 문헌에 관해서는 Helen Taylor(ed.), *Miscellaneous and Posthumous Works of Henry Thomas Buckle* (London, 1872); Henry Huth, *The Life and Writings of Henry Thomas Buckle* (New York: Appleton, 1880); Giles St. Aubyn, A Victorian Eminance: The Life and Works of Henry Thomas Buckle(London: Barrie Book Ltd., 1958); Clement Wood(ed.), *Henry Thomas Buckle: History of Civilization in England* (New York: Frederick Ungar Publishing Co., 1964).

58) 小澤榮一, "『文明論之槪略』とギゾの文明史,"(1960), ≪日本歷史≫ 144; 加藤周一, 丸山眞男 編, 『翻譯思想』(1991), pp.121~158, pp.421~423.

해서 자연과 대칭되는 Kultur의 개별성을 상대적으로 강조하면서 보편성을 강조하는 civilization과 정면으로 맞서게 된다.[59]

이러한 속에서 후쿠자와 유키치를 대표로 하는 일본의 개명 지식인은 기조와 버클의 영향 속에서 자신들의 문명개화관을 형성하고 문명이라는 용어를 사용하기 시작했다.

5. 조선 문명화의 좌절

19세기 조선은 근대 서양 세력과의 만남에서 일차적으로는 서양을 문명이 아닌 금수로 부르고 전통적 부국강병의 자기 모색을 시도하게 되나 현실적 한계에 부딪히게 된다. 따라서 저항의 국제정치 대신에 활용의 국제정치를 추진하기 위해 중국형 문명화 모델의 수용을 위한 노력을 시작했으며, 보다 뒤늦게 일본형 문명화 모델에 관심을 가지게 된다.

일본형 문명화 모델에 자극을 받은 개화파 유길준은 조선 최초의 일본과 미국 유학생으로서 조선이 당면한 국내외 정치 현실의 어려움 속에서 이를 극복하기 위해 전통과 근대를 복합화한 조선형 문명화 모델의 가능성을 모색했다. 그러나 갑신정변의 실패로 인해, 청국의 영향력이 비정상적으로 커지는 반면에 개화 세력은 급격히 약화되었기 때문에, 그는 이러한 노력을 행동이 아닌 『서유견문』이라는 글로 남길 수밖에 없었다. 유길준은 갑오개혁(1894)을 통해서 비로소 조선형 문명화의 실천 기회를 가지게 되었으나, 첫째, 조선이 겪고 있었던 전통과 근대의 갈등, 둘째, 청일 전쟁 이후 청의 영향력 대신 급격하게 커지는 일본의 영향력을 현실적

---

59) Norbert Elias, *Über der Proze β der Zivilisation: Soziogenetische und psycho genetische Untersuchungen* (Frankfurt am Main: Suhrkamp, 1976).

으로 견제하기 어려운 국제적 여건, 셋째, 국내 역량의 효율적 동원 실패, 넷째, 조선형 문명화 모델의 실천 전략적 취약성 등으로 19세기 조선의 문명화 모색은 좌절된다.

그 이후 고종을 중심으로 한 대한제국의 문명화를 위한 마지막 노력이 이루어졌으나, 결국 조선은 20세기 상반기에 종속의 정치 현실로서 일본화의 길을 걷게 되었다. 1945년에 제2차 세계대전의 종전과 함께 일본화의 종속으로부터는 벗어나게 되었으나, 미국과 소련을 중심으로 하는 냉전질서의 형성과 함께, 한반도의 남과 북은 다시 한번 미국형과 소련형의 문명화 모델을 수용하게 되었다.

한반도가 냉전질서의 어려움을 계속해서 겪고 있는 속에, 세계는 21세기를 앞두고 서서히 냉전의 역사를 벗어나서 탈근대 복합국가의 부국강병을 넘어선 복합 목표를 새롭게 추구하는 신문명의 가능성을 맞이하고 있다. 따라서 한반도는 19세기 유길준이 꿈꾸었던 전통과 근대의 복합화라는 조선형 문명화의 길을 넘어서서 전통, 근대, 그리고 탈근대의 복합화라는 21세기 한반도형 문명화의 꿈을 새롭게 꾸어야 할 절박한 상황에 놓여 있다.

참고문헌

1차 사료

유길준. 1971. 俞吉濬全書編纂委員會 編. 『俞吉濬全書』. 서울: 일조각.

≪明六雜誌≫. 1875년 5월. 제36호.
郭嵩燾. 1982. 『郭嵩燾日記』. 湖南人民出版社.
_____. 1984. 『倫敦與巴黎日記』. 岳麓書社出版. 長江.

金允植. 1891.2.17. 「宜田記述評語三十四則」. 『續陰晴史』.

金平黙. 1975. 雜著. 「禦洋論」. 『重菴先生文集』 卷三八. 宇鍾社. 영인.

梁启超. 2005. 『饮冰室合集』. 『集外文』 上中下 三册. 夏晓虹 辑. 北京大学出版社.

福澤諭吉. 1898. 『文明論之槪略』. 『福澤全集』. 時事新報社.

申箕善. 1881. 『農政新編』.

梁啓超. 『梁啓超評傳』.

李國俊 編. 1986. 『梁啓超著述繫年』. 上海復旦大學出版社.

李恒老. 1986. 卷十二, 第三五, 「洋禍」. 『華西先生文集華西雜言』. 學古房. 영인.

李華興·吳嘉勛 編. 1984. 『梁啓超選集』. 上海人民出版社.

林志鈞 編. 『飮氷室合集』 全12册. 「文集」 1~45卷. 「選集」 1~104卷. 1936. 北京人民出
    版社. 1989. 影印出刊.

丁文江. 1983. 『梁啓超年譜長論』. 上海人民出版社. 趙豊田 編.

丸山眞男. 1986. 『'文明論之槪略'を讀む』 全三卷. 東京: 岩波新書.

기타 자료

김용구. 1997. 『세계관 충돌의 국제정치학: 동양 禮와 서양 公法』. 서울: 나남.

이광린. 1992. 『유길준』. 서울: 동아일보사.

장명원(張明園). 1964. 『梁啓超与淸李華命』. 中央硏究院近代史硏究所.

_____. 1978. 『梁啓超与民國政治』. 食貨出版社.

최덕수 외. 2015. 『근대 한국의 개혁 구상과 유길준』. 서울: 고려대학교출판문화원.

하영선·손열 엮음. 2012. 『근대한국의 사회과학 개념 형성사2』. 서울: 창비.

_____. 2018. 『냉전기 한국 사회과학 개념사』. 서울: 대한민국역사박물관.

_____. 2018. 『한국 사회과학 개념사: 조공에서 정보화까지』. 서울: 한울.

葉乾坤. 1979. 「梁啓超와 舊韓末文學」. 고려대학교 박사학위 논문.

加藤周一·丸山直男 編. 1991. 「日本近代思想大系 15」. 『翻譯思想』. 東京: 岩波書店.

耿元志·崔志海. 1994. 『梁啓超』. 广朱人民出版社.

柳父章. 1995. 『文化』. 三省堂.

孟祥才. 1980. 『梁啓超傳』. 救國·學術篇. 北京出版社; 1990. 臺灣風雲時代出版公司影印.

西川長夫. 1992. 『國境の越え方: 比較文化論序說』. 筑摩.

_____. 1995. 『地球時代の民族=文化理論: 脫「國民文化」のために』. 新曜社.

小澤榮一. 1960.6. "『文明論之槪略』とギゾの文明史". ≪日本歷史≫ 144号.

宋仁主 編. 1990. 『梁啓超政治法律思想研究』. 新華書店北京發行所.

陈鵬鳴. 1999. 『梁啓超: 學朮思想評傳』. 北京圖書館出版社.

吳延嘉·沈大德. 1996. 『梁啓超評傳』. 百花洲文芸出版社.

柳父章, 1982. ≪翻譯語成立事情≫, 8. 權利. 東京: 岩波新書.

柳麟錫. 1984. 「宇宙問答」. 『毅菴 柳麟錫의 思想: 宇宙問答』. 서준섭 외 역. 종로서적.

伊東俊太郎. 1990. 『比較文明と日本』. 中央公論社.

李喜所·元靑. 1993. 『梁啓超傳』. 北京人民出版社.

鄭 民. 2003. 『梁啓超啓蒙思想的東學背景』. 上海書店出版社.

鍾珍維·萬發雲. 1986. 『梁啓超思想研究』. 海南人民出版社.

狹間直樹 編. 1999. 『梁啓超: 西洋近代思想受容と明治日本』. 東京: みすず書房.

Braudel, Fernand. 1993. *Grammaire de Civilisations(The History of Civilization)*. translated by Richard Mayne. New York: Penguin Books.

Broglie, Gabriel de. 2002. *Guizot*. Paris: Perrin,

Brunner, Otto. Werner Conze and Reinhart Koselleck(eds.). 1972~1997. *Geschi chtliche Grundbegriff: Historiches Lexicon zur politische-sozialer Sprache in Deutschland*, 9 vols. Stuttgart: Klett-Cotta.

Buckle, Henry Thomas. 1868. *History of Civilization in England*, 3 vols. London: Longmans Green.

Chang, Hao. 1971. *Liang Ch'i-ch'ao and Intellectual Transition in China, 1890~ 1907*. Cambridge, Mass: Harvard University Press.

Elias, Norbert. 1976. *Über der Proze β der Zivilisation: Soziogenetische und psychogenetische Untersuchungen*. Frankfurt am Main: Suhrkamp.

Fisch, Jörg. 1989. "Zivilization Kultur." In Reinhard Koselleck, Otto Brunner und Werner Conze(hrsg.). *Geschichtliche Grundbegriffe: Historisches Lexicon zur politisch- sozialen Sprache in Deutchland*. Stuttgart: Klett-Cotta.

Fogel, Joshua A.(ed.). *The Role of Japan in Liang Qichao's Introduction of Modern Western Civilization to China*. Berkeley: Institute of East Asian

Studies, University of California Berkeley, Center for Chinese Studies, 2004.

Guizot, François. 1997. *Histoire generale de la civilisation en Europe(The History of Civilisation in Europe)*. translated by William Hazlitt. London: Penguin Books.

Huan, Philip(C.). 1972. *Liang Ch'i-ch'ao and Modern Chinese Liberalism*. Seattle: University of Washington Press.

Huth, Henry. 1880. *The Life and Writings of Henry Thomas Buckle*. New York: Appleton.

Kroeber, A. L. and C. Kluckhohn. 1963. *Culture: A Critical Review of Concepts and Definitions*. New York: Vintage Books.

Levenson, Joseph(R.). 1953. *Liang Ch'i-ch'ao and the Mind of Modern China,* 1st and 2nd(ed.). Cambridge, Mass: Harvard University Press; 1959.

Mellon, Stanley(ed.). 1972. *François Guizot: Historical Essays and Lectures*. Chicago: The University of Chicago Press.

O'Connor, Mary Consolata. 1955. *The Historical Thought of François Guizot*. Washington, D.C.: The Catholic University of America Press.

Riqueti, Victor de, Marquis de Mirabeau. 1756. *L'ami de l'homme*.

Rosanvallon, Pierre. 1985. *Le Moment Guizot*. Paris: Gallimard.

Rundell, John, Stephen Mennell(eds.). 1998. *Classical Readings in Culture and Civilization*. London: Routledge.

St. Aubyn, Giles. 1958. *A Victorian Eminance: The Life and Works of Henry Thomas Buckle*. London: Barrie Book Ltd.,

Tang, Xiaobing. 1996. *Global Space and the National Discourse of Modernity: The Historical Thinking of Liang Qichao*. Stanford: Stanford University Press.

Taylor, Helen(ed.). 1872. *Miscellaneous and Posthumous Works of Henry Thomas Buckle*. London.

Valensise, Marina. 1991. *François Guizot et la culture politique de son temps*. Paris: Gallimard-Le Seuil.

Wood, Clement(ed.). 1964. *Henry Thomas Buckle: History of Civilization in England*. New York: Frederick Ungar Publishing Co.,

한말 외교사의 현대적 교훈*

21세기 한반도는 역사적 선택의 기로에 서 있다.

21세기 역사의 주인공, 무대, 그리고 연기의 내용이 빠르게 변화하고 있다. 단순한 변화가 아니라 문명사적 변환의 징후를 구체적으로 드러내고 있다. 한반도가 21세기 변환의 파도를 성공적으로 타고 넘어서 당당하게 무대의 중심에 서려면 19세기 한국의 역사적 교훈을 제대로 읽을 줄 알아야 한다. 21세기 한반도가 19세기 한국을 조심스럽게 되돌아봐야 하는 이유는 풀어야 하는 문제의 유사성 때문이다. 전통에서 근대로 넘어오는 과정에서 생긴 19세기 국난과 근대에서 탈근대로 넘어가는 과정에서 생기는 21세기 국난의 비교는 21세기 국난의 성격을 보다 명확히 파악하게 해줄 것이다.

19세기 국난사는 21세기 국난을 제대로 이해하고 극복하기 위한 비교사로서만 중요한 것이 아니라, 21세기 국난의 형성사로서도 중요하다.

---

* 이 글은 "한말 외교사의 현대적 교훈", 《한국사 시민강좌》 제36집(2005.2), 240~264쪽을 재수록한 것이다.

오늘 우리 모습은 19세기 중반 한국의 전통적 삶이 구미의 근대적 삶을 만났을 때부터 형성되기 시작했다. 이 과정에서 19세기 국난이 발생했고, 국난의 현실은 20세기에 들어서서 국망의 현실로 바뀌었다. 19세기 국난은 20세기의 식민지질서와 냉전질서를 겪으면서 그 충분한 해결책이 마련되지 못했다. 따라서 21세기 신세계질서와 만나면서 미해결의 19세기 국난 요인들이 21세기 국난의 모습으로 다시 살아날 위험성을 보여주고 있다.

19세기 국난이 전통과 근대의 복합화 과정에서 발생한 것이라면, 21세기 국난은 전통, 근대, 그리고 탈근대의 복합화 과정에서 형성되고 있다. 따라서 19세기의 국난 극복사는 미래사로서의 21세기 국난 극복사의 필수적인 일부를 이루게 될 것이다. 21세기 국난 극복의 처방을 19세기 국난 극복 실패의 역사에서 찾아보려는 노력은 비교사, 형성사, 그리고 미래사의 관점에서 정당하다.

21세기를 위한 19세기의 역사적 교훈은 크게 문명표준론, 외세활용론, 국내 역량결집론으로 나누어 검토할 필요가 있다.

1. 문명표준론

유럽을 중심으로 형성된 근대 국제질서는 포르투갈 주도의 16세기, 네덜란드 주도의 17세기, 영국 주도의 18세기를 거쳐, 다시 한번 영국 주도의 19세기를 맞이했다. 산업혁명이라는 역사적 변화 속에서 지난 세기에 이어 두 번째로 영국이 주도하게 된 19세기는 16세기 이래 진행돼 온 국제화를 넘어선 보다 본격적인 국제화의 세기였다. 이에 따라 중국은 1840년대에, 그리고 일본은 1850년대에 구미의 근대 국민국가와 본격적으로 만나기 시작했다.

한국도 1860년대에 들어서서 병인양요(1866), 제너럴셔먼호 사건 (1866), 오페르트의 남연군 묘 도굴 사건(1868), 신미양요(1871) 등을 거치 면서 구미의 근대 국민국가와 불가피하게 본격적으로 만나게 되었다. 이러한 상황 속에서, 당시 우리 사회의 주도적인 정치사회세력은 서양 세력에 대해 위정척사의 입장을 견지하려는 노력을 기울였다. 위정척사론의 대표 주자였던 이항로는 그의 「양화(洋禍)」에서 "중국의 도(道)가 망하면 이적(夷狄)과 금수(禽獸)가 몰려온다"고 지적하고, 이를 다시 주석에서 "북 노(北虜, 청)는 이적이니 오히려 말할 수 있지만, 서양은 금수이니 가히 말할 것이 못 된다"고 설명하고 있다. '화이지별(華夷之別)'에서 '인수지판(人 獸之判)'으로 전개된 이항로의 위정척사론은 그의 제자인 김평묵의 「어양 론(禦洋論)」에서 보다 본격적으로 전개되고 있다. 그는 중국과 조선은 인 류(人類)이나 서양은 금수라고 주장하고 이는 중국과 조선은 인도(人道)를 가지고 있으나, 서양은 금수지도(禽獸之道)를 가지고 있기 때문이라고 했 다. 그리고 인도의 내용으로는 인(仁), 의(義), 예(禮), 지(智)의 사단지덕(四 端之德)과 오품지륜(五品之倫) 및 예악형정지교(禮樂刑政之敎)를 들고 있다.

위정척사론의 이러한 전통은 19세기 조선조의 사고와 행동에 커다란 영향력을 행사했으며 19세기 새로운 문명 표준의 화려한 등장에도 불구 하고 쉽사리 모습을 감추지 않았다. 위정척사론의 마지막을 장식한 유인 석은 「우주문답(宇宙問答)」(1913)에서 사람들이 모두 서양을 문명이라 부 르는 것에 대해서 "그들이 말하는 문명은 백 가지 기술과 천 가지 기교가 극에 이르도록 하는 것으로, 그 궁극적 의도는 맛있는 음식, 사치스러운 옷, 웅장한 집, 강한 병사 등의 일을 도모하는 것에 불과하다"라고 답변하 고 있다.

그러나 인수관(人獸觀)에 기반한 위정척사론은 점증하는 외압의 위기를 효율적으로 관리할 수 없는 현실에 직면하게 된다. 따라서 1876년의 조일수호조규 체결 이후, 1880년대에 들어서서 임오군란(1882)을 치른 후 개화의 길이 대세를 이루게 되었다. 이러한 가운데 동양의 도(道)와 서양의 기(器)를 결합해 보려는 동도서기론(東道西器論)이 본격적으로 등장하게 된다. 신기선은 『농정신편(農政新編)』(1885)의 머리말에서 도와 기는 서로 나누어져 있으며 동시에 서로 필요하다는 것을 지적하고 도의 내용으로는 삼강(三綱), 오상(五常)과 효제충신(孝悌忠信)을 들고 있으며 기의 내용으로는 예악(禮樂), 형정(刑政), 복식(服食), 기용(器用)을 들고 있다.

그러나 동도서기론의 문명관은 어디까지나 동도에 위배되지 않는 한도 내에서 서기의 수용을 받아들이는 것이다. 동도서기론을 대표하는 관료였던 김윤식은 1891년에 쓴 자신의 글에서 "나는 일찍이 개화지설(開化之說)을 심히 이상하게 여겼다. 무릇 개화란 변방의 미개족이 거친 풍속을 고치고 구주(歐州)의 풍속을 듣고 점차 고쳐나가는 것을 말하는데, 우리 동토(東土)는 문명의 땅인데 어찌 개화하겠는가? …… 이 개발 변화(開發變化)는 문식의 말이다. 소위 개화란 시무(時務)를 말하는 것이다"라고 지적하고 있으며, 조선의 시무는 "청렴을 숭상하고 가난을 제거하여 백성을 구휼하는 데 힘쓰며 조약을 잘 지켜 우방과 틈이 벌어지지 않도록 하는 것"이라고 지적하고 있다.

위정척사, 그리고 동도서기의 시각으로 구미 국가와 중국, 일본과 같은 주변 국가를 다루어보려는 노력이 쉽사리 성공하기 어려운 현실적 한계 속에서, 문명개화의 시각으로 구미(歐美) 세력을 조심스럽게 19세기 국제화의 새로운 문명 표준으로 받아들이려는 노력이 자리 잡게 된다. 일본과 비교해 전통과 근대의 갈등을 보다 힘들게 겪고 있던 19세기 조선에서 문명(文明)이라는 용어가 처음으로 사용된 것은 대표적인 개화 지식인인 유길준이 일본 유학(1881.5~1883.1)의 초기에 후쿠자와 유키치가 경영하는 ≪시사신보(時事新報)≫에 쓴 "신문(新聞)의 기력(氣力)을 논(論)함"(1882)에서였다. 유길준은 1883년에 쓴 『세계대세론(世界大勢論)』, 『경쟁론(競爭論)』, 「한성순보(漢城旬報) 창간사(創刊辭)」 등에서 보다 본격적으로 문명론을 전개하고 있다. 유길준은 그중에서도 『세계대세론』에서 인류를 개화의 차이에 따라서 야만, 미개, 반개, 문명으로 나누고, 오늘의 시점에서는 구주제국과 미국을 문명개화국이라고 할 수 있으나, 이 나라들이 결단코 개화의 극이 아니며 얼마든지 변할 수 있으므로 노력할 것을 강조하고 있다.

유길준은 대표작인 『서유견문(西遊見聞)』(1887~1889년 집필, 1895년 출판)에서 다시 한번 자신의 문명관을 확실하게 요약하고 있다. 그는 제14편에 포함되어 있는 개화의 등급에서 개화는 '인간의 천사만물(千事万物)이 지선극미(至善極美)한 경역(境域)에 이르는 것'이라고 설명하고 있다. 그리고 천하고금의 어느 나라도 이러한 개화의 극진한 경역에 도달한 나라는 없으며, 그 정도에 따라 등급을 나눈다면 개화, 반개화, 미개화로 구별할 수 있다고 지적하고 있다. 그러나 동시에 그는 스스로 노력하기를 그치지 않으면 반개화한 자와 미개화한 자도 개화한 자의 경역에 이를 수 있다는 것을 강조하고 있다.

19세기 유럽의 근대 국제질서가 새로운 문명 표준으로 동아시아에 전파되는 과정에서 새로운 질서를 문명으로 받아들이는 문제에 직면해 19세기 한국은 위정척사, 동도서기, 문명개화라는 다른 유형의 대응 양식을 보여주었다. 따라서 문명 개념의 도입사는 곧 치열한 언어의 정치, 언어의 전쟁 모습을 띨 수밖에 없었다.

국내 정치사회세력에 오랜 뿌리를 내리고 있던 위정척사 세력은 전통 언술 체계로 서세동점에 따라 빠르게 변화하는 현실을 담아보려는 힘겨운 싸움을 시도했으나 한계에 부딪힐 수밖에 없었다. 한편 국내의 막강한 전통 정치사회세력의 저항 속에서 문명개화 세력이 주도한 새로운 언술 체계의 시도는 강한 반발에 부딪힐 수밖에 없었다.

특히 문명개화 세력은 갑신정변(1884)의 실패로 인해 정치적으로 치명적인 타격을 입고 역사의 전면에서 일단 물러서야 했다. 이러한 역사의 무거운 짐을 등에 지고 작게는 자신들의 생존을, 크게는 조선의 생존을 내다보면서 문명개화 세력은 문명 개념의 도입을 전통과 근대의 복합화라는 시각에서 조심스럽게 추진했다. 더 나아가서, 유길준은 개화의 죄인, 개화의 원수 그리고 개화의 병신이라는 강한 표현을 사용해 당시 조선의 현실을 격렬히 비판하고 있다. 전통 없는 근대를 추구하는 개화의 죄인과, 근대 없는 전통을 추구하는 개화의 원수, 전통의 긍정적 측면을 버리고 근대의 부정적 측면만 받아들인 개화의 병신만 존재하고 있는 19세기 후반 조선의 현실 속에서, 유길준이 당면하고 있었던 최대의 과제는 단순한 서양 문명의 소개에 있었던 것이 아니라 전통과 근대의 갈등이 아닌 조화를, 더 나아가서 복합화를 당시의 어려운 국내 상황 속에서 어떻게 이루어낼 수 있는가 하는 것이었다.

그는 복합화한 조선형 문명화 모델의 가능성을 모색했다. 그러나 갑신정변의 실패로 인해, 청국의 영향력이 비정상적으로 커진 반면에 개화 세력은 급격히 약화되었기 때문에, 그는 이러한 노력을 행동이 아닌 『서유견문』이라는 글로 남길 수밖에 없었다. 유길준은 1894년 갑오개혁을 통해서 비로소 조선형 문명화의 실천 기회를 가지게 되었으나, 첫째, 조선이 겪고 있었던 전통과 근대의 갈등, 둘째, 청일전쟁 이후 청의 영향력 대신 급격하게 커지는 일본의 영향력을 현실적으로 견제하기 어려운 국제적 여건, 셋째, 국내 역량의 효율적 동원 실패, 넷째, 조선형 문명화 모델의 실천 전략적 취약성 등으로 19세기 조선의 문명화 모색은 좌절된다.

그 이후 고종을 중심으로 한 대한제국의 문명화를 위한 마지막 노력이 이루어졌으나, 국제적 변화의 속도를 따라잡지 못하고 결국 조선은 20세기 상반기에 일본 식민지의 길을 걷게 되었다. 1945년에 제2차 세계대전의 종전과 함께 일본의 억압으로부터는 벗어나게 되었으나, 미국과 소련을 중심으로 하는 냉전질서의 형성과 함께, 한반도의 남과 북은 다시 한번 미국형과 소련형의 문명화 모델을 수용하게 되었다.

한반도가 냉전질서의 어려움을 계속해서 겪고 있는 가운데, 세계는 21세기를 맞아 서서히 냉전의 역사를 벗어나 탈근대 복합국가의 부국강병을 넘어선 복합 목표를 새롭게 추구하는 신문명의 가능성을 맞이하고 있다.

21세기 신세계질서는 새로운 역사의 주인공과 무대의 모습을 보여주고 있다. 유럽에서는 지난 400년 동안 그리고 동아시아에서는 지난 150년 동안 근대 국민국가가 부국과 강병이라는 무대에서 국가 중심 경쟁 체제의 치열한 각축을 보여주었다. 21세기에도 역사의 주인공으로 여전히 국가의 역할이 중요하지만 주목할 만한 신인들의 활동이 눈에 띄게 늘어나고 있다. 국가 밖에서는 지구기업, 지구 테러 조직, 세계무역기구(WTO), 유럽연합(EU)을 쉽사리 만날 수 있으며 국가 안에서는 시민사회, 비정부기구 및 개인의 역할이 빠르게 증가하고 있다. 주인공뿐만 아니라 무대도 새로 꾸며지고 있다. 부국과 강병의 단출한 무대가 안보, 번영, 지식, 문화, 생태 균형의 복합 무대로 바뀌어가고 있다.

이러한 변화를 어떻게 받아들이고 대응해야 할 것인가 하는 논의는 구체적으로 세계화론과 반세계화론으로 제기되고 있다. 세계화론자는 21세기 삶의 기반은 국가 중심에서 지구 중심으로 넓어져갈 것으로 예상하고 있다. 반면 반세계화론자는 21세기 삶의 기반이 표면적으로는 지구 중심으로 확대되는 것 같지만 내용적으로는 여전히 국가 또는 계급을 중심으로 짜이고 있다고 한다.

세계화와 반세계화의 논쟁은 한반도 차원에서는 남북한 간에 치열하게 전개되어 왔으며, 한국 내에서도 충분한 합의 기반을 마련하지 못하고 '신자유주의 세계화' 논쟁으로 진행되고 있다. 세계화 논쟁은 역사적 맥락에서 보자면 문명 표준 논쟁이다. 한반도는 냉전질서의 어려움을 아직도 졸업하지 못하고 있는 반면, 세계는 21세기를 맞아 그물망 국가들이 복합 무대에서 활약하는 신문명의 가능성을 맞이하고 있다.

한반도도 전통과 근대가 복합화한 19세기 조선형 국제화의 꿈을 넘어서서 전통, 근대, 그리고 탈근대가 복합화한 21세기 한반도형 세계화의 꿈을 새롭게 꾸고 현실화해야 한다. 이러한 노력 속에서 세계화와 반세계화의 이분법적 논쟁은 의미를 상실하게 될 것이다.

2. 외세활용론

오랜 세월 동안 중국 중심의 천하질서를 문명의 표준으로 삼아왔던 한국이 구미 중심의 국제질서를 새로운 문명 표준으로 받아들이고 따라잡기 위해서는 우선 문명사적 변환을 예민하게 읽어낼 수 있는 정치 주도세력의 비전을 절실하게 필요로 했다. 다음 단계로 무엇보다도 중요했던 것은 비전을 현실화하기 위한 국내외 역량의 효율적 활용이었다. 국내 역량의 기반이 상대적으로 취약할수록 국제 역량의 활용 비중은 커질 수밖에 없었다.

한국은 메이지유신을 겪은 일본의 집요한 근대적 만남의 요구를 전통적인 교린 관계의 회복이라는 명분을 빌려서 받아들이고 '조일수호조규(1876)를 체결하게 된다. 일본은 이 조약에서 형식적으로는 조선의 자주지방(自主之邦)을 강조하고 있으나, 이는 내용적으로는 일본의 지배를 위한 중국으로부터의 자주를 의미하는 것이었다. 따라서 문명사적 변환의 시기를 맞이해 전통적인 중국형 모델을 벗어나 새로운 모델을 찾아 나선 한국의 노력이 자칫하면 새로운 일본의 예속을 불러올 수 있는 위험에 직면하게 되었다.

이러한 분위기 속에서, 당시 한청 간의 중요한 비공식 통로였던 청의 이홍장과 조선의 영중추부사(領中樞府事) 이유원의 서신 교환에서, 이홍장은 조선이 일본이나 러시아를 견제하기 위해서 '이적제적(以敵制敵)'의 방안으로 서양의 여러 나라와 조약을 체결하고 통상할 것을 권유하고 있다. 그러나 이유원은 터키를 멸망의 위기에서 구해준 것으로 보아서는 공법이 믿을 만하나 일본의 류큐(琉球) 침공을 막지 못한 것을 보아서는 한국이 죄 없이 남에게 침략을 당하는 경우에 여러 나라가 공동으로 규탄하고 나설 것인지가 의심스럽다고 답하고 있다.

당시 국정의 중요한 역할을 담당하고 있던 이유원의 외세신중론에도 불구하고, 고종을 비롯한 개화 세력의 외세 활용에 대한 관심은 빠르게 커져갔다. 1880년 9월 김홍집(金弘集)은 제2차 수신사로 일본을 다녀오면서 주일공사 참찬관인 황쭌셴이 청의 입장에서 19세기 조선의 생존 전략을 요약한 『조선책략(朝鮮策略)』과 청의 대표적 양무론자인 정관응이 쓴 『이언(易言)』을 가지고 왔다. 특히 『조선책략』은 근대 한국의 생존 전략으로서 자강(自强)과 균세(均勢)를 강조하고, 이를 위해서는 외세신중론을 넘어서서 외세를 활용할 것을 권고하고 있다. 그러나 실제로 이 권고는 중국의 조선에 대한 영향력을 효율적으로 유지하기 위한 주변 세력 견제용이었다.

국내 정치사회세력의 적지 않은 논쟁 속에서, 고종은 조심스럽게 개화 정책을 시행하기 시작했다. 1880년 12월에는 관제를 개혁하고 대외담당 기관으로 통리기무아문을 설치했다. 1881년 2월에 신사유람단을 일본에 파견했으며, 1881년 11월에 영선사를 청에 파견했다. 그리고 1882년 5

월 미국과 조미수호통상조약을 체결해, 조선은 실질적으로 만국공법 체제를 수용하게 되었다.

임오군란을 겪은 직후 고종은 1882년 8월 발표한 개화 정책에 관한 교서에서 외세 활용에 대해 다음과 같이 말하고 있다.

우리나라는 바다의 한쪽 구석에 치우쳐 있어서 일찍이 외국과 교섭을 해오지 않았다. 따라서 견문이 넓지 못하고 삼가 스스로 지키면서 500년 동안을 내려왔다. 근년 이래로 천하의 대세는 옛날과 판이하게 되었다. 구미 제국, 즉 영국, 프랑스, 미국, 러시아 같은 나라는 정밀한 기계를 만들고 나라를 부강하게 만드는 일에 최선을 다하며 배와 수레로 온 세상을 두루 돌아다니고 세계의 많은 나라와 서로 조약을 체결하고 병력으로 서로 균형을 이루고 공법으로 서로 의지하는 것이 마치 춘추열국 시대와 비슷하다. 그러므로 천하에서 홀로 존귀하다는 중화도 오히려 평등한 조약을 맺고, 척양에 엄격하던 일본도 결국 수호를 맺고 통상을 하고 있으니 어찌 까닭 없이 그렇게 하겠는가. …… 조약을 맺고 통상하는 것은 세계의 공법에 근거하고 있을 뿐이다. …… 그리고 기계를 제조하면서 조금만 서법을 본뜨면 대뜸 불순한 것에 물든 것으로 지목하는데 이것도 또한 전혀 양해하지 못한 탓이다. …… 더구나 강약의 형세가 이미 서로 두드러지게 다른데 만일 그들의 법을 본뜨지 않으면 무슨 수로 그들의 침략을 막아내며 그들이 넘겨다보는 것을 막겠는가. …… 영국과 미국 등 여러 나라들이 뒤이어 와서 조약을 맺고 통상하게 되었다. 이것은 만국 통례이다. …… 만일 그들이 우리 사람들을 업신여기거나 모욕할 때에는 응당 조약에 근거하여 처벌할 것이며 절대로 우리 백성들을 굽히게 하고 외국인을 두둔하는 일은 없을 것이다. …… 그리고 이왕 서양의 각국과 수교를 하였으니 경외(京外)에

세워놓은 척화비는 세월이 달라진 만큼 모두 뽑아버릴 것이다. [1]

고종이 이렇게 입장을 밝히자, 외세 활용에 대해 보다 긍정적인 상소가 활발하게 이루어졌다. 그러나 이러한 논의의 수준은 청과 마찬가지로 구미 국제질서의 중요한 원칙을 우리의 원칙으로 받아들이기 전에 구미 국가의 잘못된 행동을 그들의 논리로써 반박하려는 원용론(援用論)이었다. 그리고 구미 국제질서의 논리는 우리의 과거 전통 속에서 찾아볼 수 있기 때문에 새로운 것이 아니라는 부회론(附會論)이었다. 19세기 조선의 동도서기론을 대표하는 인물인 김윤식은 이러한 입장을 다음의 글에서 잘 보여주고 있다.

우리나라는 원래 타교(他交)도 없으며 오직 청국(淸國)을 상국(上國)으로 모시고 동쪽의 일본과 통교하였을 뿐이다. 수십 년 전부터 세상의 정형이 매일같이 변하며 구주(歐洲)는 웅장(雄長)이 되고 동양의 제국이 모두 그 공법(公法)을 따르게 되었다. 이것을 버리면 고립하고 도움이 적어지며 혼자만으로는 나라를 유지할 수 없게 되었다. 따라서 청국과 일본도 태서(泰西) 각국과 함께 이것을 수호하고, 조약을 체결한 나라들이 벌써 20여 개국에 달한다. [2]

김윤식은 만국공법을 따라야 하는 것을 인정하면서도 조선의 생존을 위한 속방론을 다음과 같이 강조하고 있다.

각국에 조선이 중국의 속방임을 성명(聲明)하면 중국도 우리를 담임

---

1) 『高宗實錄』, 高宗 19년(1882) 8월 5일.
2) 김윤식, 『縱政年表·陰晴史』 上, 高宗 18년 12월 27일.

(擔任)하지 않을 수 없고, 각국 또한 우리를 가볍게 보지 못할 것이다. (중국은) 우리나라의 유사시 힘써 도와주지 않으면 천하의 웃음거리가 될 것이며, 그리고 그 아래에 내치(內治)는 자주(自主)에 속한다는 내용까지 넣는다면 만국공법 체제 속에서 구미 제국과의 조약 체결에도 방해되지 않을 뿐 아니라 국권을 상실할 염려도 없어지게 되니 일거양득(一擧兩得)이다.[3]

김윤식의 양득체제(兩得體制)는 청과의 자주적 속방 관계를 유지하면서 태서 각국과 만국공법에 따라 조약을 체결할 것을 권고하는 것이다. 그는 1885년 거문도 사건 당시 교섭통상 사무아문독판으로서 서울주재 청국상무총판, 미국대리공사, 일본대리공사, 독일총영사에게 만국공법에 따른 조회를 보냈다. 이 조회는 구미 제국이 상대방 국가의 법률을 이용해 상대방을 규제하는 것을 원용해 구미 국가 자신의 만국공법으로 상대방 국가의 행동을 규제해 보려는 중요한 시도였다.

유길준은 김윤식의 원용론과 부회론을 넘어서서 만국공법의 기본 원리를 일단 수용했다. 그는 초기 작품인 『세계대세론』에서 세계를 개화의 차이에 따라 야만, 미개, 반개, 문명으로 나눈 다음 동아시아를 반개에 포함시키고, 구주제국과 미국을 일단 문명으로 분류하고 있다. 그는 『경쟁론』에서 이러한 아시아와 유럽의 중요한 차이를 교통과 경쟁이라고 강조하고 있다. 따라서 그는 조선이 문명부강하기 위해서는 '경쟁 정신'으로 상대방의 장점을 배우고 우리의 장점을 보존하고 키워야 할 것이라고 지적했다.

그는 『중립론(中立論)』(1885)에서 "한 나라가 약소하여 자력으로 중립의 성책을 지킬 수 없으면, 이웃 나라들이 서로 협의하여 행하기도 함으로

---

3) 김윤식, 『縱政年表·陰晴史』 上, 高宗 18년 12월 27일.

써 자국 보호의 방책으로 삼기도 하니, 이는 바로 부득이한 형세에서 비롯된 것으로, 공법(公法)이 허용하고 있는 바이다"라고 설명하고 있다. 그리고 조선의 어려운 국제정치 현실을 분석한 다음 이렇게 지적하고 있다.

아마도 우리나라가 아시아의 중립국이 되는 것이 좋을 듯하다. 대저한 나라가 자강(自强)하지 못하고 여러 나라와의 조약에 의지해 간신히 자국을 보존하고자 하는 계책도 매우 구차한 것이니 어찌 즐겨 할 바이겠는가. 그러나 국가는 자국의 형세를 아는 것이 가장 중요하니 억지로 큰소리를 치면 끝내 이로운 일이 없는 것이다.

유길준은 『서유견문』에서 현실의 국제정치에서 국가의 대소와 강약 때문에 형세가 적대하기 어려울 경우에 강대국이 공도(公道)를 돌아보지 않고 그 힘을 자의로 행사하는 경우가 발생하더라도, 약소국은 강대국의 속국이 되는 것이 아니라, 약소국과 강대국의 관계는 주권과 독립권이 그대로 유지되는 수호국(受護國)과 증공국(贈貢國)의 관계가 된다고 강조하고 있다. 따라서 유길준은 청과 같은 증공국과 조선과 같은 수호국이 새롭게 겪는 국제질서를 양절체제(兩截體制)로 부르고 있다.

한반도의 생존과 평화를 위해서, 유길준은 구미 국제질서의 기본 원리인 국가 중심의 부국강병 경쟁을 수용해서 일차적으로는 자강을 강조하고 있다. 그러나 자강의 현실적 제약 속에서, 균세와 만국공법의 도움으로 청과 속방 관계가 아닌 증공국과 수호국의 관계를 유지하며 다른 국가와 근대 국제관계를 시도하게 된다. 따라서 유길준의 외세활용론은 현실주의 활용론을 인정하면서도, 자유주의 활용론의 가능성을 기대하고 있다.

이러한 기대에도 불구하고, 한반도의 생존과 평화가 쉽사리 보장되지 않는 가운데 근대 한국은 보다 현실주의적 외세활용론을 모색하게 된다. 한반도의 근대외세활용론은 위정척사파의 반외세론에서, 동도서기파의 제한활용론, 문명개화파의 적극활용론을 거쳐서 만국공법의 한계를 지적하고 자강과 균세에 기반한 국가 중심의 경쟁을 통해 국가의 생존과 평화를 추구해야 한다는 논의에 이르게 된다.

갑신정변(1884) 실패 이후 일본으로 망명해 기약 없는 조선의 개화를 꿈꾸면서 어려운 생활을 하고 있던 박영효는 1888년 상소문의 형식을 빌려서 조선의 개혁 방안을 상세하게 제안하고 있다. 그는 상소문을 시작하면서 당시의 국제 상황을 대단히 현실적으로 묘사하며 자존자립 없는 외세 활용의 어려움을 강하게 지적하고 있다.

지금 세계의 모든 나라는 옛날 전국시대(戰國時代)의 열국들과 같습니다. 한결같이 병세(兵勢)를 으뜸으로 삼아, 강한 나라는 약한 나라를 병합하고, 큰 나라는 작은 나라를 삼키고 있습니다. 또한 항상 군비(軍備)를 강구하는 한편, 아울러 문예(文藝)를 진흥하여, 서로 경쟁하고 채찍질하며 앞을 다투지 않음이 없습니다. 각국이 자국(自國)의 뜻을 공고히 하여 세계에 위력을 흔들어보고자 하고 있으며, 다른 나라의 빈틈을 이용하여 그 나라를 빼앗으려 하고 있습니다. …… 비록 만국공법, 균세, 공의(公儀)가 있기는 하나, 나라가 자립자존(自立自存)의 힘이 없으면 반드시 영토의 삭탈과 분할을 초래하여 나라를 유지할 수 없게 됩니다. 공법 공의는 본래 믿을 것이 못 됩니다. 유럽의 문명 강대국도 역시 패망을 맛보았는데, 하물며 아시아의 미개 약소국이야 말할 나위가 있겠습니까? 대체로 유럽인들은 입으로는 법의(法義)를 일컫지만 마음에는 짐승을 품고 있습니다.[4]

---

4) 「朴泳孝上疏文」(1888), 역사학회 편, 『한국사자료선집: 최근세편』, 52쪽.

청일전쟁과 함께 근대 한국의 외세활용론은 다시 한번 새로운 국면을 맞이하게 된다. 우선, 청일전쟁에서 청이 패배하고 일본이 승리하자, 중국은 1840년의 아편전쟁 이후 반세기 만에 구미의 근대 국제질서를 새로운 문명 표준으로 받아들일 수밖에 없게 되었다. 국내에서도 청의 종주권이 실질적으로 소멸되고 일본의 영향력이 급격하게 증가하는 위험 속에서, 위정척사론자들의 인간과 금수의 이분법에 기반을 둔 반외세론은 커다란 난관에 부딪히게 된다.

1895년 을미사변으로 명성황후가 시해되고, 친일 내각이 단발령을 내리고 개혁 정책을 추진하자 유생들의 항일의병운동이 전국적으로 일어났다. 이 운동의 대표적 인물인 최익현은 상소문에서 "각국이 통화하는 데에는 이른바 공법이란 것이 있고 또 조약이라는 것이 있다는데, 이 속에 과연 이웃 나라의 역적을 도와 남의 나라 임금을 협박하고 국모를 시해하라는 문구가 있는가"라고 지적하고 있다.[5] 이러한 노력은 1905년 을사조약 이후의 의병 활동으로 계승된다.

청일전쟁 이후 한국은 중국 대신 빠르게 증가하는 일본의 억압적 영향력에서 벗어나기 위해 러시아를 비롯한 외세를 활용해 보려는 노력을 기울였으나 실질적 성과를 거두지 못했다. 일본이 1905년 러일전쟁에서 승리하게 됨에 따라, 한국은 더 이상 외세 활용의 가능성을 잃어버리고, 일본의 배타적 영향권에 포함되는 비극을 맞이했다.

전후 냉전질서의 영향을 가장 많이 받아온 한반도에서, 북한은 비교적 일찍부터 반외세 자주와 친외세 종속이라는 경직화된 이분법에 따라 비효율적으로 외세를 다뤄왔다. 한편 한국에서도 뒤늦게 1980년대 이래 친미론과 반미론의 이분법적 논쟁이 시작되어 현재까지 진행되고 있다.

---

5) 崔益鉉, 『勉菴集』 卷 4, 「宣諭大員命下後陳懷待罪疏」, 74면.

21세기 한반도가 스스로 주인이 되기 위해서는 친외세 종속이나 반외세 자주의 냉전적 사고를 넘어서서 외세 활용의 새로운 길을 찾아나서야 한다. 이를 위해서 우선 한반도 자주외교의 역사적 교훈을 다시 한번 되새길 필요가 있다. 19세기의 비극을 21세기 한반도에서 재현하지 않으려면 우선 21세기 동아시아 세계 정치판을 친외세나 반외세와 같은 교과서 수준의 피상적 안목을 넘어서서 21세기 세계 수준의 심층적 안목으로 읽어낸 다음, 21세기 외세 활용 전략을 마련해야 한다.

불행하게도 21세기 우리 정부, 언론, 학계의 외세 읽기와 생존 번영 전략 마련은 19세기 수준을 크게 넘어서지 못하고 있다. 21세기의 외세를 1950년대의 보수나 1980년대의 진보라는 뒤늦은 시각에서 자아도취적으로 재구성하고 활용 방안을 생각하기 때문이다. 우리 외교가 단순히 의도가 아니라 결과에서 자주외교의 길로 들어서려면, 1950년대식 보수주의나 1980년대식 진보주의의 시각을 하루빨리 청산하고 21세기 진보의 시각에서 주변 열강을 심층적으로 읽어내고, 이들을 복합적으로 활용할 수 있는 정책 대안을 마련하며, 국민의 지지 기반 위에서 실천에 옮겨야 한다.

3. 국내 역량결집론

19세기와 20세기 초 국난의 역사를 되돌아보면, 국내 역량을 미래 지향적으로 결집할 수 있는 강력한 정치 지도 세력의 부재는 국내 역량의 분열을 초래했다. 그 비극적 결과는 국내 역량의 국제 역량 활용이 아니라, 국제 역량의 국내 역량 활용이었다.

19세기 한국은 1880년대에 들어서서 뒤늦게 근대국가 건설을 시도하게 되나, '수구 사대'와 '개화 자주' 세력의 갈등으로 발생한 갑신정변(1884) 때문에 커다란 어려움을 겪어야 했다. 정변에 실패한 개화 세력은 정치 무대에서 물러설 수밖에 없었다. 결과적으로 청의 압도적 영향 속에 한국은 잃어버린 10년의 세월을 보내야 했다.

한국은 갑오개혁(1894.7~1896.2)을 통해서 보다 본격적으로 근대국가 건설에 착수하게 된다. 그러나 개혁의 추진 과정에서 정치 세력이 갑오개혁파, 갑신정변파, 정동파(친미파), 대원군파, 궁정파 등으로 나뉘어 싸움으로써 개혁 프로그램의 추진에 차질을 초래했다. 동시에 외세를 활용하기 보다는 외세에게 활용당하는 난관에 봉착했다.

한국은 20세기에 들어서서야 뒤늦게 국론 통합의 가능성을 보이기 시작했다. 청일전쟁의 결과로 한반도에서 청의 종주권이 실질적으로 소멸하게 됨에 따라, 국내의 많은 전통 유학 지식인들이 양무론을 넘어서서 변법론의 불가피성을 강하게 주장하는 청조 말 대표적 개혁 지식인인 량치차오의 국난극복론인 『음빙실문집(飮氷室文集)』(1903)을 통해 사회진화론에 기반한 국제질서관을 본격적으로 받아들이게 된다. 이제까지 금수로 취급했던 구미 제국을 드디어 국민 경쟁의 세기에 앞서가는 국가로 보고 이를 하루빨리 따라잡아야 할 대상으로 삼기 시작한 것이다.

한편 갑신정변의 실패로 역사의 뒤안길로 물러섰던 개화 세력은 갑오개혁을 통해 역사의 현장으로 복귀를 시도했고, 고종은 광무개혁(1897~1904)을 통해 나라의 기울어짐을 막아보려는 마지막 노력을 기울였다. 서세동점 이래 처음으로 개신유학론자들과 문명개화론자들은 사회진화론에 기반한 문명표준론을 공유하기 시작하는 중요한 변화를 보였다. 이러한 변화는 애국계몽기(1905~1910)의 신문이나 잡지를 통해서 구체적 모습을 드러냈다. 그러나 뒤늦은 이러한 변화는 한국의 마지막 개혁 노력에도 불구하고 애국계몽운동의 수준에 머무른 채, 국난을 극복하지 못하고 국망의 비극을 맞이해야 했다.

한반도에 100년의 세월이 흘렀음에도 불구하고 우리는 다시 한번 보수와 진보라는 구시대적 구분 아래 외세관, 대미관, 통일관의 국론 분열을 뒤늦게 겪고 있다. 한반도가 21세기 역사의 주인공이 되기 위해서는 외세 활용만으로는 불가능하다. 국내 역량의 결집이 필수적이다. 그러나 오늘 우리의 자화상은 어떤 모습일까. 21세기 문명 표준의 우등생은 이미 등교가 끝나고, 교문이 닫히기 직전임에도 불구하고, 지각생끼리 서로 앞섰다고 싸우는 처량한 모습을 보이고 있다.

21세기 우리 정치인들은 구시대적 보수와 진보라는 이념적 잣대로써 서로를 비판하고 있는 전형적 문명의 지각생이다. 21세기 기준에서 보면 모두 수구세력의 범위를 크게 벗어나지 못하고 있다. 언론, 방송, 인터넷 언론도 마찬가지 형편에 놓여 있다. 우리 언론, 방송 매체들은 우리 국민의 사고와 행동을 21세기 신문명 표준으로 끌어올리려는 노력보다는, 구시대적 발상의 보수와 진보의 홍보전에 골몰하고 있다. 학계도 21세기 새로운 담론의 창조적 생산자의 역할 대신에 정계, 재계, 그리고 비정부 기구의 정치적 담론을 홍보하는 역할에 머무르고 있다.

오늘의 국론 분열을 극복하기 위해서는 정치 주도 세력이 우선 외세와 자주의 19세기 이분법적 사고를 하루빨리 졸업해야 한다. 더 나아가서, '자주적 세계화'라는 21세기 진보의 시각으로 오늘의 보수와 진보 세력은 국론 통합의 정치를 추진해야 한다. 다음으로 친미와 반미라는 20세기 냉전의 이분법적 사고에서 자유로워져야 한다. 21세기의 시각에서 본다면, 친미가 보수인 것만큼이나 반미도 보수이다. 따라서 정치 주도 세력은 21세기 용미의 시각에서 국론 통일을 이뤄야 한다.

마지막으로 통일과 반통일의 이분법을 넘어서야 한다. 21세기의 통일론은 더 이상 19세기 서세동점의 통일론이나 20세기 동서 냉전의 통일론과 같을 수 없다. 21세기는 역설적으로 반통일의 세기이다. 왜냐하면 근대국가 건설이라는 하나의 통일을 얘기하는 것이 아니라 지구, 지역, 국가, 지방, 개인 모두가 자율성을 가지고 통하는 길을 얘기하고 있기 때문이다.

4. 21세기 한반도 백년대계

21세기 국난이 국망(國亡)의 길 대신에 국흥(國興)의 길로 이어지려면 19세기 국난의 역사적 교훈을 실천에 옮길 수 있어야 한다. 19세기의 실패와는 달리 21세기 문명사적 변화의 의미를 제대로 읽고, 새로운 문명 표준을 달성하고 주도하기 위해서는 세계 역량을 활용하고, 국내 역량을 결집할 수 있어야 한다. 그러나 이것은 21세기 국흥의 최소한의 필요조건이다.

21세기 문명의 중심에 우뚝 서기 위해서는 보다 미래 지향적이고 적극적인 노력이 필요하다. 역사를 돌아볼 뿐만 아니라 내다볼 줄 알아야 한다. 주변 열강을 활용할 뿐만 아니라 21세기 삶의 공간을 최대한 넓혀야 한다. 안보 국가, 번영 국가인 동시에 지식 국가, 환경 국가, 문화국가로 새로 태어나야 한다. 닫힌 386세대를 넘어서서 열린 신세대를 새로운 역사의 주인공으로 키워야 한다.

우리가 맞이하고 있는 21세기 국난을 제대로 극복하기 위해서는 역사의 그네를 탈 줄 알아야 한다. 오늘의 개혁을 제대로 추진하려면 100년 전의 옛날에서 오늘을 볼 줄 알아야 하며, 100년 후의 앞날에서 오늘을 읽을 줄 알아야 한다. '19세기에서 배우는 21세기 국난 해법'과 함께 '22세기에서 배우는 21세기 국난 해법'이 중요하다. 19세기의 역사적 교훈이 21세기 국난의 해법을 제시한다면, 21세기의 현실은 19세기 국난 해법의 방향을 가르쳐주고 있다. 전통적 천하질서 속에서 예의지국을 문명의 표준으로 삼고 있던 19세기 한국은 근대 국민국가의 부국강병이라는 새로운 구미 중심의 문명 표준 앞에서 엄청난 혼란을 겪어야 했다. 당시의 정치 주도 세력이 100년 앞을 내다볼 수 있는 안목을 갖추고 있었다면 위정척사, 동도서기, 문명개화 세력 간의 갈등을 보다 쉽게 풀어나갈 수 있었을 것이다. 그러나 역사의 현실은 가혹했다. 우리는 역사의 그네를 타고 앞을 내다보지 못하고 발밑만 내려다보고 혼란을 거듭하면서 국망의 길로 들어선 것이다.

21세기를 맞이해 우리는 다시 한번 문명사적 변화의 가능성에 직면하고 있다. 19세기의 역사적 대응과 흡사하게 21세기형 위정척사, 동도서기, 문명개화의 대응 양식이 다시 한번 혼전을 보여주고 있다. 한반도의 북쪽은 21세기에도 19세기의 고전적 위정척사론을 크게 벗어나고 있지 않다. 21세기 북한의 강성대국론은 19세기의 부국강병론의 반복에 가깝다. 한반도의 남쪽은 북측의 위정척사론, 구미의 지구화론, 21세기 동도서기론으로서의 한국적 세계화론을 동시에 품고 있다.

19세기 역사의 비극을 반복하지 않으려면 이번에는 역사의 그네를 제대로 굴려야 한다. 100년 전을 되돌아보고 동시에 100년 앞을 내다보면서 오늘의 그네 방향을 제대로 잡아야 한다. 그러기 위해서는 100년 앞의 세계질서를 제대로 읽을 수 있는 안목을 가져야 한다. 역사의 주인공, 무대, 그리고 연기술의 변모를 제대로 읽을 줄 알아야 한다. 근대 이래 역사의 화려한 주인공이었던 국민국가는 무대에서 사라지지 않겠지만, 국가 안팎의 새로운 조연과 찬조 출연자들과 함께 새로운 드라마를 엮게 될 것이다. 국가의 보조적 역할을 담당했던 세계무역기구(WTO) 같은 지구 조직, 유럽연합(EU) 같은 지역 조직, 그리고 경실련 같은 시민사회 조직이 무대에서 상대적 자율성을 확대하게 될 것이다.

근대의 중심 무대인 강병과 부국도 새로운 변모를 겪게 될 것이다. 보다 중요한 것은 새로운 무대로서 지식 무대의 중요성이 기존 무대에 못지 않게 부상할 것이며, 동시에 문화 무대와 생태 균형 무대도 중요한 위치를 점하게 될 것이라는 점이다. 연기술 변모의 경우에는, 비유적으로 표현하자면, 근대의 연기술이 홉스(Thomas Hobbes)가 묘사하고 있는 것처럼 늑대의 싸움을 닮은 것이라면, 100년 후의 연기술은 거미와 말미잘을 섞어놓은 듯한 모습을 띠게 될 것이다. 22세기의 주인공들은 끊임없이 중심 없는 그물망을 치면서, 동시에 그물망을 끊임없이 유동하게 될 것이다.

5. 5중 그물망 국가를 건설하자

역사의 그네를 타고 내다본 100년 후 세계질서의 모습은 오늘 우리가 그네를 어느 방향으로 굴려야 할 것인가를 가리키고 있다. 무엇보다도 22세기 삶의 공간 확보가 중요하다. 중국 중심의 천하 공간 속에서 우리 나름의 삶의 공간을 만들어 살아왔던 한국은 19세기 중반 구미 중심의 근대 국제질서와 만나면서 국민국가라는 새로운 삶의 공간을 마련해야 했다. 새로운 공간 마련에 실패한 한국은 결국 식민지 생활의 아픔을 겪어야 했다. 제2차 세계대전에 힘입어 한국은 부활의 해방공간을 맞이하는 기쁨을 누렸다. 그러나 해방의 기쁨은 잠시였고 국제 역량의 냉전화와 국내 역량의 분열, 갈등 때문에 분단국가라는 현실에 머물러야 했다.

22세기 삶의 공간을 확보하기 위한 첫걸음은 한반도 통일의 그물망 짜기다. 분단국가의 극복은 사실 22세기가 아닌 19세기 삶의 공간 확보를 위한 노력이다. 19세기의 묵은 숙제를 풀지 않고 바로 22세기의 숙제를 풀 수 있는 역사의 지름길을 찾기는 어렵다. 그러나 21세기의 통일론은 더 이상 19세기의 통일론이 되어서는 안 된다. 19세기가 닫힌 통일론의 세기였다면 21세기는 열린 통일론의 세기다. 남과 북이 하나 되는 것(一統)은 안과 밖의 주인공과 모두 통하기 위한 것(全統)이라야 한다. 22세기의 시각에서 보면 닫힌 통일은 차라리 열린 분단보다도 못하다.

한반도 통일의 그물망과 함께 22세기 삶의 공간을 극대화하기 위해서는 동아시아의 그물망을 제대로 짜야 한다. 100년 앞의 동아시아 무대를 전망하기는 쉽지 않다. 미국이 오만과 일방주의의 유혹을 넘어서서 절제의 미학을 성공적으로 실천할 수 있다면, 미국은 21세기에도 동아시아 질서를 일본과의 긴밀한 협력 아래 주도적으로 조종해 나갈 것이다. 중국의 부상은 21세기 동아시아 질서 변화의 태풍의 눈이다. 따라서 한반도의 21세기 용외세 정책에서는 미일 관계를 상대적으로 중시하되 중국을 동시에 품는 '복합 외교'를 추진할 수밖에 없다.

22세기 삶의 공간을 확대하기 위한 동아시아 공간의 활용은 보다 신중한 검토를 필요로 한다. 노무현 정부는 한반도의 동북아 경제 중심화에 많은 기대를 걸고 있다.[6] 그러나 문제는 그렇게 간단하지 않다. 유럽이 근대의 노년기를 맞이해서 비로소 유럽연합을 건설하고 있으나, 아직까지 근대의 청춘기를 겪고 있는 동아시아는 상당한 기간 동안 협력과 함께 갈등의 만남을 벗어나기 어렵다. 따라서 닫힌 동아시아 중심보다는 열린 동아시아 그물망 짜기에 노력을 기울여야 한다.

22세기 삶의 공간 확대를 위해서 세계화의 그물망 짜기는 필수적이다. 문제는 세계화냐 반세계화냐가 아니라 어떤 세계화냐라는 것이다. 그것은 구미 일부에서 논의되는 소박한 의미의 지구화가 돼서는 안 된다. 동

---

6) 이 내용은 논문 집필 당시의 지적이다.

시에 단순한 국가이익의 지구적 확대라는 국제화나 세계자본주의의 명분론이 돼서도 안 된다. 그것은 한반도 이익과 지구 이익을 동시에 충족시킬 수 있는 한국적 세계화의 모습을 갖춰야 한다.

다음으로 사이버 공간의 그물망 짜기에 주목해야 한다. 사이버 공간은 디지털 정보에 기반을 둔 집단 상상에 의해 구성된 다양한 그물코(node)들이 상호 작동하는 그물망(network)으로 복잡하게 얽혀 있는 모습을 보여주고 있다. 인터넷이 1990년대에 접어들면서 본격적으로 대중화의 길에 들어서게 됨에 따라 사이버 공간은 폭발적 성장을 거듭하고 있다. 이미 사이버 공간이 현실 공간의 제약을 일부 해소하고 있는 상황에서 사이버 공간과 현실 공간이 어떤 관계를 가지게 될 것인가는 조심스럽게 지켜볼 필요가 있다.

마지막으로 나라 밖의 공간에 못지않게 나라 안의 공간 그물망 짜기가 중요하다. 22세기는 국가 공간의 전성 시기에서 국가·사회·개인 공간의 복합적 공존기로 변모를 겪게 될 것이다. 따라서 22세기 한반도 통일국가는 국내의 다양한 정치사회세력과 개인까지도 그물망을 짜서 상이한 이해를 정책 결정 이후가 아닌 이전에 숙의함으로써 다양한 세력들의 갈등을 최소화해야 한다. 동시에 국가 밖의 중요 국제 역량, 지역 그물망, 지구 그물망을 촘촘하게 연결해서 그물망 국가를 완성해야 한다. 19세기가 일통(一統)의 시대라면, 22세기는 전통(全統)의 시대다.

6. 지식기반 복합국가를 건설하자

예(禮)의 무대에 오랫동안 익숙했던 한국은 19세기 중반 강병과 부국이라는 새로운 무대에 올라가야 했다. 그러나 새로운 변신에 재빨리 성공하지 못하고, 결국 무대에서 내려와야 했다. 한반도의 남과 북은 20세기 중반 뒤늦게 19세기의 밀린 숙제인 부국강병의 길을 걷기 시작했다. 지난 반세기의 노력은 한반도의 남북에 각기 다른 결과를 선물했다. 북한은 근대국가 건설의 발판을 마련하지 못하고 고난의 행군을 계속하고 있다. 21세기에 들어서서도 강성대국이라는 미완의 숙제 풀기에 어려움을 겪고 있다. 한국은 우여곡절을 겪으면서도 근대국가 건설에 일정한 성과를 거뒀다. 21세기에 들어서서는 국민소득 2만 달러[7]의 꿈을 키우고 있다.

21세기를 맞이하면서 문제는 더욱 복잡해지고 있다. 근대문명의 상징이었던 부국강병의 무대가 새로운 변모를 겪고 있다. 부국강병의 무대는 새로운 치장을 하고 있고, 지식, 문화, 생태 균형의 무대가 새롭게 등장하고 있다. 21세기 힘의 내용이 바뀌고 있는 것이다. 21세기에는 군사력과 경제력이 여전히 중요하지만 지식력, 문화력, 그리고 생태 균형력이 새로운 힘의 구성요소가 되고 있다. 따라서 22세기를 준비하기 위해서는 군사경제대국에서 복합국가로 새롭게 태어나야 한다.

그중에서도 지식 무대는 특히 중요하다. 19세기 산업혁명이 경제력의 비중을 기하급수적으로 높였다면, 21세기 정보기술 혁명은 지식력의 중요성을 예측하기 어려울 정도로 높이고 있다. 군사적으로는 핵무기 대신에 첨단 정보기술이 중요해졌으며, 경제적으로는 전자상거래의 급증과 정보산업의 선도적 역할이 이루어지고 있다. 지식적으로는 세계 지식 질서의 재구성이 진행되고 있으며, 문화적으로는 사이버 자아와 사이버 공동체의 형성이 이루어지고 있다. 따라서 지식력의 기반 없는 군사력과 경제력으로는 22세기에 살아남을 수 없다.

---

7) 현재 한국은 국민소득 3만 달러 시대에 진입했지만, 원고가 2005년에 처음 발표된 시점을 고려해 2만 달러의 목표 수치를 그대로 두었음.

한반도에 22세기 복합국가를 건설하기 위해서는 우선 22세기 한반도와 동아시아, 그리고 세계질서에 걸맞은 안보 번영 국가를 건설해야 한다. 한반도가 뒤늦게 통일의 숙제를 풀더라도 22세기 동아시아와 세계질서에 적절하게 대응하기 위해서는 소박한 평화 국가를 넘어선 방어적 안보 국가를 구축해야 한다.

방어적 안보 국가는 국가안보뿐만 아니라 지역 및 지구 안보와 개인 및 사회 안보를 동시에 품을 수 있어야 한다. 동시에 지구 번영 및 국내 복지와 상충되지 않게 국민 경제를 향상시킬 수 있는 번영 국가를 건설해야 한다. 그러나 국민소득 1만 달러를 2만 달러로 향상시키려면 현재와 같은 노사관계와 국제경쟁력을 전면적으로 개선해야 한다.

한반도 복합국가는 안보 번영 국가인 동시에 지식·문화·생태 균형 국가여야 한다. 그중에도 지식 국가의 본격적 구축이 시급하다. 이를 위해서는 첨단 정보기술의 전 사회적 기반 구축만으로는 부족하다. 이러한 기반 위에서 정부·학계·기업이 삼위일체가 되어 세계 지식 질서의 첨단을 집요하게 추적하고 주도해 보려는 지식 전쟁을 본격적으로 시작해야 한다. 이 전쟁의 성패가 22세기 한반도의 운명을 좌우할 것이다. 현재와 같이 대학원의 붕괴 현상이 심화되고 있는 교육·연구 제도하에서 지식 강국을 꿈꾼다는 것은 허망한 기대이다.

7. 한국적 세계화 세대를 키우자

19세기 한국은 국망을 피하기 위한 국내 역량 결집에 실패했다. 근대 국민국가 건설을 위한 개혁의 주도 세력은 국내외 역량을 성공적으로 활용한 것이 아니라 활용당하는 비극을 겪었다. 22세기 한반도 그물망 복합국가를 건설하기 위해서 우리는 다시 한번 국내 역량의 결집을 절실하게 필요로 하고 있다.

그러나 문제는 심각하다. 근대화 시기에 성장한 기성세대는 더 이상 오늘의 변화를 감당하기 어렵다. 새롭게 떠오르고 있는 386세대도 마찬가지다. 이들도 1980년대의 냉전과 권위주의와의 투쟁 분위기 속에서 22세기는 물론이고 21세기도 준비하지 못한 세대이다. 탈냉전과 반권위주의는 1980년대의 투쟁 구호일 수는 있지만, 21세기와 22세기의 한반도가 직면하고 있는 문제를 푸는 데는 냉전과 권위주의만큼이나 쓸모가 없다.

그렇다면 대안은 무엇인가? 역사에는 지름길이 없다. 21세기 한반도 정치사회의 주도 세력이 하루빨리 경직화된 이분법적 사고와 행동을 졸업하는 동시에 새로운 세대를 새로운 안목으로 키워야 한다. 밖으로는 한국적 이익과 지구적 이익을 동시에 품을 줄 아는 한국적 세계인으로서 지구적 경쟁력을 갖추어야 한다. 안으로는 우리 사회의 다양한 이해 갈등을 투쟁이 아닌 숙의(熟議)로써 풀 수 있는 능력을 갖추어야 한다. 21세기 국난에서 22세기 국흥으로의 길은 우리 사회가 21세기의 복합 과제를 얼마나 성공적으로 푸느냐에 달려 있다.

참고 문헌

1차 사료

「朴泳孝上疏文」(1888). 역사학회 편. 1997. 『한국사자료선집: 최근세편』. 서울: 일조각.
金允植. 『縱政年表·陰晴史』 上. 高宗 18년 12월 27일.

_____. 1891.2.17.「宜田記述評語三十四則」. 『續陰晴史』.

金平默. 1975. 雜著.「禦洋論」. 『重菴先生文集』卷三八. 宇鍾社. 영인.

申箕善. 『農政新編』.

俞吉濬. 1971. 俞吉濬全書編纂委員會 編. 『俞吉濬全書』. 서울: 일조각.

柳麟錫. 『宇宙問答』.

李恒老. 1986.「洋禍」. 『華西先生文集華西雜言』卷十二, 第三五. 學古房. 영인.

鄭觀應. 『易言』.

崔益鉉. 卷 4.「宣諭大員命下後陳懷待罪疏」. 『勉菴集』.

黃遵憲. 『朝鮮策略』.

『高宗實錄』. 1882. 高宗 19년 8월 5일.

찾아보기

지은이

하영선

국제정치 이론과 역사를 반세기 동안 연구해 온 한국의 대표적 국제정치학자다. 현재 동아시아연구원 이사장이며 서울대학교 명예교수다. 서울대학교 외교학과에서 학사 및 석사학위를, 미국 워싱턴대학교에서 국제정치학 박사학위를 받았다. 서울대학교 외교학과 교수(1980~2012)로 재직했고 미국 프린스턴대학 국제문제연구소와 스웨덴 스톡홀름 국제평화연구소의 초청연구원이었으며, 서울대학교 국제문제연구소장, 미국학연구소장, 한국평화학회 회장을 역임했다. ≪조선일보≫와 ≪중앙일보≫에 20년 동안 400편의 시론을 썼고, "하영선 칼럼"을 7년 동안 연재했다.

'전파연구', '한국 외교사', '정보세계정치', '동아시아연구원'의 연구 모임들을 이끌며 한국 국제정치학의 길을 개척해 왔다. 강의와 답사를 연계해서 '체험하는 외교사'라는 학습 모델을 개발하여 '서울대 교육상'을 수상하였으며, 서울대학교와 동아시아연구원에서 지난 15년 동안 동아시아질서 건축사와 한국의 생존전략을 젊은 세대들과 함께 공부하고 현장을 찾아보는 학술답사를 계속하고 있다.

최근 저서 및 편저로는 국제정치이론 분야에서 『사랑의 세계정치: 전쟁과 평화』(2019), 『미중의 아태질서 건축경쟁』(2017), 『복합 세계정치론: 전략과 원리 그리고 새로운 질서』(2012), 『변환의 세계정치』(2012), 한국 외교사 분야에서 『사행의 국제정치: 16-19세기 조천·연행록 분석』(2016), 『역사 속의 젊은 그들: 18세기 북학파에서 21세기 복합파까지』(2011), 한국 외교정책 분야에서 『1972 한반도와 주변4강 2014』(2015), 『2020 한국외교 10대 과제: 복합과 공진』(2013), 『하영선 국제정치 칼럼 1991-2011』(2012), 『북한2032: 선진화로 가는 공진전략』(2010), 『한일신시대를 위한 제언: 공생을 위한 복합 네트워크의 구축』(2010), 한국개념사연구 분야에서 『한국 사회과학 개념사』(2018), 『냉전기 한국 사회과학 개념사』(2018), 『근대 한국의 사회과학 개념 형성사 1/2』(2009/2012) 등이 있다.

한울아카데미 2184

한국 외교사 바로보기: 전통과 근대

ⓒ 하영선, 2019.

지은이 | 하영선
펴낸이 | 김종수
펴낸곳 | 한울엠플러스(주)
편집책임 | 조수임
편집 | 전성준

초판 1쇄 인쇄 | 2019년 8월 20일
초판 1쇄 발행 | 2019년 9월 5일

주소 | 10881 경기도 파주시 광인사길 153 한울시소빌딩 3층
전화 | 031-955-0655
팩스 | 031-955-0656
홈페이지 | www.hanulmplus.kr
등록번호 | 제406-2015-000143호

Printed in Korea.
ISBN   978-89-460-7184-1 93340 (양장)
        978-89-460-6698-4 93340 (무선)

* 책값은 겉표지에 표시되어 있습니다.
* 이 책은 강의를 위한 학생판 교재를 따로 준비했습니다.
  강의 교재로 사용하실 때는 본사로 연락해 주시기 바랍니다.